Die Rechtsbedeutung des Betriebes

Eine rechtliche und rechtspolitische Untersuchung über einige Betriebsprobleme

Von

Dr. Robert Pohl
Görlitz

Berlin
Verlag von Julius Springer
1930

ISBN-13: 978-3-642-48515-2 e-ISBN-13: 978-3-642-48582-4
DOI: 10.1007/978-3-642-48582-4

Die Arbeit ist als Dissertation der Rechts- und Wirtschaftswissenschaftlichen Fakultät der Universität Jena im Teildruck erschienen.

Meinen Eltern in Dankbarkeit

Inhaltsverzeichnis.

III. Sachenrechtliche und dem Sachenrecht verwandte Betriebsfragen.

IV. Schuldrechtliche Betriebsfragen.

V. Personenrechtliche und staatsrechtliche Betriebsfragen.

Abkürzungsverzeichnis.

Außer den üblichen sind noch folgende Abkürzungen verwandt worden:

AGG. = Arbeitsgerichtsgesetz.
aM. = anderer Meinung.
ArbR. = Arbeitsrecht (Zeitschrift).
ARG. = Aufsichtsratsgesetz = Gesetz über die Entsendung von BR.-Mitgliedern in den Aufsichtsrat.
AuR. = Aufsichtsrat.
AusfVSchlV. = Ausführungsverordnung zur Schlichtungsverordnung.
AVG. = Arbeitsvertragsgesetz.
Bensh.Samml. = Entscheidungen des Reichsarbeitsgerichts und der Landesarbeitsgerichte. Herausgegeben von FLATOW, GERSTEL, HUECK, NIPPERDEY.
BlfA. = Blätter für Arbeitsrecht.
BR. = Betriebsrat.
BRG. = Betriebsrätegesetz.
BRZ. = Betriebsrätezeitung.
BV. = Betriebsversammlung.
DAZ. = Deutsche Allgemeine Zeitung.
DJZ. = Deutsche Juristen-Zeitung.
E. = Entscheidung.
GenGes. = Gesetz betr. die Erwerbs- und Wirtschaftsgenossenschaften.
GewO. = Gewerbeordnung.
GDA. = Zeitschrift des Gewerkschaftsbundes der Angestellten.
Gruchot = Gruchots Beiträge zur Erläuterung des Deutschen Rechts.
IheringsJ. = Iherings Jahrbücher.
JW. = Juristische Wochenschrift.
LAG. = Landesarbeitsgericht.
MdJIfWR. = Mitteilungen des Jenaer Instituts für Wirtschaftsrecht.
N. = Note = Anmerkung.
Nr. = Nummer.
NV. = Nationalversammlung.
NZfA. = Neue Zeitschrift für Arbeitsrecht.
oHG. = offene Handelsgesellschaft.
OVG. = Oberverwaltungsgericht.
RABlaT. = Reichsarbeitsblatt amtlicher Teil.
RABlnaT. = Reichsarbeitsblatt nichtamtlicher Teil.
RAG. = Reichsarbeitsgericht.
RG. = Reichsgericht.
RGBl. = Reichsgesetzblatt.
RGZ. = Entscheidungen des Reichsgerichts in Zivilsachen.
RuW. = Recht und Wirtschaft (Zeitschrift).
RV. = Reichsverfassung.
RVO. = Reichsversicherungsordnung.

RWR.	= Vorläufiger Reichswirtschaftsrat.
SchlV.	= Schlichtungsverordnung.
SchlW.	= Das Schlichtungswesen (Zeitschrift).
SozPr.	= Soziale Praxis (Zeitschrift).
SozProbl.	= Die sozialen Probleme des Betriebes (Sammelwerk, herausgegeben von HEINZ POTTHOFF).
Sp.	= Spalte.
SPD.	= Sozialdemokratische Partei Deutschlands.
StenBer.	= Stenographische Berichte über die Verhandlungen der Verfassunggebenden Deutschen Nationalversammlung.
USPD.	= Unabhängige Sozialdemokratische Partei Deutschlands.
VO.	= Verordnung.
ZAktW.	= Zeitschrift für Gesellschaftswesen (Gesellschaftsarchiv) usw.

Einführung.

Vorliegende Bearbeitung soll eine Ergänzung arbeitsrechtlicher Einzeluntersuchungen bilden. Gerade zu der Frage der rechtlichen Bedeutung des Betriebes und damit im engsten Zusammenhange stehender Gedanken, wie die der Betriebserfindungen, der Betriebsgefahrtragung (Betriebsrisiko), der Betriebsgemeinschaft u. ä., ist, angeregt durch Wissenschaft und Leben, in den letzten Jahren mehrfach Stellung genommen worden. Immer hat es sich dabei aber nur um Einzelfragen aus dem äußerst wichtigen Gebiet des Betriebsrechts[1] gehandelt[2]. Auch in den Lehrbüchern des Arbeitsrechts ist auf den Gegenstand bisher nur hier und dort einmal verstreut, jedoch niemals einheitlich eingegangen worden. Dennoch hat sich eine geordnete und zusammenhängende Darstellung des Stoffes für das gesamte Recht als eine Notwendigkeit erwiesen. In diesem Zusammenhange gerade erscheinen gewisse arbeitsrechtliche Streitfragen, die auf ganz verschiedenen Fächergebieten der überkommenen Rechtseinteilung liegen, in einem neuartigen Lichte und finden häufig erst in der betriebsrechtlichen Betrachtung eine befriedigende Lösung. Es ist hier der Versuch gemacht, die wichtigsten Rechtsfragen innerhalb des Betriebes unter einem einheitlichen Gesichtspunkte zu behandeln. Die Arbeit ist weit davon entfernt, etwa eine erschöpfende Darstellung über das noch in den ersten Anfängen der Entwicklung stehende Rechtsgebiet zu geben. Sie soll lediglich eine Anregung sein, wichtige Teile des Arbeitsrechts nach einer Ordnung zu betrachten, die ihren Ausgangspunkt im Betriebe hat. Wenn die vorliegende Untersuchung einen Anlaß zu einem weiteren Ausbau sowie einer wissenschaftlichen Vertiefung bietet und den rechtlich sehr beachtenswerten Stoff in gewissem Umfange in dem

[1] Unter „Betriebsrecht" sollen alle Rechtsvorschriften verstanden werden, die sich mit dem Betrieb und seinen Einrichtungen beschäftigen. Der Begriff überschneidet also sämtliche Rechtsgebiete. In der vorliegenden Arbeit werden vor allem nur solche betriebsrechtliche Fragen behandelt, die mit dem Arbeitsrecht in Beziehung stehen.

[2] In POTTHOFFS „Die sozialen Probleme des Betriebes" sollte lediglich eine Zusammenstellung mehr wirtschaftswissenschaftlicher und politischer als rechtlicher Gedanken über den Betrieb von den verschiedensten Verfassern erfolgen. Schon in seiner Eigenschaft als Sammelwerk kann es naturnotwendig die Betriebsfragen nicht einheitlich behandeln. Das namentlich durch seine reichen Literaturangaben wertvolle Werk JACOBIS „Betrieb und Unternehmen als Rechtsbegriffe" stellt nur eine Begriffsbestimmung des Betriebes auf.

angedeuteten Zusammenhange veranschaulicht, dann hat sie ihren Zweck vollauf erreicht.

Der Betrieb als etwas Tatsächliches, greifbar Vorhandenes, als eine Einheit, die das Wirtschaftsleben schon seit geraumer Zeit kennt, soll in der Arbeit auch rechtlich gewürdigt werden, und zwar in Gestalt einer Untersuchung, inwieweit der Betrieb rechtliche Bedeutung erlangt hat. Das darf nun einmal nicht dahin mißverstanden werden, als wenn damit eine Auslegung oder Begriffserläuterung des Betriebes in den verschiedensten Gesetzen erstrebt werden sollte, in denen er verwendet worden ist[1]. Es darf andererseits aber auch nicht in der Einschränkung vorgestellt werden, daß es sich nur um die Rechtsfrage nach einer Rechtspersönlichkeit oder sonstigen rechtlichen Einheit des Betriebes als solchen handelt. Gerade weil der Betrieb nach heute unbestrittener Ansicht[2] nicht Rechtspersönlichkeit ist, so muß ihm um so mehr als Erscheinung auf den einzelnen Teilgebieten des Rechts, im Verwaltungsrecht, Sachenrecht, Schuldrecht, vielleicht auch im Personen- und Staatsrecht nachgegangen werden. Wenn der Betrieb selbst auch nicht rechtlich als Persönlichkeit in Erscheinung tritt, also in der Form größter rechtlicher Wirksamkeit, so ist er doch damit nicht etwa rechtlich ein Nichts. Die Frage nach der Rechtsnatur des Betriebes, wie sie hier verstanden werden soll, ist die Frage nach dem Grunde der rechtlichen Verbundenheit, in der die Betriebsbestandteile zueinander und zu dem Betriebsinhaber stehen[3].

Im Betriebe wirken eine ganze Reihe von Kräften, denen unmittelbar Rechtsbedeutung zukommt. Da gibt es den beiden großen Triebmächten Kapital und Arbeit entsprechend eine *Betriebsarbeits-* und eine *Betriebskapitalsorganisation*[4]. Beide haben für das Ganze, den Betrieb, ihre Bedeutung und in ihm erst ihren eigentlichen Daseinszweck[5]. Hier hat das Recht sich bereits der wirtschaftlichen Entwicklung angepaßt und Gesamtheiten, wie es die im Betriebe zusammengeschlossenen Arbeitnehmer nun einmal sind, als rechtliche Einheiten gewürdigt. Die Auswirkungen auf den Betrieb in seiner Geschlossenheit sind unverkennbar, wenn man berücksichtigt, daß nach dem Erlaß des BRG. und der dadurch geschaffenen Betriebsarbeitsorganisation der Betrieb

[1] Über die Häufigkeit eines Vorkommens des Betriebsbegriffs in der Gesetzgebung mit Angaben von Gesetzesstellen: vgl. JACOBI a. a. O. S. 1, N. 1; ROSENSTOCK a. a. O. S. 18f.; PISKO bei Ehrenberg, Handbuch des Handelsrechts II, S. 195, hier im Sinne Unternehmen = Geschäft.

[2] Siehe darüber unter Abschnitt V, unter A I S. 113f.

[3] So ähnlich SINZHEIMER a. a. O. S. 217.

[4] Der Ausdruck „Betriebsarbeitsorganisation“ im Gegensatz zur „Betriebskapitalsorganisation“ zur begrifflichen Festlegung der Kräftezusammenfassung im Betriebe bei den Arbeitnehmern einerseits und dem Arbeitgeber, dem Betriebsherrn, andererseits findet sich schon bei FREISLER a. a. O. S. 33.

[5] Vgl. dazu für die Betriebsarbeitsorganisation § 1 BRG., wo von „der Erfüllung der Betriebszwecke“ gesprochen wird.

nicht mehr allein von dem Betriebsherrn[1] dargestellt, sondern die Betriebsgewalt in bestimmtem Umfange vom Betriebsherrn und von Betriebsangehörigen[2] gemeinschaftlich ausgeübt wird. Das führt dann zu einer Betrachtung über die im wesentlichen bei dem Betriebsherrn verbliebene Betriebsgewalt und ihren Ursprung aus eigentumsrechtlichen Verhältnissen innerhalb des Betriebes. Betriebsgewalt, Herrschaftsgewalt rückt andererseits die Behandlung des Betriebes als Herrschaftsverband nahe, der bei weiterer Ausgestaltung der der Betriebsarbeitsorganisation eingeräumten Mitwirkungsrechte zur tatsächlichen und rechtlichen Betriebsgemeinschaft, schließlich zum Genossenschaftsverbande werden kann. Damit spielt die Betrachtung in das umfangreiche Rechtsgebiet der Schuldverhältnisse hinüber, denn man fragt sich nunmehr, wer wird und wie wird man Mitglied, Angehöriger dieses Betriebsverbandes. Hierbei erscheint der Einzelarbeitsvertrag, der zwischen dem Arbeitgeber und dem Arbeitnehmer geschlossen wird, in einem ganz anderen Lichte und läßt die personenrechtlichen Bestandteile in Erscheinung treten, die in ihm und ungleich mehr im Arbeitsverhältnis ruhen. Man sieht bereits hier schon, welch übergroße Fülle von rechtlichen Gesichtspunkten eine Betrachtung über den Betrieb mit sich bringt. Bei alledem handelt es sich nicht um rein theoretische Darstellungen, denn von der rechtlichen Auffassung der in einem Arbeitsbetriebe gegebenen wirklichen Verhältnisse hängt eine ganze Anzahl von bedeutsamen tatsächlichen Folgen ab. Darum sind innerhalb der Abhandlung an verschiedenen Stellen Erörterungen über Rechtsfragen eingeschaltet worden, an denen sich nun die rechtliche Auffassung der in einem Betriebe gegebenen Verhältnisse handgreiflich auswirkt, so auf dem Gebiet des Rechts am Arbeitsergebnisse und insbesondere der Betriebserfindungen, bei der Frage der Betriebsgefahrtragung und der Stellung der Betriebsratsmitglieder in den Aufsichtsräten.

Bereits an dieser Stelle muß auf die Schwierigkeit der Stoffgliederung hingewiesen werden. Wie schon eben in Kürze dargelegt wurde, gehen die Rechtsfragen so ineinander über und sind derart in sich verquickt, daß eine gesonderte Betrachtung häufig Zusammengehöriges trennt. Mitunter greifen daher schon in früheren Abschnitten rechtliche Gesichtspunkte ein, die erst später des näheren zur Erörterung kommen können. Einer geordneten Darstellung halber lehnt sich die Behandlung an die bestehende Rechtsgliederung an, obwohl zugegeben sei, daß

[1] Unter Betriebsherrn soll hier der Betriebsinhaber verstanden werden. S. darüber im sachenrechtlichen Abschnitt (III) unter A III S. 53.

[2] Der Begriff „Betriebsangehörige“ wird im Schrifttum und so auch hier meist für die Arbeitnehmer verwendet. An sich gehört der Betriebsherr natürlich auch zum Betriebe, ist also ebenfalls betriebsangehörig (s. dazu unter Abschnitt I: B II 5 S. 8.

diese Einteilung starr geworden ist. Gerade im neuzeitlichen Arbeitsrecht begegnet sie mancherlei Schwierigkeiten. Die Grenzen zwischen den einzelnen Teilgebieten sind dort flüssig geworden, und manche Erscheinungen spielen sowohl in das eine wie in das andere Rechtsfach hinüber. Das Wesentlichste in der rechtlichen Bedeutung des Betriebes soll also in verfassungsrechtlicher, sachenrechtlicher, schuldrechtlicher sowie letztlich in personenrechtlicher bzw. staatsrechtlicher Hinsicht dargelegt werden.

I. Der Begriff des Betriebes.

A. Die Notwendigkeit der begrifflichen Bestimmung des Betriebes.

Bei einer Abhandlung über die rechtliche Bedeutung des Betriebes ist es vorerst erforderlich, auf den Begriff des Betriebes einzugehen. Es gibt heute noch keinen einheitlichen Betriebsbegriff, und es ist schwer, einen solchen von vornherein ein- für allemal zu bestimmen, da das Wort „Betrieb“ in der Sprache des täglichen Lebens, in der Gesetzgebung und im Schrifttum[1] im verschiedensten Sinne, vor allem für ganz verschiedene Erscheinungen des Rechtslebens gebraucht wird, für die sich Sonderbezeichnungen bisher noch nicht durchgesetzt haben. Es ist jedoch nur eine Frage der Fachsprache, in Zukunft für Gesetzgebung und Leben einheitliche Begriffsbestimmungen auf diesem Gebiete zu schaffen[2]. An sich ändert eine genaue Begriffsfestlegung nichts an der Fragenfülle, die in der neuesten Zeit um die Rechtsbedeutung des Betriebes entstanden ist. Sie erleichtert jedoch ganz erheblich das Verständnis der Sache und verhindert das Aufkommen von Meinungsverschiedenheiten, die lediglich auf die Nichtübereinstimmung der Begriffsverwendung zurückzuführen sind. In Zukunft erübrigt sich vielleicht die Voranstellung begrifflicher Auseinandersetzungen bei betriebsrechtlichen Darstellungen von selbst. Heute ist sie aber noch zur Verhütung von Mißverständnissen unbedingt angebracht. Die folgende Betrachtung über den Rechtsbegriff des Betriebes stellt also nur eine notwendige Vorarbeit für die weiteren Abschnitte dar. Sie ist bloßes

---

[1] Dazu Passow a. a. O. S. 1, 26. — Molitor-Hueck-Riezler S. 71. Auch in der Gesetzgebung und Rechtsprechung ist der Begriff des Betriebes nirgends bestimmt, sondern wird vorausgesetzt. Dazu Vollbrecht im ArbR. 1926, Sp. 767/771.

[2] Die erste Arbeit hierzu hat Jacobi in seiner Schrift „Betrieb und Unternehmen als Rechtsbegriffe“ geliefert. Seiner Begriffsbestimmung des Betriebes (a. a. O. S. 9, in seinen „Grundlehren des Arbeitsrechts“ S. 286) hat sich das neuere Schrifttum im wesentlichen angeschlossen. Vgl. dazu Flatow BRG. 1927, S. 52; Sinzheimer a. a. O. S. 214ff.; Hueck-Nipperdey a. a. O. S. 69f.

Mittel zum Zweck. Es dürfte mithin von der Darstellung von Einzelheiten und Sonderfällen abgesehen werden[1].

B. Der Betriebsbegriff.

I. Was wird nun unter einem Betriebe verstanden? Das Wort selbst ist sprachlich noch verhältnismäßig jung. ROSENSTOCK[2] weist darauf hin, daß in Grimms Wörterbuch (1854, Bd. I, S. 1714) unter Betrieb nichts anderes als „betreiben, unternehmen" verstanden wird. Auch in Bierlings juristischer Prinzipienlehre I, S. 266f. wird Betrieb als eine Tätigkeit hingestellt. In Wirklichkeit heißt auch das Wort Betrieb anfangs nichts anderes als betreiben, ist nur eine zweite Wortprägung dafür. Ursprünglich ist Betrieb ein reiner Tätigkeitsbegriff. Er bedeutet eine „auf den Zusammenhang nacheinander folgender Handlungen gerichtete und berechnete Betätigung eines Menschen"[3]. In Gesetzgebung und Leben findet auch heute noch zum Teil Betrieb im Sinne von Betreiben Verwendung[4]. Insbesondere wird das Wort Betrieb in dem schon weiter zurückliegenden arbeitsrechtlichen Schrifttum lediglich als Tätigkeitsbegriff aufgefaßt[5].

II 1. Allein aus dem gegenwärtigen Sprachgebrauch heraus drängt sich einem unwillkürlich die Empfindung auf, damit nur eine unzureichende Begriffsbestimmung gewonnen zu haben. Man hat von einem Betrieb noch eine andere Vorstellung[6]. Es ist immer gut, bei Begriffsableitungen von Beispielen oder bildlichen Darstellungen auszugehen. So mancher wird mit dem Betrieb die Vorstellung irgendeines großen Industriewerkes verknüpfen, etwa an ein mitteldeutsches Kraftwerk oder an ein Eisenhüttenwerk des Westens denken, und von selbst entsteht vor den Augen das Bild eines solchen Betriebes mit seinen Förder- und Separationsanlagen, Maschinenhäusern, Lagerplätzen, Schutthalden, Verwaltungsgebäuden und anderen Grundstücken. Da ist etwas Sichtbares greifbar vor Augen gerückt. Darin

---

[1] Darüber Näheres bei JACOBI und PASSOW a. a. O.

[2] a. a. O. S. 17.

[3] JACOBI a. a. O. S. 3; PASSOW a. a. O. S. 2. Es ist nicht ganz verständlich, warum PASSOW, nachdem auch er den Begriff auf S. 2 a. a. O. mit Tätigkeit gleichgesetzt hat, dann später auf S. 37 davon noch „Betrieb im verbalen Sinne" gleich Betreiben unterscheidet.

[4] GewO. § 1 „Betrieb eines Gewerbes". — RGZ. 39, 137 über den Begriff des Gewerbebetriebes.

[5] Außer der bereits erwähnten Begriffsbestimmung in der wirtschaftswissenschaftlichen Betrachtung bei PASSOW a. a. O. S. 2 gehen auf den Tätigkeitsbegriff zurück: KASKEL 1925 a. a. O. S. 240; KASKEL 1928 a. a. O. S. 286f.; DERSCH BRG. a. a. O. S. 37, N. 2a zu § 9; WIETHAUS-KANTOROWICZ BRG. a. a. O. S. 34, N. 2 zu § 9; KIESCHKE-SYRUP-BILLERBECK BRG. a. a. O. S. 56, N. 2 zu § 9; SCHULZ a. a. O. S. 28, N. 2 zu § 9. — Weitere Angaben über versicherungsrechtliche Schriften bei JACOBI a. a. O. S. 3, N. 9.

[6] So auch STIER-SOMLO BRG. S. 1, N. 2 zu § 1.

liegt eine Gegenständlichkeit, und so ist man mit dieser Vorstellung von selbst von dem Tätigkeits- zu dem Gegenstandsbegriff des Betriebes übergegangen. Auch der allgemeine Sprachgebrauch verwendet heute das Wort Betrieb für die oben aufgeführten Anlagen in ihrer Gesamtheit, für die Fabrik, die Werft, den Bauhof, das Geschäftslokal usw., in denen der Arbeitnehmer seiner Arbeit nachgeht. Das bedeutet für ihn selbst meist schon den Betrieb. Hierbei ist also Betrieb gleichgesetzt mit Betriebsstätten, Betriebsanlagen oder Betriebseinrichtungen. Man hat auch im Schrifttum verschiedentlich Betrieb mit Betriebseinrichtungen oder sächlichen Betriebsmitteln gleichgestellt[1].

Es ist durchaus verständlich, wenn PASSOW, der den Betrieb, wie oben ausgeführt wurde, als Tätigkeitsbegriff verstanden wissen will, eine scharfe Trennung gegenüber den Betriebseinrichtungen befürwortet[2]. Dabei geht er innerhalb der Betriebseinrichtungen noch auf Unterschiede ein, die in der Rechtsprechung und im Schrifttum gemacht werden. So unterscheidet man bekanntlich von dem Betriebsort die Betriebsstätte als den engeren Begriff[3] und bezeichnet als Betriebsanlage die Gesamtheit der für einen bestimmten Betriebszweck erforderlichen Sachen, soweit sie räumlich zu einem Ganzen verbunden sind[4]. Er gibt aber selbst zu, daß man auch darin bisher noch nicht zu einer einigermaßen übereinstimmenden Begriffsfestlegung gekommen ist[5] [6]. Für die weitere Betrachtung ist diese Unterscheidung innerhalb der sächlichen Betriebsmittel von keiner wesentlichen Bedeutung. Wichtig ist es nur zu wissen, daß man die sächlichen Betriebsmittel[7] schlechtweg mit dem Betrieb gleichgesetzt hat und damit von dem ursprünglichen Tätigkeitsbegriff zum Gegenstandsbegriff übergegangen ist[8].

---

[1] DOCHOW a. a. O. S. 15; JACOBI a. a. O. S. 6, N. 12; auch im Gesetz RVO. §§ 963, 964. Ebenso weist KÖNIGSBERGER in der NZfA. 1923, Sp. 299 darauf hin, daß im „früheren Recht“ der Begriff des Betriebes abgestellt war auf die dem Unternehmer dienenden Einrichtungen des Betriebes.

[2] PASSOW a. a. O. S. 29; so auch ROSENSTOCK a. a. O. S. 19.

[3] So das preußische OVG. bei Auslegung der Steuergesetze.

[4] PASSOW a. a. O. S. 32; über Betriebsstätte und Ort und sein Verweis der Erklärung der Betriebsanlage bei NIKISCH (PASSOW a. a. O. S. 34/35).

[5] PASSOW a. a. O. S. 34.

[6] Z. B. versteht ERDMANN im „Arbeitgeber“ 1923, S. 361 unter Betriebsanlagen „nicht nur einzelne Abteilungen eines Betriebes, sondern jede mit dem Betriebe (fest) verbundene Anlage, die zur Durchführung des Produktionsprozesses im Betriebe erforderlich ist“. — Hierin ist übrigens ein treffliches Beispiel dafür gegeben, in welch verschiedenem Sinne auch das Wort „Betrieb“ in einem einzigen Satze Verwendung findet und wie nötig es ist, sich erst einmal über die Bedeutung des Betriebsbegriffes klar zu werden.

[7] Von sächlichen Betriebsmitteln spricht auch JACOBI a. a. O. S. 6/7 und HECHT a. a. O. S. 52.

[8] ROSENSTOCK a. a. O. S. 18 bezeichnet diese beiden Begriffe mit Substanz- und Verbalbegriff. ISAY a. a. O. S. 15 Tätigkeit und Güterinbegriff. Vgl. dazu noch S. 9, N. 3, der Bearbeitung.

2. Der Betrieb, wie er sinnfällig oben dargestellt wurde, besteht aber nicht allein aus den Werkzeugen, Maschinen, Rohstoffen, kurz den sächlichen Betriebsmitteln. In ihm sind als lebendige Betriebskräfte Menschen von Fleisch und Blut eingespannt, die ihre Arbeitsfähigkeit zur Verfügung gestellt haben und diese sächlichen Betriebsmittel zur Herstellung von Arbeitserzeugnissen verwerten. Neben die sächlichen Betriebsmittel tritt der Mensch, die persönlichen oder menschlichen[1] Betriebsmittel[2], und verbindet sich mit ihnen in einem Zusammenwirken von Natur- und Arbeitskräften. Es ist früher von FLATOW und auch von FEIG-SITZLER[3] der Versuch gemacht worden, im Anschluß an die „Wirtschaftsverfassung" des Art. 165 RV. einen Betriebsbegriff aufzustellen, der lediglich auf das Vorhandensein von Arbeitgebern und Arbeitnehmern abstellt. Zweifellos wird es auch solche Betriebe geben, man denke z. B. an einen Eisbahnpächter, der eine Anzahl von Leuten zum Reinigen des Eises einstellt. Ein derartiger Betriebsbegriff ist jedoch viel zu eng und für die rechtliche Betrachtung schon deshalb nicht zweckmäßig, weil sich ja eine Reihe von Rechtsfragen, und zwar die bei weitem wichtigsten, gerade an die Eigentumsfrage an den sächlichen Betriebsmitteln anschließt, die folglich unbedingt in den Betriebsbegriff hineingehören[4]. So stellt der Betrieb ferner für uns eine gleichzeitig auf Dauer gerichtete Ordnung dar, wo zusammengearbeitet wird, also „ein räumlich und zeitlich gegenüber anderen Lebensbetätigungen ausgesondertes Arbeitsgefüge", wie ihn ROSENSTOCK[5] nennt.

3. Innerhalb des Arbeitsgefüges spielt nun noch als Bindeglied zwischen den persönlichen und sächlichen Betriebsmitteln etwas Drittes eine nicht zu unterschätzende Rolle. Es ist an sich nicht greifbar, sichtbar, sondern erst in seiner Auswirkung erkennbar. Das ist die bei größeren Betrieben häufig äußerst verwickelte Betriebsorganisation[6], das Herstellungsverfahren mit seinen Patent- und Urheberrechten, die Bezugsquellen, all das, was man im handelsrechtlichen Schrifttum für das Unternehmen mit dem Fremdwort „Chancen" zu bezeichnen pflegt, Güter immaterieller Natur, die mit das Wesen des Betriebes bestimmen[7].

---

[1] So JACOBI a. a. O. S. 6 ohne besondere Erklärung des feinen Unterschiedes in der Verwendung der Ausdrücke „persönlich" und „menschlich"; siehe darüber weiter unten im Abschnitt III A III u. IV S. 53/54 u. S. 55 unten.

[2] SINZHEIMER a. a. O. S. 214. — JACOBI a. a. O. S. 5f.

[3] FLATOW BRG. 1922 a. a. O. zu § 9, N. 3; FEIG-SITZLER BRG. a. a. O. zu § 9, N. 1; darüber auch bei JACOBI a. a. O. S. 5, N. 12.

[4] Siehe darüber Näheres unter III dieses Abschnittes S. 9ff.

[5] a. a. O. S. 19.

[6] Der Begriff ist hier im technischen Sinne zu verstehen.

[7] Vgl. ebenso: ISAY a. a. O. S. 54, allerdings für den Begriff des Unternehmens; JACOBI a. a. O. S. 7; LEHMANN, Lehrbuch des Handelsrechts, 2. Aufl., S. 107/108; MÜLLER-ERZBACH, Deutsches Handelsrecht, 1. Aufl., Bd. I, S. 84f.; 2. Aufl., S. 70ff.; PISKO bei Ehrenberg, Handbuch des Handelsrechts II, S. 198/200 (wie ISAY für den Begriff des Unternehmens); RGZ. 68, S. 51, 55.

Sie sind gleichsam das geistige Band, das die einzelnen Betriebsteile, mögen sie nun sächlicher oder menschlicher Natur sein, zusammenhält und sie zueinander in Wechselwirkungen bringt.

4. Bisher sind als Bestandteile eines Betriebes sächliche, persönliche und immaterielle Betriebsmittel festgestellt worden. Der Betrieb als solcher ist nun aber mehr als die Summe dieser Teile[1]. Er ist ein Organismus, ein einheitliches, lebendiges Gebilde. Das tritt in aller Deutlichkeit beispielsweise bei einem mit allen neuzeitlichen technischen Errungenschaften ausgestatteten arbeitsteiligen Großbetriebe mit dem laufenden Produktionsband und der Fließarbeit in Erscheinung. Nur wenn man das Ineinandergreifen, dieses Verfilzt- und Verquicktsein der oben angeführten Bestandteile würdigt, wie sie nach einer ganz bestimmten Ordnung sich ergänzen und aufeinander angewiesen sind, wenn man das Ganze als etwas betrachtet, in dem Leben pulsiert, dann hat man die Vorstellung von dem Betriebe, der weiter unten unter einigen juristischen Schlaglichtern betrachtet werden soll[2].

5. Jedes Lebewesen hat nun einen Schöpfer, auf den es sein Dasein zurückführt. So gibt es auch in jedem Betriebe eine Kraft, von der alles Leben ausgeht. Sie hat die Gewalt über den Betrieb. Der Zusammenschluß zur Einheit erfolgt nach ihrem Willen. Es ist der Betreibende, der Arbeitgeber[3], der als Zweck die Betriebsgestaltung diktiert, der aus den Teilprodukten vieler Hände ein Gesamtprodukt, aus dem Wirken ein Werk[4] schafft. Denn er gibt dem Walten des Betriebes, dieser kunstvoll in sich verwickelten und verschlungenen Einheit erst einen Sinn. Er ist somit gleichsam die Seele des Ganzen, denn „der Gedanke hält das Gebilde des Betriebes zusammen, nicht die Hand“[5]. Er bestimmt somit auch Beginn und Ende des Betriebes, soweit nach der geltenden Rechtsordnung keine gesetzlichen Hindernisse im Wege stehen. Er ist Träger aller Rechte, die den Betrieb an sich betreffen. Seine Person gehört notwendig mit zum Betriebe. Betreibender oder

---

[1] Vgl. Buddeberg im ArbR. 1926, Sp. 119; Isay a. a. O. S. 23.

[2] Der Betrieb ist als Organismus bereits häufig im Schrifttum gekennzeichnet worden; so z. B. von Buddeberg (vgl. vorige N.); Fischer, Betriebserfindungen a. a. O. S. 2; Freese, Das konstitutionelle System a. a. O. S. 16; Hecht a. a. O. S. 50ff., insbes. S. 54; ebenso auch Hedemann in den SozProbl. S. 29; eine Andeutung darüber auch bei Hueck-Nipperdey a. a. O. S. 70, wo von einer organischen Zusammenfassung gesprochen wird; Isay a. a. O. S. 44; Potthoff im ArbR. 1923, Sp. 676; 1926, Sp. 568; Raab im SchlW. 1927, Sp. 176; Simson a. a. O. S. 25; ders. im ArbR. 1925, Sp. 424; Sinzheimer a. a. O. S. 217 sowie RG. vom 16. Febr. 1926 in RGZ. 113, S. 89 und im RABlaT. 1926, S. 193, Nr. 70 und viele andere.

[3] Hueck-Nipperdey a. a. O. S. 71; Sinzheimer a. a. O. S. 215; Rosenstock a. a. O. S. 23; Fischer, Betriebserfindungen a. a. O. S. 2; Kaskel 1925 a. a. O. S. 240; 1928 S. 287.

[4] Sinzheimer a. a. O. S. 13.

[5] Spengler a. a. O. S. 632.

Betriebsinhaber kann jede natürliche oder juristische Person sein[1]. Häufig ist ja insbesondere bei Großbetrieben eine handelsrechtliche Gesellschaft, etwa eine Aktiengesellschaft, eine Kommanditgesellschaft auf Aktien oder eine Genossenschaft der Arbeitgeber. Zu beachten ist weiterhin, daß die Rechtsbeziehungen des Betriebsherrn, des Arbeitgebers, zu den sächlichen Betriebsmitteln für seine Stellung als Betriebsherr nicht ausschlaggebend sind. Vor allem kommt als Betriebsherr nicht immer der Eigentümer der sächlichen Betriebsmittel in Frage, sondern entscheidend ist die tatsächliche Innehabung der Betriebsmittel und damit der Betriebsherrschaft. In vielen Fällen wird also als Betriebsherr auch der Besitzer auftreten, der gleichsam den Eigentümer vertritt, und dessen Rechte aus dem Eigentume für diesen oder für sich ausübt[2]. Nach den bisherigen Darlegungen stellt sich somit der Betrieb als eine von einem Betriebsinhaber geleitete, sich aus persönlichen, sächlichen und immateriellen Bestandteilen zusammensetzende organische Einheit dar[3].

III. Im vorangegangenen ist der Betriebsbegriff erfahrungsgemäß abgeleitet worden. Es fragt sich nunmehr, wie es damit steht, wenn Bestandteile des Betriebes in dem oben festgestellten Sinne fehlen. Liegt dann noch ein Betrieb vor? Man hat z. B. viel darum gestritten, ob zum Betriebe unbedingt Arbeitnehmer gehören. Die einen verneinen[4], die anderen bejahen[5] die Frage. Man hat ferner gefordert, daß

[1] JACOBI a. a. O. S. 9.

[2] Siehe darüber auch bei FLATOW BRG. (1927) a. a. O. S. 55: „Das Rechtsverhältnis des Arbeitgebers zu den sächlichen Betriebsmitteln ist unwesentlich. Er kann Eigentümer, Pächter, Nießbraucher, Nutznießer usw. sein.“

[3] Ähnlich dieser Begriffsbestimmung auch die von JACOBI a. a. O. S. 9. Sie läßt jedoch die Eigenschaft des Betriebes als Organismus vermissen, die gerade für seine rechtliche Entwicklungsfähigkeit außerordentlich wichtig ist. Der moderne Betrieb ist mehr als die bloße Vereinigung seiner Teile. Es ist merkwürdig, daß JACOBI diese Eigenschaft in seinen Betriebsbegriff nicht aufgenommen hat, nachdem er sich auf S. 6, N. 12 a. a. O. über die Begriffsbestimmung des Betriebes bei HECHT und beim RG. als Organismus geäußert hat, daß sie mit dem von ihm vertretenen Betriebsbegriff in einer Richtung liege. JACOBI unterscheidet von seinem sog. objektiven Betriebsbegriff auf S. 9 den sog. subjektiven auf S. 3. Gemeint ist der Unterschied von Tätigkeits- und Gegenstandsbegriff; vgl. dazu auch N. 8, S. 6 der Bearbeitung. Die Bezeichnung subjektiv und objektiv ist sehr unglücklich gewählt, weil sie zu allgemein gehalten ist und deshalb leicht zu Mißverständnissen Anlaß bieten kann. Wenn der Ausdruck subjektiv-persönlich nur deshalb gebraucht worden ist, weil die Tätigkeit als solche immer etwas von einer Person Abhängiges, also Persönliches ist, so mag die Bezeichnung JACOBIS richtig sein. Man darf dabei nicht übersehen, daß es an solchen reinen subjektiven Bestandteilen auch bei seinem objektiven Betriebsbegriff nicht fehlt; man denke dabei nur an die Zwecksetzung durch den Betreibenden. So kommt schließlich JACOBI a. a. O. S. 10 selbst zu dem Ergebnis, daß ein wirklich objektives Kriterium für den Betrieb fehlt, ein Beweis dafür, daß die Gegenüberstellung von subjektivem und objektivem Betriebsbegriff verfehlt ist.

[4] HERSCHEL im ArbR. 1923, Sp. 102f.; FLATOW BRG. 1927 a. a. O. zu § 9, S. 52; HUECK-NIPPERDEY a. a. O. S. 69, N. 4; JACOBI a. a. O. S. 5, N. 12; PASSOW a. a. O. S. 3, N. 2.

[5] FEIG-SITZLER a. a. O. S. 43 zu § 9, N. 1; FLATOW BRG. 1922 a. a. O. S. 37, N. 3 zu § 9; ROSENSTOCK a. a. O. S. 20/30.

ein Betrieb nach außen wirken müsse und deshalb den Haushalt nicht als Betrieb angesehen[1]. Kurz, es ist versucht worden, den Betrieb bis ins einzelne festzulegen. Es ist nicht ersichtlich, warum man z. B. einem Betrieb ohne Arbeitnehmer, einem sog. Alleinbetrieb oder einem Haushalt, in dem beispielsweise eine ganze Anzahl von Arbeitnehmern beschäftigt sein kann, die Eigenschaft eines Betriebes absprechen soll, zumal man doch dazu keinerlei gesetzliche Handhabe hat. Gerade der heutigen Gesetzgebung, insbesondere der des Arbeitsrechts, entspricht es vielmehr, den Betriebsbegriff möglichst weit auszudehnen[2]. So ist er, um das nur als Beispiel anzuführen, im BRG. nicht nur auf Erwerbsbetriebe beschränkt[3]. Es ist an sich ein völlig falsches Unterfangen, von vornherein bis in Einzelheiten hinein einen Begriff wie den des Betriebes formen zu wollen. Das Wirtschaftsleben bildet sich ja darüber von selbst den Begriff und entscheidet im Zweifel von Fall zu Fall[4].

Eine andere Frage ist es, ob der Betrieb, wie ihn das Wirtschaftsleben bietet, dann immer auch Rechtsbedeutung hat und ferner, in welchem Umfange er sie hat. Man könnte ganz allgemein vielleicht sagen, daß ein Betrieb im wirtschaftswissenschaftlichen Sinne zwar vorliegen kann, aber dieser im Rechtssinne nicht vorhanden ist, weil er als Betrieb überhaupt nicht oder nur in geringem Maße rechtlich in Erscheinung tritt. Man denke z. B. an die Werkstatt eines Handwerkers, der keine Arbeitnehmer beschäftigt. Die meisten Rechtsfragen entstehen ja erst dort, wo Menschen gesellschaftlich zusammenarbeiten[5]. Es wird aber auch eine Reihe von Betrieben geben, die schon eine gewisse rechtliche Bedeutung haben, wenn diese auch gegenüber anderen Betrieben eine beschränkte ist, z. B. bei solchen, für die das BRG. nicht zur Anwendung kommt, weil die entsprechende Zahl von Arbeitnehmern nicht vorhanden ist, oder weil ein sog. Tendenzbetrieb vorliegt, für die doch andere Gesetze, etwa die Gewerbeordnung oder die Stillegungsverordnung Geltung haben. Diese Betriebe entsprechen auch nur teilweise den Anforderungen des oben aufgestellten Betriebsbegriffes und sind dennoch auch im Rechtssinne Betriebe. Man muß also unter-

[1] FLATOW BRG. 1920 und 1921 a. a. O. zu § 9 N. 2, am Ende; andere Ansicht in den späteren Auflagen: a. a. O. 1922, N. 3, 1927 N. 4; BRANDT a. a. O. zu § 9, N. 2; DERSCH BRG. a. a. O. zu § 9, N. 2; FEIG-SITZLER a. a. O. zu § 9, N. 1, S. 44; PASSOW a. a. O. S. 11; aM.: FLATOW BRG. 1927 a. a. O. S. 55; JACOBI a. a. O. S. 8, N. 18.

[2] Vgl. HERSCHEL im ArbR. 1923, Sp. 102; FLATOW BRG. 1927, S. 52.

[3] Verhandlungen der verfassunggebenden Deutschen Nationalversammlung Bd. 338, Anlagen zu den stenographischen Berichten 692 bis 1045, Bericht 928, S. 24; PASSOW a. a. O. S. 16.

[4] Vgl. Näheres über die Betriebsarten: Betriebe mit wirtschaftlichen Zwecken im Gegensatz zu Betrieben mit geistigen Zwecken; nach außen wirkende und nicht nach außen wirkende Betriebe, bei JACOBI S. 27ff.

[5] PASSOW a. a. O. S. 2.

scheiden Betriebe, die nur im Wirtschaftsleben als Betriebe angesehen werden und Betriebe, denen in irgendeiner Weise eine rechtliche Bedeutung zukommt. Freilich hat man dann noch nicht einen klaren und vor allem einheitlichen Rechtsbegriff des Betriebes. Es läßt sich auch nach dem gegenwärtigen Stande der Gesetzgebung ein solcher nicht finden, da in den verschiedenen gesetzlichen Bestimmungen verschiedene Erfordernisse an ihn gestellt sind, man also noch heute vom Betriebe im Sinne der GewO. oder des BRG. spricht und sprechen muß. In der vorliegenden Bearbeitung ist an einen Betrieb in dem Höchstmaß einer rechtlichen Auswirkung, in der weitgehendsten Rechtsbedeutung gedacht worden. Vor allem kamen dabei wegen der rechtlich sehr bedeutsamen Gedanken, die dem BRG. zugrunde liegen, auch nur solche Betriebe in Frage, für die das BRG. Anwendung findet.

IV. Es bleibt nun als letztes noch übrig, den Betrieb von einem anderen Begriff abzusondern, mit dem er häufig als gleichbedeutend verwendet wird, nämlich vom Unternehmen[1] oder der Unternehmung[2]. Ähnlich wie beim Betriebe gibt es auch hier einen Tätigkeits- und einen Gegenstandsbegriff[3]. Der Unterschied zwischen Betrieb und Unternehmen liegt einzig und allein in der Zwecksetzung[4]. Ein und dieselbe Handlung oder ein und derselbe Gegenstand werden nur an verschiedenen Maßstäben gemessen oder auf einen näher oder weiter entfernt liegenden Zeitpunkt eingestellt. Bei dem Betriebe handelt es sich dabei um den unmittelbaren technischen Zweck, bei dem Unternehmen um den entfernteren Zweck, einen Bedarf zu decken, also um einen wirtschaftlichen Gesichtspunkt. Die Unterschiede ergeben sich übrigens nicht erst, wie JACOBI[5] meint, bei dem Gegenstandsbegriff, sondern liegen bereits bei dem Tätigkeitsbegriff vor. Die Zwecksetzung ist ein rein subjektives Kennzeichen und liegt selbstverständlich jeder Betätigung zugrunde. Also auch hier kann man, wenn es sich um das rein technische Ziel handelt, vom Betrieb sprechen, während man es im Hinblick auf die wirtschaftliche Seite mit dem Unternehmen zu tun hat. Der über die Tätigkeit hinausgehende Zweck ist bei dem Betrieb und dem Unternehmen also ein verschiedener; er ist bei dem Betrieb ein engerer als bei dem Unternehmen. Es ist daher nicht verständlich und auch von JACOBI nicht begründet, warum eine Verschiedenheit zwischen

---

[1] Besonders im älteren handelsrechtlichen Schrifttum werden die beiden Begriffe gleichgesetzt; vgl. bei ISAY die oben angeführten Stellen. Darüber auch bei JACOBI a. a. O. S. 3, N. 7; PASSOW a. a. O. S. 19.

[2] JACOBI schlägt vor (a. a. O. S. 18), den Begriff „Unternehmung" auf die Fälle zu beschränken, in denen es sich nicht um öffentliche Verwaltung handelt, weil im Gesetz häufig Unternehmungen und Verwaltungen nebeneinander gestellt werden.

[3] JACOBI a. a. O. S. 3.

[4] JACOBI a. a. O. S. 16, 23. — ISAY a. a. O. S. 51.

[5] JACOBI a. a. O. S. 4.

beiden Begriffen sich erst beim Gegenstandsbegriff ergeben soll. Gerade wo doch JACOBI den Unterschied zwischen Betrieb und Unternehmen im subjektiven und objektiven Sinne kennt, ist es durch nichts erklärt, warum das rein persönliche Merkmal der Zwecksetzung erst bei den Begriffen im objektiven Sinne in Erscheinung treten soll.

Es ist aber nicht jeder Betrieb immer gleichzeitig ein Unternehmen. Unternehmen und Betrieb brauchen sich nicht zu decken[1]. Deshalb ist es erforderlich, eine dogmatische Scheidung beider Begriffe vorzunehmen. Da das Unternehmen auf ein weiter entfernt liegendes Ziel gerichtet ist, so ist es erklärlich, daß der Erreichung dieses weiteren Zieles mehrere Betriebe dienen können, mehrere Einheiten, die einen enger gesteckten technischen Zweck verfolgen. Ein Unternehmen kann also aus mehreren Betrieben bestehen[2], nämlich dann, wenn sie demselben Unternehmer unterstellt sind, und wenn sie zur Erzielung desselben Zweckes zusammenarbeiten. Das ergibt sich bereits aus dem BRG. (§ 50ff), wo dieser Tatsache durch die Einrichtung der gemeinsamen Betriebsvertretungen Rechnung getragen wird. Weitere Einzelheiten seien an dieser Stelle darüber nicht erörtert.

C. Zusammenfassung.

Zusammenfassend darf noch einmal darauf hingewiesen werden, daß es sich bei dem Betriebe, dessen Rechtsfragen nunmehr erörtert werden können, um eine von einem Betriebsinhaber geleitete, sich aus persönlichen, sächlichen und immateriellen Bestandteilen zusammensetzende organische Einheit mit größtmöglichster Rechtsbedeutung handelt.

II. Verfassungsrechtliche Betriebsfragen.

A. Die rechtliche Bedeutung des Betriebes vor und nach Erlaß des BRG.

Welche Bedeutung im Rechtssinne kommt nun dieser lebendigen Einheit des Betriebes zu? Vor der entscheidenden Entwicklung, die das Arbeitsrecht von der Kriegs- und insbesondere der Nachkriegszeit an genommen hat, hatte der Betrieb als solcher so gut wie gar keine Rechtsbedeutung. Er war für die Rechtsordnung, die im wesentlichen auf individualistisch-liberaler Grundlage beruhte, nicht vorhanden. Man sah in dem Betriebe lediglich die Summe der einzelnen privatrechtlichen Befugnisse der Unternehmer, der Betriebsherren. Das neuzeitliche

---

[1] JACOBI a. a. O. S. 23. — PASSOW a. a. O. S. 24.
[2] HUECK-NIPPERDEY a. a. O. S. 73.

Arbeitsverhältnis, das seinem Wesen nach eine gesellschaftliche Massenerscheinung ist, mußte sich rechtlich dem Zwange der vorhandenen unzulänglichen Formen anpassen. Zwar zeigten sich in der Arbeiterschutzgesetzgebung und in der öffentlichen Versicherung Ansätze zu einer abweichenden Auffassung, aber die inneren und äußeren Verhältnisse der Betriebe wurden durchaus nach privatrechtlichem Vertragsrecht behandelt — unter Benutzung alter bürgerlich-rechtlicher Begriffe, die unter der Vorherrschaft des römischen Rechts gebildet worden waren. Eine grundsätzliche Wandlung dieser Anschauungen setzte erst mit der Flut teils neuer, teils bis dahin nicht zur Auswirkung im Leben gediehener Gedanken ein, die uns der Krieg und vor allem die Staatsumwälzung von 1918 brachten. Damit war eine andere Entwicklungslinie gegeben, und heute „bieten die Gesetze schon hinreichend Ansatzpunkte, die Einheit des Betriebes auch rechtlich zu gestalten" (BUDDEBERG)[1]. Es wird sich im folgenden nun darum handeln, diese Ansätze einer neueren Rechtsbildung der genaueren rechtlichen Betrachtung zu unterziehen, wobei immer streng darauf geachtet werden muß, wieweit die Entwicklung der Rechtsbedeutung nach der heutigen Gesetzgebung vorgeschritten ist, und zu welchen weiteren Entwicklungsmöglichkeiten im einzelnen darin bereits Keime vorhanden sind. Die hauptsächliche Unterscheidung gegenüber dem Arbeitsrecht der Vorkriegszeit liegt ohne Zweifel in der Einführung der Betriebsräte in die Betriebe durch das BRG. vom 4. Februar 1920 (RGBl. S. 147). Man mag über die Betriebsräte sowie vor allem über ihren tatsächlichen Wert im Wirtschaftsleben verschiedener Ansicht sein. Es darf jedoch in jedem Falle nicht verkannt werden, daß das BRG. bereits heute schon für das Recht eine tiefe eingreifende Umwandlung darstellt und eine ganze Reihe noch weiterhin entwicklungsfähiger Gedanken enthält, die geeignet sind, das Wirtschaftsleben und die Rechtsordnung von Grund auf umzubilden. Die Einführung der Betriebsräte stellte auch den wichtigsten ersten Schritt zur rechtlichen Gestaltung der Betriebe dar und ihrer Heraushebung aus der bloßen Rechtssphäre des Betriebsinhabers, des bisherigen unbeschränkten Betriebsherrn.

B. Betriebsorganisation.

AA I. Der Gedanke nach einer Vertretung der Belegschaft innerhalb der Wirtschaftseinheit eines Betriebes besteht schon lange und ist durch die politische und gewerkschaftliche Arbeiterbewegung eingehend vorbereitet worden. Man kann sagen, er ist so alt wie die soziale Frage selbst und reicht in das allererste Aufblühen des Kapitalismus zurück.

---

[1] Vgl. dazu auch: BUDDEBERG im ArbR. 1926, S. 119f.; NUSSBAUM II a. a. O. S. 46/47; FEIG-SITZLER a. a. O. S. 15; WEHRLE a. a. O. S. 5ff.

Bereits in der verfassunggebenden Reichsversammlung in der Paulskirche zu Frankfurt a. M. 1848/49 waren im volkswirtschaftlichen Ausschuß im Entwurf zur Gewerbeordnung zwei Artikel (Art. 42 und 43 daselbst) ausgearbeitet worden. Danach sollte jede Fabrik einen Fabrikausschuß wählen, der sich mit der Vermittlung von Streitigkeiten zwischen Arbeitgebern und Arbeitnehmern zu befassen hatte, und dem das Entwerfen und die Aufrechterhaltung der besonderen Fabrikordnung zustand. Es sollte ihm ferner die Einrichtung und Verwaltung der Krankenunterstützungskasse und die Überwachung der Fabrikkinder sowohl in sittlicher Beziehung in der Fabrik selbst als hinsichtlich des Schulbesuchs obliegen. Schließlich sollte er eine Vertretung der Fabrik in den Fabrikräten (Fabrikräte = Arbeitskammern) darstellen. Dieser Entwurf aus dem Jahre 1848 ist zwar nicht Gesetz geworden. Er beweist jedoch, daß man sich bereits in dieser Zeit mit dem Gedanken einer Belegschaftsvertretung in den Betrieben beschäftigt hat, wie er heute schließlich zur Grundlage des BRG. geworden ist. Man nannte die Arbeiter- oder besser Belegschaftsvertretungen in den Betrieben damals und auch in der Folgezeit nicht Räte, sondern Arbeiterausschüsse. Aber mit diesen Ausschüssen erstrebte man das gleiche, was schließlich über 70 Jahre später erst erreicht worden ist. Es sollte damit der Versuch gemacht werden, den überall aufblühenden demokratischen Gedanken auch im Wirtschaftsleben Geltung zu verschaffen. Man wollte die Demokratie nicht allein auf das Staatswesen beschränken, sondern mit ihr auch gleichzeitig der wirtschaftlichen Ungleichheit zu Leibe rücken, die zu jener Zeit bei weitem ausgesprochener war als kurz vor der Entstehung des BRG. Man erstrebte bereits seinerzeit also mehr als eine bloße formale Demokratie[1].

Es ist daher unrichtig, wenn der dem BRG. zugrunde liegende Gedanke, wie es häufig geschieht, auf die Errichtung der russischen Räte zurückgeführt und damit als eine Auswirkung der russischen Revolutionen von 1905 und 1917/18 hingestellt wird[2]. Von diesen Räten der russischen Revolutionszeit ist nur der Name übriggeblieben. Man verlangte zwar auch in Deutschland Räte nach russischem Muster, aber diese Räte haben mit den heutigen, auf der Grundlage des BRG.

---

[1] Dieser Gedanke über die Wirtschaftsdemokratie ist von Potthoff 1920 wieder aufgegriffen worden; vgl. dazu Potthoff, Unternehmer und Betriebsräte 1920, S. 8/9.

[2] So ausgesprochen bei Feig-Sitzler BRG. a. a. O. S. 17; andere führen den Betriebsrätegedanken auf die Arbeiterschutzgesetze vom 1. Juni 1891 zurück, wo ja Arbeiterausschüsse tatsächlich erstmalig eine gewisse gesetzliche Anerkennung fanden. So bei Kieschke-Syrup BRG. a. a. O. S. 64; Schneider-Sachsen BRG. a. a. O. S. 9. Erwähnung findet der Antrag Lette und Genossen über die Arbeiterausschüsse in der Reichsversammlung in der Paulskirche bei Stier-Somlo BRG. S. XIff. und bei Jacobi, Grundl. a. a. O. S. 12, N. 12; ferner bei Gossmann im „Arbeitgeber" 1925, S. 35f.

errichteten nichts gemein. Sie sollten alles andere als Einrichtungen einer *demokratischen* Wirtschaftsverfassung, d. h. einer auf einer wirklichen und nicht nur formalen Gleichberechtigung von Arbeitgebern und Arbeitnehmern beruhenden Verfassung sein. Sie waren als politische Organe gedacht. Die Räteorganisation sollte eine Machtstellung der Arbeiterklasse im Kampfe um die Verwirklichung des Sozialismus darstellen[1], eine Klassenorganisation, der das Proletariat bedurfte, um zu eigener unumschränkter Herrschaft, zur Herrschaft der Arbeit, zu gelangen, und um dadurch die Herrschaft des Kapitalismus zu zerstören, die eine Herrschaft des Eigentums ist. Diese von der Spartakusgruppe und dem linken Flügel der Sozialdemokratie damals gewollte Entwicklung hat das Rätesystem in Deutschland nicht genommen. Der Hauptgrund dafür lag wohl darin, daß in Deutschland eine gut ausgebildete Gewerkschaftsbewegung bestand, die Rußland bei dem Ausbruch der Revolution nicht aufzuweisen hatte[2]. Während dort die neu gebildeten Betriebsräte mit Leichtigkeit innerhalb der revolutionären Bewegung die gesamte Macht sowohl wirtschaftlicher wie politischer Art an sich reißen konnten, weil keine anderen Organisationen des werktätigen Volkes vorhanden waren, stellten sich in Deutschland dieser Entwicklung die Gewerkschaften mit aller Gewalt entgegen. Sie fürchteten, durch die Betriebsräte und das durch sie befürwortete Rätesystem ihrer bisherigen Stellung verlustig zu gehen oder gar in der Rätediktatur völlig überflüssig zu werden. Daraus erklärt sich, daß die Gewerkschaften von Anfang an der Rätebewegung nach russischem Muster mit allergrößtem Mißtrauen gegenüberstanden und auch in der Folgezeit, als die Gefahr vorüber war, immer wieder versucht haben, die Betriebsräte in ihre Organisation hineinzuziehen und gleichsam zu ihren Funktionären zu machen. Es sei nur an die gewerkschaftliche Zentrale der Betriebsräte erinnert, die von den freien Gewerkschaften im Frühjahr 1920 ins Leben gerufen wurde und die Eingliederung der Betriebsräte in die Gewerkschaften bezweckte. Schließlich ist ja auch der Gegensatz zwischen der Rätebewegung und den Gewerkschaften zugunsten der letzteren im Gesetz (§ 8 BRG.) entschieden worden[3].

Das Rätesystem hat bei der deutschen Umwälzung von 1918 in den Bahnen einer beginnenden Demokratisierung des Betriebes und damit schließlich der Wirtschaft geendet. Man hat nicht die Betriebsherren enteignet und die Betriebsherrschaft der Belegschaft, dem Staate oder sonst einer übergeordneten Organisation öffentlichen Rechts übertragen, sondern man hat nur die aus dem Eigentum an den Betriebsmitteln

[1] Darüber die recht beachtlichen Ausführungen bei SEIDEL a. a. O. S. 31ff.
[2] Vgl. darüber vor allem NÖRPEL in SozProbl. S. 77ff.
[3] Vgl. dazu Näheres im Abschnitt IV C IV 2 b β S. 109ff.

sich ergebenden Befugnisse des Betriebsherrn eingeschränkt. Man hat, um die Worte SEIDELS[1] zu gebrauchen, „die demokratische Fabrik als Gegenstück der Demokratie von Weimar" errichtet[2]. Es ist also der Gedanke der Arbeiterausschüsse weiter ausgebaut, und diese sind vor allem vom Gesetz für alle größeren Betriebe zwingend eingeführt worden. Damit wurde eine Entwicklung zum Reifen gebracht, die ihren Anfang in der Paulskirche in Frankfurt in dem Antrag LETTE und Genossen genommen und die erstmalig eine gewisse gesetzliche Anerkennung in dem in die GewO. (§ 134 h) aufgenommenen Arbeiterschutzgesetz vom 1. Juni 1891 gefunden hat. Sie hat später eine grundlegende Wandlung während des Krieges im Gesetz über den vaterländischen Hilfsdienst vom 5. Dezember 1916 durchgemacht und schließlich zum BRG. vom 4. Februar 1920 geführt.

Es sei an dieser Stelle noch erwähnt, daß der Gedanke einer Vertretung der Belegschaft innerhalb des Betriebes schon in der Zeit, als noch kein gesetzlicher Zwang zur Errichtung von Arbeiterausschüssen bestand, von einer Reihe von Arbeitgebern in ihren Betrieben in verschiedener Weise verwirklicht worden ist. Man denke dabei nur an die Zeiß-Werke in Jena, an HEINRICH FREESE, an MAX ROESLER[3] und andere, die in ihren Betrieben Arbeiterausschüsse geschaffen und nach ihrer Ansicht gute Erfahrungen damit gesammelt haben[4]. Freilich sind diese konstitutionellen Fabriken im Sinne FREESES oder ROESLERS nur gewisse Vorboten der im BRG. auf gesetzlicher Grundlage verwirklichten Gedanken gewesen. Selbst wenn die von FREESE und ROESLER der Belegschaft eingeräumten Rechte größere und einschneidendere waren als die im BRG. festgelegten, namentlich schon allein deshalb, weil den Belegschaftsmitgliedern, den einzelnen mit dem Betriebe verwachsenen Arbeitern, von Jahr zu Jahr steigende Anteile an einer Gewinnbeteiligung zustanden, so waren doch diese Rechte immer nur von dem Betriebsherrn gewährt, von seinem Willen abhängig. An ihm allein lag es, ob er überhaupt den Betriebsangehörigen Zugeständnisse machen wollte, und wieweit er das tat. Der bedeutende Unterschied aller durch die Arbeitgeber selbst eingesetzten Arbeitnehmerausschüsse

---

[1] SEIDEL a. a. O. S. 28.

[2] Siehe darüber den Abschnitt über die sachenrechtlichen Betriebsfragen.

[3] FREESE, Die konstitutionelle Fabrik; ROESLER, Arbeiterbeteiligung.

[4] Es mag an dieser Stelle nicht unerwähnt bleiben, daß die einzelnen aufgestellten Systeme sich natürlich untereinander mitunter stark unterscheiden. So hat man von den beiden bekanntesten, dem Freese'schen und dem System der Zeiß-Werke nach ABBE gesagt, ABBE habe eine Fabrikrepublik geschaffen, der parlamentarischen Vertretung jedoch nur beratende, in seltenen Fällen beschließende Stimme gegeben. FREESE sei bei der Monarchie geblieben, habe jedoch seine Souveränität durch das Angestelltenparlament beschränkt, das auch beschließende Stimme habe. — ELSTER in der „Frankfurter Zeitung" Nr. 50, vom 20. Februar 1910; vgl. darüber bei FREESE, Die konstitutionelle Fabrik a. a. O. S. 113.

zu den Betriebsräten ist der gesetzliche Zwang, der im BRG. begründet worden ist. Heute hat die Belegschaft eines Betriebes, sobald sie die gesetzlich vorgeschriebene Mitgliederzahl erreicht[1], ein Recht auf eine Vertretung im Betriebe, das sie im Rechtswege geltend machen kann. Sie ist also nicht mehr abhängig von dem Wohlwollen eines arbeiterfreundlichen Betriebsinhabers, sondern steht dem Vertreter der Kapitalsorganisation als Vertreter der Betriebsarbeitsorganisation gesetzlich berechtigt gegenüber. Den Arbeitnehmern, den Betriebsangehörigen, sind durch das BRG. und einzelne damit in Verbindung stehende Gesetze Rechte eingeräumt worden, die man unter dem Namen „Mitwirkungsrechte" zusammengefaßt hat, und auf deren rechtliche Bedeutung innerhalb des Betriebes in der sachenrechtlichen Behandlung näher eingegangen werden soll.

II 1 a α. Um diese Rechte der Betriebsangehörigen zu verwirklichen, war innerhalb des Betriebes eine Organisation erforderlich. Bei der großen Zahl von menschlichen Arbeitskräften, die in den Betrieben meist eingespannt sind, ist es ebenso wie in einem Staatswesen nicht möglich, daß jeder einzelne Angehörige selbst, d. h. in eigener Person, mitwirkt an der Betriebsherrschaft. Eine Betriebsorganisation konnte nicht lauter einzelne Arbeitnehmer in den Betrieb eingliedern, sondern nur deren organisierte Gesamtheit[2]. Das entspricht auch dem noch an anderen Stellen zu erörternden Wesen des modernen Großbetriebes, in dem der einzelne Betriebsangehörige in der Gesamtheit der Belegschaft aufgeht und erst in ihr Bedeutung erlangt[3]. Diese Gesamtheit bedurfte naturgemäß zur Wahrnehmung ihrer Rechte einer Vertretung. Das ist einmal der BR. und in untergeordneter Bedeutung die BV. geworden.

Das BRG. hat also die einzelnen Arbeitnehmer, Arbeiter und Angestellte, zu einer rechtlichen Einheit, der Belegschaft oder Arbeitnehmerschaft, zusammengefaßt und die Einheit zum Träger der Mitwirkungsrechte berufen, eine Ansicht, die im Schrifttum nicht unbestritten ist. Sie wird vertreten von KASKEL, der bereits in seinem „Neuen Arbeitsrecht"[4] ausgeführt hat, daß durch die Betriebsrätegesetzgebung, durch die das absolutistische Prinzip im Betriebe aufgehört habe, ein zweiter willensbildender Faktor neben dem Arbeitgeber, dem Betriebsherrn, geschaffen, und, um ihn zu erhalten, die Arbeitnehmer aus ihrer bisherigen Vereinzelung heraus zu einer rechtlich anerkannten Einheit zusammengefaßt worden seien. KASKEL hat später

[1] Zur Bildung eines Betriebsrates müssen mindestens 20, zur Wahl eines Betriebsobmannes mindestens 5 Arbeitnehmer im Betriebe vorhanden sein (§§ 1, 2 BRG.).

[2] KASKEL 1925, S. 242; 1928, S. 289.

[3] Siehe über diesen Gedanken Weiteres unter B AA II 1 b S. 20ff., insbes. S. 22 unten.

[4] KASKEL, „Das neue Arbeitsrecht" a. a. O. S. 174f.

in einem Aufsatze „Haftung für Handlungen des Betriebsrats“[1] diese Gedanken weiter ausgeführt. Auch FLATOW[2] spricht von „den kollektiv zusammengeschlossenen Arbeitnehmern innerhalb des Betriebes“ und „der nunmehr in sich verbundenen Belegschaft, die nicht mehr nur eine Summe von unverbundenen Einzelarbeitnehmern“ sei. Ebenso scheint DERSCH-VOLKMAR[3] eine rechtliche Einheit der Belegschaft anzunehmen. Das ergibt sich insbesondere aus dem Hinweis auf seine Ausführungen in seinem Kommentar zur SchlV.[4], wo von „der Arbeitnehmerschaft als solcher“ die Rede ist. DERSCH hat vor Erlaß der zweiten AusfV. eine rechtliche Verbundenheit der Betriebsangehörigen untereinander verneint[5]. FEIG-SITZLER[6] führt ebenfalls aus, daß die Arbeitnehmerschaft vom Gesetz zur Erfüllung bestimmter Aufgaben zusammengefaßt sei. Auch erkennt er „Rechte der Belegschaft“ an. Ferner teilen die Ansicht KASKELS KIESCHKE-SYRUP-BILLERBECK[7] und ERNST JACOBI[8]. Von den rechtlich zur Einheit zusammengefaßten Betriebskräften spricht auch FREISLER[9], der dieser Einheit sogar volle Rechtspersönlichkeit[10] zukommen läßt, während HEYMANN[11] in der Betriebsrätegesetzgebung nur die Tendenz sieht, die auf eine Ausgestaltung der Arbeiterschaft des einzelnen Betriebes zu einer Rechtsgemeinschaft des öffentlichen oder auch privaten Rechts gerichtet sei. Geändert hat SINZHEIMER seinen Standpunkt in dieser Frage. Er hat in der ersten Auflage seiner „Grundzüge des Arbeitsrechts“ die rechtliche Einheit der Belegschaft bejaht. Innerhalb des Betriebes seien die Arbeitnehmer zur sog. „Arbeitsgenossenschaft“ vereinigt, vom Gesetz zu unmittelbarer wie zu mittelbarer Willensbildung befähigt, zu unmittelbarer durch die Betriebsversammlung und durch die Wahl der Betriebsräte, zu mittelbarer vor allem durch die Betriebs-Vertretung des BRG. Die Arbeitsgenossenschaft handele immer als eine Gesamtperson.

β. SINZHEIMER hat nunmehr in der zweiten Auflage ausgeführt, daß die Arbeitnehmerschaft keine Gesamtperson sei. Man könnte die Arbeitnehmerschaft als Gesamtperson (Vollperson oder Teilperson) nur dann auffassen, wenn bei ihr irgendwie auch im Innenver-

---

[1] KASKEL in NZfA 1921, Sp. 11ff., insbes. Sp. 14 und in KASKEL a. a. O. 1925, S. 242; 1928, S. 289.
[2] FLATOW BRG. 1927 a. a. O. S. 15/16.
[3] DERSCH-VOLKMAR a. a. O. zu § 10, N. 5 (S. 186).
[4] DERSCH, SchlV. a. a. O. S. 164; vgl. auch S. 152 und S. 167.
[5] Vgl. dazu DERSCH BRG. a. a. O. zu § 1, N. 6; dazu auch DERSCH SchlV. a. a. O. S. 164.
[6] FEIG-SITZLER BRG. a. a. O. § 1, N. 1.
[7] KIESCHKE-SYRUP-BILLERBECK BRG. a. a. O. S. 139.
[8] ERNST JACOBI in NZfA. 1922, Sp. 285ff.
[9] FREISLER a. a. O. S. 17
[10] FREISLER a. a. O. S. 127; siehe über das Wesen der Rechtseinheit S. 23 unter 2.
[11] HEYMANN a. a. O. S. 215/216.

hältnis, d. h. im Verhältnis der Arbeitnehmerschaft zu den einzelnen Arbeitnehmern des Betriebes, eine gemeinheitliche Macht vorhanden wäre. Dies sei jedoch nicht der Fall. Den einzelnen Arbeitnehmern des Betriebes stehe die Arbeitnehmerschaft als eine Einheit nicht gegenüber[1]. Gegen eine Einheit der Arbeitnehmerschaft im Rechtssinne hat sich ausdrücklich ferner NUSSBAUM in seiner ersten Auflage des „Neuen Wirtschaftsrechts" gewandt. Wenn NUSSBAUM auch im Wortlaut von einer „Vertretung *der Arbeitnehmerschaft*" spricht, so stellt er doch in der dazugehörigen Anmerkung die Arbeitnehmerschaft als eine rechtlich amorphe Masse hin, ähnlich etwa der Wählerschaft beim Reichstag, Landtag oder einem entsprechenden verfassungsrechtlichen Gebilde[2]. NUSSBAUM hat in seiner zweiten Auflage zwar die Anmerkung, in der er die Belegschaft als eine „amorphe Masse" bezeichnet, weggelassen, aber aus seiner Behandlung des Betriebsrats als Organ des Betriebes und nicht der Arbeitnehmerschaft, die keine juristische Person sei, kann man entnehmen, daß er von der in der früheren Auflage klarer zum Ausdruck gebrachten Ansicht kaum abgegangen sein dürfte[3].

γ. ERWIN JACOBI[4] nimmt zwar eine rechtliche Verbundenheit der Arbeitnehmerschaft, Arbeiterschaft und Angestelltenschaft, des Betriebes an, aber dieser Zusammenschluß gehe nicht bis zur juristischen Person oder juristischen Teilperson, vielmehr blieben Arbeitnehmerschaft, Arbeiterschaft und Angestelltenschaft, des Betriebes Personenvielheiten, die lediglich durch die gemeinschaftliche Wahrnehmung ihrer Mitbestimmungsrechte rechtlich verbunden seien. Es lägen also „gemeinschaftsverbundene Personenvielheiten" vor. JACOBI gelangt zu dieser Ansicht durch Verneinung jedweder Rechtsträgerschaft der Belegschaft und kommt zu der Folgerung, daß die vom Gesetz gewährten Mitbestimmungsrechte den einzelnen Arbeitnehmern des Betriebes zustehen. Er verneint insofern eine durch die Gewährung dieser Gestaltungsrechte herbeigeführte rechtliche Vereinigung der Belegschaft, allerdings eben mit der Einschränkung, daß die den einzelnen Arbeitnehmern als

---

[1] Vgl. dazu SINZHEIMER a. a. O. 1. Aufl. S. 31ff.; darüber auch bei FREISLER a. a. O. S. 20f. und die entgegengesetzten Ausführungen in der 2. Aufl. bei SINZHEIMER S. 224/225. — Die N. 5 auf S. 292 bei JACOBI, Grundl., der SINZHEIMER noch unter denen aufführt, die in der Belegschaft eines Betriebes eine rechtliche Gemeinschaft erblicken, ist also durch die neue Auflage überholt.

[2] Diese Auffassung NUSSBAUMS kommt der von SINZHEIMER insofern sehr nahe, als auch SINZHEIMER (S. 225) die Betriebsvertretung als Repräsentation, Eigenberechtigung im fremden Interesse ähnlich den Parlamenten im Staatsrecht ansieht. Dann liegt der weitere Vergleich zwischen Volk und Belegschaft auf der gleichen Linie.

[3] Vgl. dazu: NUSSBAUM a. a. O. I, S. 65; insbes. N. 3 und NUSSBAUM II a. a. O. S. 101. — Der sich bei KASKEL a. a. O. 1928, S. 289, N. 1 und bei JACOBI, Grundl. a. a. O. S. 298, N. 22 noch befindende Hinweis auf NUSSBAUMS „amorphe Masse" ist nicht mehr zutreffend, weil NUSSBAUM bereits 1922 in seiner 2. Aufl. die bekannte Anmerkung weggelassen hat.

[4] JACOBI, Grundl. a. a. O. S. 296.

Bestandteil[1] des einzelnen Arbeitsverhältnisses zustehenden Mitbestimmungsrechte nur einer gemeinschaftlichen Ausübung fähig seien. Nicht ganz so klar wie bei JACOBI geht aus dem häufig in diesem Zusammenhange im Schrifttum angeführten Aufsatz von SCHULTE-HOLTHAUSEN[2] hervor, ob der Verfasser mit der Verneinung der Rechtspersönlichkeit der Arbeitnehmerschaft ihr jedwede Rechtseinheit absprechen will, und wer nun nach seiner Ansicht der eigentliche Rechtsträger der Mitwirkungsrechte sein soll. Die Frage der Rechtsträgerschaft der im BRG. festgelegten Rechte spielt ja für die Rechtseinheit der Belegschaft die entscheidende Rolle, ist sie doch die eigentliche Ursache zur Ausgestaltung der Belegschaft zu einer vom Recht anerkannten Einheit.

b α. Es handelt sich auch um wirkliche Rechte bei der Mitbestimmung, die das Gesetz den Betriebsarbeitsorganisationen eingeräumt hat, und nicht um bloße Befugnisse, die, wie SCHULTE-HOLTHAUSEN[3] meint, nur vom Sprachgebrauch als „Rechte" bezeichnet würden, in Wirklichkeit aber nichts mit „Rechten" zu tun hätten. Als solche seien nur Persönlichkeitsrechte, obligatorische Ansprüche, dingliche Rechte und Erbrechte zu verstehen. Das Gesetz spricht an verschiedenen Stellen von Aufgaben der Betriebs- oder Gruppenvertretungen (§§ 66, 78 BRG.). Diese sog. Aufgaben stellen sich ebenso als Rechte wie als Pflichten der Betriebsvertretungen dar. Das wird auch im Schrifttum allgemein anerkannt[4] und „ergibt sich schon aus der Überschrift des dritten Hauptabschnittes vom BRG., der von Aufgaben und Befugnissen" der Betriebsvertretungen spricht, während in den unter diese Überschrift fallenden Paragraphen im allgemeinen nur von „Aufgaben" die Rede ist[5]. Letzterer Ausdruck kann nur im Sinne der Abschnittsüberschrift „Aufgabe und Befugnis" verwendet worden sein. Den Betriebsvertretungen sind also Rechte gegeben und Pflichten auferlegt worden. Dieser Gedanke erhält dann eine Bekräftigung, wenn man, wie es bei FREISLER[6] geschieht, die einzelnen Mitwirkungsrechte untersucht, denn dann sieht man, daß es sich dabei immer um Abgaben von rechtlich erheblichen Willenserklärungen handelt. So kommt man z. B. zu diesem Ergebnisse, wenn man unter der Mitwirkung bei der Betriebswohlfahrtseinrichtung (§ 66, Ziff. 9 BRG.) eine bis ins einzelne gehende Mitverwaltung versteht, also eine gleichberechtigte Mitverwaltung, ein

[1] JACOBI, Grundl. a. a. O. S. 295; vgl. dazu auch die eigene Stellungnahme des Verfassers unten unter b.

[2] SCHULTE-HOLTHAUSEN in NZfA. 1926, Sp. 717ff., insbes. Sp. 723 und 726.

[3] a. a. O. Sp. 722/723.

[4] STIER-SOMLO a. a. O. zu § 66, N. 1 (S. 113); BERGER a. a. O. S. 89; DERSCH BRG. a. a. O. zu § 66, N. 1 c I u. II (S. 187 u. 189); FLATOW BRG. 1927 a. a. O. S. 241, N. III zum 3. Abschnitt; FREISLER a. a. O. S. 24f.

[5] FREISLER a. a. O. S. 24.

[6] FREISLER a. a. O. S. 28ff.

Mithandeln bei allen einzelnen, rechtlich bedeutsamen Verwaltungshandlungen, und nicht nur darin eine bloße Mitfestlegung allgemeiner Richtlinien für die Verwaltung der Wohlfahrtseinrichtungen erblickt[1]. Ebenso stellt auch nach übereinstimmender Ansicht die Zustimmungserklärung des Betriebsrats zur Kündigung eines BR.-Mitgliedes nach § 96 BRG. eine Willenserklärung dar. Die Beispiele lassen sich noch mehren, aus denen sich ergibt, daß es sich bei der Wahrnehmung der Mitwirkungsrechte um Abgaben von rechtlich bedeutsamen Willenserklärungen handelt[2].

β. Als Rechtsträger kommt nur die Arbeitnehmerschaft des Betriebes in Frage, die zu diesem Zwecke eine rechtliche Einheit bildet. Es ist nicht richtig, wenn JACOBI[3] darlegt, daß diese Mitbestimmungsrechte an sich jedem einzelnen Arbeitnehmer des Betriebes zustehen und ein Bestandteil des einzelnen Arbeitsverhältnisses seien. Vor allem ist kein Grund für den letzten Teil seiner Ausführungen ersichtlich, denn dann ist es nicht verständlich, warum sich nicht aus dem Arbeitsverhältnis jedes Arbeitnehmers, also auch in Betrieben ohne Betriebsvertretung, dem Arbeitgeber gegenüber gewisse Mitwirkungsrechte ergeben. Die Mitwirkungsrechte können nicht als Bestandteile des Arbeitsvertrages angesehen werden, sondern sie ergeben sich aus dem Verfassungsrecht des Betriebes. So haben sie ja ihren gesetzlichen Niederschlag im BRG. und nicht in den Bestimmungen über den Dienstvertrag gefunden. Auch de lege ferenda sind sie nicht in den Entwurf eines Arbeitsvertragsgesetzes aufgenommen worden. Was den ersten Teil der Behauptung JACOBIS anbelangt, so sei dazu folgendes bemerkt: Durch die Betriebsrätegesetzgebung erfolgt die maßgebende Willensbildung innerhalb des Betriebes in bestimmtem Umfange nicht mehr allein durch den Betriebsherrn, den Vertreter des Kapitals, nach dem absolutistischen Prinzip des „Herrn im Hause“, sondern nach dem Grundsatz der „konstitutionellen Fabrik unter leitender Mitwirkung der Vertreter der Arbeit[4]“. Die Willensbildung setzt sich nunmehr aus folgenden beiden Kräften zusammen: aus dem Willen des Arbeitgebers und dem der Arbeitnehmerschaft als solcher bzw. deren Vertreter. Maßgebend für diese gesetzliche Neugestaltung war der Gedanke, daß nicht nur das Kapital, sondern auch die Arbeit an dem wirtschaftlichen Erfolg des Betriebes ihren Anteil hat und ihr somit auch ein Recht zur Mitwirkung an der Betriebsherrschaft eingeräumt werden müßte. Dargestellt wird die Arbeit innerhalb des Betriebes durch die gesamte Arbeitnehmerschaft als solche, nicht durch den einzelnen Arbeitnehmer,

---

[1] So FLATOW BRG. 1921 a. a. O. zu § 66 Ziff. 9, N. 3. — Siehe auch FLATOW 1927 a. a. O. zu § 66 und S. 59/60 der Arbeit.

[2] Siehe darüber ausführlicher bei FREISLER a. a. O. S. 28ff.

[3] JACOBI, Grundl. a. a. O. S. 295.

[4] NUSSBAUM a. a. O. I S. 65, II S. 91.

denn auch nur die zu einem geordneten und in sich abgestimmten Arbeitsgefüge vereinigten Arbeitskräfte haben für den Betrieb Bedeutung und stellen in ihm das Gegengewicht zum Kapital dar. Es entspricht daher auch der tatsächlichen Stellung der Belegschaft und damit dem gesamten Aufbau des Betriebes, daß Träger der Mitbestimmungsrechte die Belegschaft und nicht der einzelne Arbeitnehmer ist. Diese Gedanken haben auch im Gesetz ihren Ausdruck gefunden. Das Gesetz kennt deutlich den Unterschied zwischen Arbeitnehmerschaft und Arbeitnehmern. Nur der Arbeitnehmerschaft als Einheit sollen die Mitwirkungsrechte zustehen. Das ergibt sich mittelbar aus den gesetzlichen Bestimmungen insofern, als die Mitwirkungsrechte den Betriebs- bzw. Gruppenräten zuerkannt worden und diese letzteren in § 15 der AusfVSchlV. und auch in § 10 AGG. als Vertretungen der Arbeitnehmerschaft, Arbeiterschaft und Angestelltenschaft, anerkannt worden sind. Das Gesetz hat auch mit den Begriffen Arbeitnehmerschaft, Arbeiterschaft und Angestelltenschaft die Vorstellung von einer selbständigen, einer Willensbildung fähigen Einheit verbunden und diese nicht etwa nur als eine Summe der einzelnen Arbeitnehmer aufgefaßt, der als solche keine rechtliche Bedeutung weiter zukomme. Denn im Gesetz ist an anderen Stellen, namentlich vor allem im BRG. (so in den §§ 1, 2, 6, 15, 16, 18, 19—23, 39, 41, 46, 49 u. a. m.), von Arbeitnehmern, Arbeitern und Angestellten die Rede. Es wäre daher unverständlich, warum der Gesetzgeber einmal von Arbeitnehmern und das andere Mal von der Arbeitnehmerschaft spricht, wenn damit die gleiche Vorstellung verbunden sein sollte.

Jacobi gelangt mit seiner abwegigen Zuerkennung der Mitbestimmungsrechte an die einzelnen Arbeitnehmer als Ausfluß des rechtlichen Anstellungsverhältnisses wieder zu der rein-individualistischen Behandlung des Arbeitsrechts, die sämtliche Beziehungen zwischen Kapital und Arbeit in individuelle Schuldverhältnisse auflöst. Diese Behandlung der Frage steht aber im krassen Gegensatz zu der kollektivistischen Einstellung des modernen Arbeitsrechts. Insbesondere sucht ja das Betriebsrecht[1] der Tatsache gerecht zu werden, daß im Zeitalter eines übersteigerten Kapitalismus mit seiner immer weiter fortschreitenden Arbeitsteilung der einzelne Arbeitnehmer eine bloße Zelle des Betriebsorganismus darstellt und erst in organischer Verbindung mit den übrigen Zellen, die sich durch die Anteiligkeit ihrer Aufgaben am Gesamtwerk zu der Einheit eines Arbeitsgefüges, der Belegschaft, zusammenschließen, das Leben des Organismus ausmacht. Jacobi ist diese Bedeutung der Arbeitnehmerschaft als einer organischen Einheit auch nicht entgangen, und er sucht daher, um dieser Schwierigkeit aus dem Wege zu gehen, einen Ausweg, indem er diese Mitwirkungs-

[1] Buddeberg im ArbR. 1926, Sp. 119.

rechte, die nach ihm an sich jedem einzelnen Arbeitnehmer zustehen sollen, als auf das gleiche Ziel gerichtete Gestaltungsrechte, nur einer gemeinschaftlichen Ausübung fähig sein läßt, also vergemeinschaftet[1]. Damit nähert er sich wiederum der von KASKEL begründeten und hier vertretenen Ansicht. Es ist nur, auch von seinem Standpunkte aus gesehen, nicht dargetan, woraus sich die Vergemeinschaftung dieser den einzelnen Arbeitnehmern zustehenden Rechte ergibt. Unhaltbar ist es, mit ihm anzunehmen, alle auf das gleiche Ziel gerichteten Rechte seien nur einer gemeinschaftlichen Ausübung fähig. Der Hinweis auf die angeblich „entsprechenden Fälle“ der §§ 356, 502, 513 BGB. ist irrig, weil gerade in den angegebenen Bestimmungen, namentlich in den beiden letzten, eben schon Voraussetzung ist, daß die Rechte „mehreren gemeinschaftlich“ zustehen. Es ergibt sich also auch daraus die Unhaltbarkeit der Ansicht JACOBIS. Als Rechtsträger für die Mitwirkungsrechte kann nur die Belegschaft in ihrer Gesamtheit in Frage kommen, die vom Gesetz als rechtliche Einheit behandelt worden ist.

2. Es ist bisher die Belegschaft als Rechtseinheit festgestellt worden. Es kommt nun darauf an, den Rechtscharakter dieser Einheit zu bestimmen. Sie ist von FREISLER[2] als juristische Person in vollem Umfange bezeichnet worden. Dieser Ansicht kann nicht beigetreten werden. Eine Vollrechtspersönlichkeit darf einer Gemeinschaft nur dann zuerkannt werden: 1. wenn sie entweder zu den Gebilden gehört, die vom Gesetz als der Rechtspersönlichkeit teilhaftig bezeichnet werden, oder 2. wenn sie nach der bestehenden gesetzlichen Regelung Eigenschaften aufweist, die sie unbedingt als Rechtspersönlichkeit erscheinen[3] lassen. Dabei ist unter Rechtspersönlichkeit die Fähigkeit zu verstehen, Träger aller Rechtsbeziehungen zu sein[4]. Die Arbeitnehmerschaft eines Betriebes gehört nun nicht zu den Gebilden, denen Rechtspersönlichkeit wie beispielsweise dem Staate ohne weiteres ihrer Natur nach zusteht, noch ist ihr eine solche in der Betriebsrätegesetzgebung ausdrücklich verliehen worden. Im BRG. sind ihr bzw. den Betriebs- und Gruppenräten als ihren Vertretern allerdings Rechte[5] eingeräumt worden. Damit ist also die Arbeitnehmerschaft zu Trägern von Rechten und Pflichten geworden. Diese Trägerschaft ist nun zwar eine der wichtigsten Eigenschaften der juristischen Person. Aber das Gesetz hat der Arbeitnehmer-

---

[1] JACOBI, Grundl. a. a. O. S. 295/296.

[2] FREISLER a. a. O. S. 127.

[3] Vgl. ähnlich SCHULTE-HOLTHAUSEN in NZfA. 1926, Sp. 722.

[4] JACOBI, Grundl. a. a. O. S. 293 und S. 168, N. 38; RGZ. 49, 294f.; GERBER a. a. O. S. 13; der Hinweis JACOBIS a. a. O. S. 293, N. 7, daß GERBER die Rechtspersönlichkeit nicht als Träger aller Rechtsbeziehungen betrachte, ist irrig und beruht darauf, daß JACOBI den Unterschied nicht beachtet hat, den GERBER zwischen einer juristischen Voll- und einer Teilperson macht.

[5] Siehe darüber unter b α S. 20 und die entgegengesetzte Ansicht von SCHULTE-HOLTHAUSEN a. a. O. Sp. 722ff.

schaft nur einen ganz beschränkten, im einzelnen genau bestimmten Kreis von Rechten und Pflichten zuerkannt und nicht allgemein ihr die Fähigkeit verliehen, Träger von Rechten und Pflichten zu sein. Ihre Rechtsträgerschaft ist vielmehr begrenzt auf die Rechte, wie sie nach dem BRG. den Vertretern der Belegschaft zusteht[1]. Es handelt sich also nur um eine Teilrechtsfähigkeit, die die Belegschaft besitzt. Auf die Ausführungen FREISLERS[2], der ja zu einer Vollrechtspersönlichkeit kommt und eine Teilrechtspersönlichkeit verneint, braucht schon deshalb nicht mehr eingegangen zu werden, weil inzwischen die Vollrechtspersönlichkeit durch das Gesetz selbst abgelehnt worden ist. In dem § 10 AGG. ist nämlich ausdrücklich bestimmt, daß die Arbeitnehmerschaft — Arbeiterschaft und Angestelltenschaft der Betriebe — im arbeitsgerichtlichen Verfahren in den Fällen des § 2 Nr. 4 und 5 AGG. parteifähig ist. Dieser Bestimmung hätte es nicht bedurft, falls der Belegschaft volle Rechtspersönlichkeit zustände, da ja nach § 50 ZPO. jeder Rechtsfähige auch parteifähig ist.

Dagegen ist das Bestehen einer Teilrechtspersönlichkeit durchaus denkbar. Nur die juristische Vollrechtspersönlichkeit erfordert die Trägerschaft aller Rechtsbeziehungen. Es ist jedoch nicht ersichtlich, warum es neben der Rechtspersönlichkeit nicht eine Teilrechtspersönlichkeit geben soll[3], ebenso wie etwa neben dem Vollrecht des Eigentums noch andere dingliche Rechte bestehen, die nur einen Teil vom Inhalt des Eigentums verkörpern und als beschränkte dingliche Rechte angesehen werden. Auch HERZ[4] führt, wenn auch in anderem Zusammenhange, aus, daß die konkrete Rechtsfähigkeit Modifikationen unterliege und es insofern tatsächlich keine Rechtsgleichheit gäbe. Er spricht geradezu von „einer verschiedenen Rechtssubjektivität“. Diese Tatsache ist anscheinend von FREISLER übersehen worden. Es handelt sich dabei auch gar nicht um eine Anerkennung einer Vereinigung als juristische Person, der dann wieder für Rechtsteilgebiete diese Rechte zurückgenommen werden, wie sich das JACOBI vorstellt[5]. Die Entwicklung zur Rechtsfähigkeit ist vielmehr bei der Belegschaft nur bis zu einer Stufe gediehen, auf der das Vollrecht der Rechtspersönlichkeit noch nicht erreicht wurde und eben nur insoweit eine Rechtsfähigkeit besteht, als sie durch das Gesetz besonders zugestanden worden ist. Rechtsfähigkeit hat die Belegschaft für alle Rechte, die ihr durch das Gesetz verliehen worden sind, also nicht nur, wie es insbesondere KASKEL meint, auf dem Gebiet der sog. Mitbestimmungsrechte, son-

[1] KASKEL in NZfA. 1921, Sp. 16.
[2] FREISLER a. a. O., insbes. S. 104ff.
[3] So GERBER a. a. O. S. 13.
[4] HERZ a. a. O. S. 29; auch HEDEMANN bejaht eine Rechtspersönlichkeit für gewisse Betätigungsfelder (in SozProbl. a. a. O. S. 28).
[5] JACOBI, Grundl. S. 292.

dern darüber hinaus auch für all die Rechte, die nur die Grundlage für die Ausübung der Mitwirkungsrechte schaffen (z. B. Recht auf Audienz u. ä.). Insofern liegt gar kein Widerspruch vor. Diesen Vorwurf erhebt JACOBI gegen die Annahme einer Teilrechtsperson. Es gibt eben nicht nur rechtsfähige und nichtrechtsfähige Personen, sondern es bestehen noch Zwischenstufen, die mehr oder weniger vom Gesetz zu Rechtsträgern gestaltet worden sind und dementsprechend sich der juristischen Vollpersönlichkeit nähern oder von ihr entfernen. Entscheidend ist immer, inwieweit das Gesetz eine Rechtseinheit zu Trägern von Rechten und Pflichten geschaffen hat, und von da aus kann man bestimmen, ob eine Rechtspersönlichkeit voll oder beschränkt vorliegt. Es ist methodisch falsch, wenn man gerade das Wesen der Rechtspersönlichkeit, die Trägerschaft von Rechten und Pflichten, von vornherein nicht berücksichtigt, sondern die Rechtspersönlichkeit in anderen Merkmalen sucht und, falls man sie dabei nicht findet, nunmehr die Rechte einem anderen Rechtssubjekt zuerkennt. Mit der Annahme einer beschränkten Rechtsfähigkeit entfällt auch das Bedenken SINZHEIMERS[1], der eine Rechtseinheit der Belegschaft verneint, weil im Innenverhältnis der Arbeitnehmer untereinander keine gemeinheitliche Macht vorhanden sei. Dieser Einwand ist zwar gegen die Annahme einer juristischen Vollperson gerechtfertigt, denn ihr müßte das Recht zustehen, auch im Innenverhältnis als Rechtsträger aufzutreten, nicht aber gegen die Annahme einer beschränkten Rechtspersönlichkeit, die eben nur gerade die vom Gesetz verliehenen Rechte besitzt. Wir kommen also mit der herrschenden Lehre[2] zu dem Ergebnis, daß die Belegschaft beschränkt rechtsfähig ist, soweit es sich nämlich um die Geltendmachung der im BRG. festgelegten Rechte handelt.

III 1. „Aus der rechtlichen Natur der Belegschaft folgt die der einzelnen Betriebsvertretungen"[3]. Daraus ergibt sich naturgemäß die Tatsache, daß im Schrifttum auch über die Rechtsnatur der Betriebsvertretung viel gestritten worden ist. Es war vor dem Erlaß der zweiten AusfVSchlV., die ausdrücklich die Betriebsvertretung in § 15 daselbst als Vertretung der Arbeitnehmerschaft erklärt, der Streit noch ungleich heftiger. Er ist mit dem Inkrafttreten der angeführten Verordnung

---

[1] SINZHEIMER a. a. O. S. 225.

[2] So auch: KASKEL im „Neuen Arbeitsrecht" S. 174; in NZfA. 1921, Sp. 11f., insbes. Sp. 16 und in KASKEL 1925, S. 242; 1928, S. 289; ERNST JACOBI in NZfA. 1922, Sp. 285ff.; DERSCH SchlV. a. a. O. S. 164 und auch 152f.; DERSCH-VOLKMAR a. a. O. S. 186; nicht ganz eindeutig bei FEIG-SITZLER BRG. zu § 1, N. 1 und § 66, N. 1, wo nur allgemein der Belegschaft die Rechtspersönlichkeit abgesprochen wird. Der Hinweis bei SITZLER-GASSNER auf SITZLER läßt aber darauf schließen, daß auch SITZLER sich KASKEL angeschlossen hat. Dazu auch der Verweis KASKELS in KASKEL 1925, S. 243, N. 1 auf SITZLER, der jedoch in der Auflage 1928, S. 289 fortgefallen ist. Vgl. auch bei JACOBI, Grundl. a. a. O. S. 292, N. 5.

[3] KASKEL 1925 a. a. O. S. 243; 1928 S. 289.

etwas abgeebbt, wenn auch noch nicht ganz beendet[1]. Es sei deshalb trotzdem noch in Kürze auf die verschiedenen Anschauungen über das Wesen der Betriebsvertretung eingegangen, die im betriebsrechtlichen Sinne wissenswert sind. Villeicht kann auch die eine oder andere von ihnen wieder einmal de lege ferenda Bedeutung erlangen.

Dersch[2] hat früher die Ansicht vertreten, daß nicht die Arbeitnehmerschaft, sondern die Betriebsräte selbst eine beschränkte öffentliche Rechtsfähigkeit besäßen, also Träger der vom Gesetz gewährten Mitbestimmungsrechte seien. Er hat dann später diesen Standpunkt aufgegeben und mit Rücksicht auf die in § 15 der zweiten AusfVSchlV. vom Gesetzgeber gewählte Bezeichnung der Betriebsräte als Vertreter der Arbeitnehmerschaft diese als Rechtsträger der Mitbestimmungsrechte anerkannt. Die frühere Ansicht Derschs findet sich noch heute bei Flatow[3], der, obwohl er in der Belegschaft eine Einheit sieht, nicht diese, sondern die Betriebsvertretung als Träger der Mitbestimmungsrechte wissen will.

Nussbaum[4] hat die Betriebsvertretung als Organ des Betriebes in seiner sozialen Betätigung bezeichnet, eine Auffassung, die schon vor Erlaß der oben erwähnten Verordnung unhaltbar war. Der Betrieb als solcher ist in keiner Weise vom Gesetz als Rechtsträger anerkannt worden, und folglich kann für ihn auch keine Vertretung in Frage kommen. Bei den sog. Betriebsvertretungen[5] handelte es sich auch gar nicht um Vertretungen des Betriebsorganismus in seiner Gesamtheit, sondern nur um Vertretung eines seiner wichtigen Bestandteile, nämlich der in ihm wirkenden und zu einer Einheit zusammengeschlossenen menschlichen Arbeitskräfte, die eine Anteilnahme an der Betriebsherrschaft erlangt haben.

Als eine Treuhändergemeinschaft, nicht als Organ der Arbeiterschaft des Betriebes ist der Betriebsrat von Heymann[6] betrachtet worden.

Im Anschluß an das vielbehandelte Urteil des RG. vom 6. Februar 1923[7] über die Lohnansprüche beim Teilstreik ist der Betriebsrat als

---

[1] Dersch, SchlV. a. a. O. S. 510; Dersch-Volkmar a. a. O. S. 186; Jacobi, Grundl. a. a. O. S. 293; dagegen Flatow-Joachim, SchlV. S. 124 und S. 22, N. 2 u. 3.

[2] Dersch BRG. a. a. O. zu § 1, N. 6 und zu § 66, N. 1 c (S. 187); ebenso LG. Köln vom 24. 5. 1921 in NZfA. 1923, Sp. 56; OVG. Dresden vom 20. 1. 1922 in SchlW. 1923, S. 158, insbes. S. 160, wo der Arbeiterrat als Partei bezeichnet wird. Die von Dersch in der 1. bis 6. Aufl. seines BRG. vertretene Ansicht hat er nunmehr aufgegeben. Darüber Dersch SchlV. a. a. O. S. 164.

[3] Flatow BRG. a. a. O. 1927, S. 16, siehe darüber auch weiter unten S. 27.

[4] Nussbaum II a. a. O. S. 101.

[5] Der Ausdruck „Betriebsvertretungen" ist unglücklich gewählt und kann deshalb zu Mißverständnissen leicht Anlaß bieten; vgl. dazu Stier-Somlo a. a. O. S. 47.

[6] Heymann a. a. O. S. 216.

[7] RGZ. 106, 272ff.; vgl. dazu den Abschnitt IV B II 2 a S. 86ff.

Organ der aus Betriebsherrn und Belegschaft bestehenden öffentlichrechtlichen Betriebsgemeinschaft aufgefaßt worden[1]. Daß eine solche Rechtsgemeinschaft innerhalb des Betriebes noch nicht, wenigstens nicht in vollendeter Form, besteht, wird an anderer Stelle dargetan werden[2]. Selbst wenn man sie aber auch in beschränktem Umfange bejaht, nämlich soweit es sich um eine gemeinschaftliche Ausübung von Rechten durch die Belegschaft und den Betriebsherrn handelt, so bleibt doch immer der BR. nur Organ der Belegschaft. Es liegt hier der nämliche Fehler vor, den NUSSBAUM bei der Bezeichnung des BR. als Organ des Betriebes begangen hat.

HERZFELD[3] hat in einer vielleicht mehr eigenartigen als wirklich durchführbaren Ansicht den Betrieb mit einer Kommanditgesellschaft verglichen. Nach ihm ist die Belegschaft oder, wie er sie nennt, die Betriebsgenossenschaft, zumal in ihrer vollentwickelten Form mit dem BR. als Genossenschaftsorgan, mit der Gemeinschaft der Kommanditisten in der Kommanditgesellschaft auf Aktien vergleichbar. Der BR. sei demnach ein AuR. mit sachlich beschränktem Aufsichtsgebiet für die Belange der sog. Arbeiteinleger.

Neben der von STIER-SOMLO[4] vertretenen Lehre, daß die Betriebsvertretungen „Zwangseinrichtungen des Staates mit gewissen Organfunktionen" sind, sei letztlich noch die bereits oben erwähnte, von FLATOW[5] begründete Ansicht von „den wirtschaftsparlamentarischen Organen der Betriebe" erwähnt. Beide Auffassungen berühren sich stark und führen auf die Einordnung der Betriebsvertretungen in den Zusammenhang des Rätesystems in Art. 165 RV. zurück, gehen deshalb auch ineinander über. Während nach der Auffassung STIER-SOMLOS die Betriebsvertretungen als staatliche Organe innerhalb der Betriebsverfassung erscheinen, sind sie nach FLATOW nur mittelbare Staatsorgane, insofern als durch die Annahme der wirtschaftsparlamentarischen Organschaft des Betriebes der Betrieb in einer gewissen wirtschaftlichen Selbständigkeit gegenüber dem Staate anerkannt worden ist.

2. Alle diese Auffassungen sind nach Erlaß der bekannten AusfV.-

[1] Dazu auch KANDELER a. a. O. S. 47 und SCHULDT a. a. O. S. 14. Der Hinweis JACOBIS (Grundl. a. a. O. S. 294, N. 11a) auf SIMSON ist unrichtig. SIMSON a. a. O. S. 23ff. führt zwar den Gedanken der Betriebsgemeinschaft aus, bezeichnet aber ausdrücklich die Betriebsvertretungen als gesetzliche Zwangsvertretungen der Arbeitnehmer (vgl. SIMSON a. a. O. S. 27).

[2] Darüber im Abschnitt IV C III 2, S. 99.

[3] HERZFELD im ArbR. 1921, S. 139ff., insbes. S. 141; siehe darüber auch im Abschnitt über die Betriebsgemeinschaft, Abschnitt IV C unter IV 1 a, S. 100ff.

[4] STIER-SOWLO BRG. a. a. O. Vorbem. zu § 15 (S. 48). — RGZ. 108, 168; RGZ. 107, 246; dazu auch ANSCHÜTZ a. a. O. zu Art. 165, N. 2 (S. 421).

[5] FLATOW BRG. 1927 a. a. O. S. 16 u. der Hinweis bei FLATOW-JOACHIM, SchlV. a. a. O. S. 22 auf diese Stelle; ferner: FLATOW bei DERSCH-FLATOW-HUECK a. a. O. S. 249; GOERRIG im SchlW. 1924, S. 31; OLG. Dresden vom 20. 3. 1923 in NZfA. 1923, Sp. 635; RG. vom 25. 9. 1923 in NZfA. 1924, Sp. 118; SCHULDT a. a. O. S. 13ff.

SchlV. auf Grund der bereits mehrfach erwähnten Bestimmung des § 15 a. a. O. nicht mehr haltbar. Dort sind die Betriebsvertretungen eindeutig als Vertretung der Arbeitnehmerschaft, Arbeiterschaft und Angestelltenschaft bezeichnet. Damit ist für das geltende Recht dem Streit um die Rechtsnatur der Betriebsvertretungen die Grundlage entzogen. Es ist nicht ersichtlich, inwiefern FLATOW[1] diese gesetzliche Bestimmung unbeachtlich findet. Seine Ausführung, die Verwendung des Ausdrucks „Vertretung der Arbeitnehmerschaft" entscheide ebensowenig den Streit wie umgekehrt die Hervorhebung der Arbeitnehmerschaft in § 10 AGG., ist nicht verständlich und von ihm auch weiter nicht begründet worden. Gerade beide Gesetzesbestimmungen geben den ausdrücklichen Beweis ab für die Richtigkeit der Auffassung der Arbeitnehmerschaft als Träger der Mitbestimmungsrechte und der sog. Betriebsvertretung als ihrer Organe zur Wahrnehmung dieser Rechte. Das entspricht auch am besten dem Wesen des modernen Betriebes. Es ist zwar richtig, wenn FLATOW[2] darauf hinweist, daß abgesehen von den Fällen der §§ 39 und 41 BRG. die Rechte der Belegschaft sich in der periodischen Wahl der Betriebsvertretung erschöpften. Diese Tatsache widerspricht aber nicht einer Rechtsträgerschaft der Belegschaft, sondern erklärt sich aus dem Wesen einer Rechtseinheit, die aus einer größeren Anzahl von natürlichen Personen besteht, und deren Rechte eben nur durch Organe ausgeübt werden können. Freilich ist die Wahrnehmung der Belegschaftsrechte in größerem Umfange und uneingeschränkter den Organen übertragen worden als es bei den meisten juristischen Personen der Fall ist, etwa bei dem rechtsfähigen Vereine des BGB. oder der Aktiengesellschaft des HGB. Dort stellen die Mitglieder- bzw. Generalversammlungen die eigentlichen willensbildenden Faktoren dar und spielen demgemäß eine ungleich wichtigere Rolle als in den Betrieben die Arbeitnehmerschaft. Bei der Betriebsorganisation konnte jedoch die Rechtsstellung der Organe gerade insofern selbständiger gestaltet werden, als ihr rechtliches Betätigungsfeld von vornherein festgelegt war. Da genügten die Bestimmungen der §§ 39, 41 BRG. vollkommen, um den eigentlichen Rechtsträgern der Mitbestimmungsrechte eine Handhabe zu geben, gegen Organmitglieder bei gröblichen Pflichtverletzungen vorzugehen. Die Betriebsvertretungen machen also nicht eigene Rechte geltend, sondern Rechte der Arbeitnehmerschaft, sind daher nur in der Lage, verbindliche Erklärungen für die Belegschaft insofern abzugeben, als es sich um die der Arbeitnehmerschaft zustehenden Rechte aus dem BRG. handelt. Sie können darüber hinaus weder private Rechte (Eigentum und Forderungen) erwerben, noch Pflichten, sei es aus Vertrag oder unerlaubter Handlung, übernehmen.

[1] FLATOW BRG. 1927 a. a. O. S. 16 unten.
[2] FLATOW BRG. 1927 a. a. O. S. 17.

IV. Neben den Betriebsräten kommt als zweites untergeordnetes Organ der Belegschaft noch die Betriebsversammlung (BV.) in Frage, d. h. die Versammlung sämtlicher Arbeitnehmer eines Betriebes. Es sind nach dem Gesetz auch Betriebsversammlungen der Arbeiter und der Angestellten möglich (§ 49 BRG.). Deren Tätigkeit beschränkt sich dann auf reine Arbeiter- und Angestelltenfragen. Ihre Stellung zu den Betriebsversammlungen des gesamten Betriebes entspricht etwa der der Gruppenräte zu den Betriebsräten. Ähnlich wie zu den Sitzungen des BR. kann auch zur BV. je ein Beauftragter der im Betriebe vertretenen wirtschaftlichen Vereinigungen der Arbeitnehmer hinzugezogen werden. Der Gesetzgeber hat auch hier wieder der vorherrschenden Stellung der außerbetrieblichen Gewerkschaftsorganisation vor der innerbetrieblichen Räteorganisation Rechnung getragen[1]. Die BV. ist ein mit rechtlichen Befugnissen sehr spärlich ausgestattetes Organ. Zweck der BV. ist in erster Linie die Verbindung zwischen BR. und seiner Wählerschaft aufrechtzuerhalten. Darüber hinaus soll sie für den Betriebsherrn die Möglichkeit schaffen, mit der Belegschaft in gegenseitiger Aussprache über Betriebsangelegenheiten zu verhandeln und damit zur Förderung des Gedankens einer Betriebsgemeinschaft beitragen. Die BV. hat nach dem Gesetz (§ 48) nur das Recht, Wünsche zu äußern und Anträge an den BR. zu stellen. Ein Mittel zu ihrer Durchführung ist ihr dagegen vom Gesetz nicht verliehen worden. Vor allem steht ihr nicht das Recht zu, den BR. abzuberufen, falls er ihren Wünschen nicht entsprechend handelt.

Nach dem Regierungsentwurf zum BRG. war das anders. Da war der BV. das Recht verliehen, durch Mißtrauensvotum den BR. abzusetzen (§ 30 Reg.Entw.). Insofern lag die tatsächliche Hauptbedeutung der Betriebsorganisation in der BV. Der BR. war zwar das geschäftsführende und auch zur Vertretung bestimmte Organ, während der BV. schon damals keine Fähigkeit zukam, die Belegschaft selbständig zu vertreten, aber sie stand doch gleichsam als Auftraggeber hinter dem BR., dem beauftragten Verhandlungsführer, dem Ausführungsorgan. Ihr Verhältnis zum BR. und zum Betriebsobmann war ähnlich dem des Parlaments zur Regierung oder der Generalversammlung zum Vorstand einer A.-G. Die Vertreter des Rätegedankens verlangten ja allgemein eine Verantwortlichkeit der Körperschaften den Wählern gegenüber[2]. Darum wurde auch in den Beratungen der Kommission in der zweiten und dritten Lesung des Gesetzes in der NV. von der USPD. heftig um die Beibehaltung des Abberufungsrechts der BV. gekämpft.

---

[1] Siehe dazu Abschnitt II B AA I, S. 15 in der geschichtlichen Entwicklung; ferner S. 35, N. 1 und ausführlicher über die Betriebsgemeinschaft daselbst IV 2 b β S. 109ff.

[2] Lenin, Staat und Revolution, Berlin 1918, insbes. die Seiten 37/38, 39 unten, 71, 104, 110.

Man hat aber demgegenüber von anderer Seite die Überflüssigkeit einer solchen Vorschrift betont, da kein BR. im Amte bleiben würde, wenn er nicht mehr das Vertrauen der Belegschaft besäße. Außerdem ist die Stellung des BR. vom Gesetz selbst in ganz bestimmten Grenzen gehalten, so daß sich seine Überwachung durch ein zweites Organ erübrigt. Es ist dann auch diese Befugnis einer Kontrolle der BV. über den BR. im Gesetz weggefallen, und die Räte haben dadurch eine selbstverantwortliche Führerstellung erlangt, ebenfalls ein Kennzeichen dafür, daß die echte Räteidee in Deutschland sich nicht durchzusetzen vermocht hat.

V 1. Es bleibt zuletzt noch die Frage zur Entscheidung übrig, zu welchem der beiden großen Rechtskreise im Sinne der Grundeinteilung der Rechtsordnung die Betriebsorganisation gehört. Sind die Betriebsräte eine öffentlich-rechtliche Einrichtung, bedeutet die ihnen übertragene Wahrnehmung der Belange der Belegschaft und der Förderung des Betriebes öffentliche Verwaltung, oder gehören sie nur dem Privatrecht an[1]? Eine derartige Fragestellung setzt natürlich voraus, daß man noch eine Unterscheidung in öffentliches und privates Recht anerkennt und sie nicht mit der monistischen Lehre KELSENS[2] verneint, weil auch die privatrechtliche Ordnung vom Staat als Träger öffentlicher Gewalt begründet, jeder Rechtssatz vom Staat erlassen sei. Vorausgeschickt muß also werden, daß man mit der herrschenden Lehre auch auf den Inhalt der Rechtssätze eingeht. Der Verfasser kann an dieser Stelle unmöglich auf den Meinungsstreit eingehen, ob die überkommene Einteilung in die beiden bekannten Teilgebiete noch berechtigt, mit anderen Worten entscheiden, welche Grundauffassung vom Recht die zweckdienlichere ist, denn um diese Frage handelt es sich hierbei letztlich. Es soll vielmehr lediglich behandelt werden, welchem Rechtsgebiete die Betriebsarbeitsorganisation bei einer Aufrechterhaltung der Unterscheidung zuzurechnen ist. Dabei soll ein öffentlichrechtliches Rechtsverhältnis im Sinne der Subjektstheorie immer dann als vorliegend angesehen werden, „wenn ein Träger der öffentlichen Gewalt beteiligt ist und die Rechtsbeziehungen durch das positive Recht anders ausgestaltet sind als die zwischen Privatpersonen"[3]. Bei

[1] Es soll also nicht darum gehen, ob das gesamte Betriebsrätegesetz öffentliches Recht darstellt. Solche ganze Komplexe von Rechtsverhältnissen umfassen meist in manchen Bestimmungen öffentliches, in manchen privates Recht — vgl. dazu auch JACOBI, Grundl. a. a. O. S. 382/383.

[2] KELSEN im Arch. d. öff. R., Bd. 31, S. 53ff., 190ff. und in seiner „Allgemeinen Staatslehre" S. 82ff. Eine Unterscheidung in öffentliches und privates Recht lehnt auch FREISLER a. a. O. S. 2ff. ab, allerdings mit keiner Stellungnahme zur Subjektstheorie, sondern mit einem bloßen Hinweis auf die Unzweckmäßigkeit der Unterscheidung von Normen, die im allgemeinen Interesse und solchen, die zum Schutze des einzelnen geschaffen sind, in Anlehnung an die bekannte Digestenstelle Ulpians (L I, § 2D de iust. et iure I,1).

[3] JACOBI, Grundl. a. a. O. S. 380.

dieser Auffassung des öffentlichen Rechts ist, wie JACOBI[1] durchaus mit Recht ausführt, kein Platz mehr vorhanden für die Vermischung von öffentlichem und privatem Recht in ein sog. Sozialrecht, der man gelegentlich im Schrifttum begegnet[2]. Es ist unmöglich, daß ein Träger der öffentlichen Gewalt in dieser seiner Eigenschaft im Rechtsverhältnis auftritt und nicht auftritt, daß die Rechtsbeziehungen gleichzeitig anders als die Privater und nicht anders gestaltet sind. Von einem Sozialrecht darf man zwar insofern sprechen, als man in der Rechtsordnung das Recht unterscheiden kann, soweit es die menschlichen Willensträger als Einzelwesen zueinander und soweit es Rechtsbeziehungen der menschlichen Willensträger als Gesellschaftswesen betrifft, Sozialrecht also im Gegensatz zum Individualrecht setzt[3]. Dabei handelt es sich aber um eine ganz anders gelagerte Einteilung, die diejenige in öffentliches und privates Recht nicht berührt, sondern durch sie hindurchgeht, so daß man sowohl von einem privaten wie von einem öffentlichen Sozialrecht sprechen kann.

2a. Die bei weitem herrschende Lehre hat die Betriebsarbeitsorganisation, die Betriebsräte, als eine öffentlich-rechtliche Einrichtung angesehen, und zwar meist im Anschluß an die Auffassung von den Betriebsvertretungen als wirtschaftsparlamentarischen Organen innerhalb der besonderen Wirtschaftsverfassung des Art. 165 RV., wie sie in aller Schärfe von FLATOW vertreten wird[4]. Man sieht in Art. 165 und den zu seiner Durchführung erlassenen Gesetzen eine der politischen Verfassung gleichwertige Wirtschaftsverfassung mit entsprechenden Behörden. In der Tat lag dieser Gedanke auch dem Zustandekommen des Artikels im Verfassungsausschuß zugrunde. Wie man die Demokratie im politischen Leben eingeführt hatte, so sollte es auch im Wirtschaftsleben geschehen. Arbeitgeber und Arbeitnehmer sollten sich gleichberechtigt gegenüberstehen. Zur Verwirklichung dieses Gedankens hatte man sich eine Ordnung von stufenweise aufgebauten Räten gedacht. Mit den Arbeiter- und Wirtschaftsräten, die den organischen Ausdruck für die Arbeits- und Wirtschaftsgemeinschaft des Volkes bilden, die innerhalb des Staates ihre Angelegenheit selbst verwalten will, waren tatsächliche Vertretungen des Reiches bzw. der Länder und als solche öffentlich-rechtliche juristische Personen geplant, zumindest dem öffentlichen Recht angehörige Bildungen[5]. Die Wirt-

---

[1] JACOBI, Grundl. a. a. O. S. 382ff. und 424.

[2] So vor allem von KOCH in JW. 1920, S. 326ff., insbes. S. 330; NUSSBAUM I, S. 65; SINZHEIMER a. a. O. S. 81 spricht nur von der Möglichkeit einer Verschmelzung de lege ferenda. Er erkennt an anderer Stelle die Unterscheidung von öffentlichem und privatem Arbeitsrecht an (S. 3).

[3] In diesem Sinne HUECK in MOLITOR-HUECK-RIEZLER a. a. O. S. 213.

[4] FLATOW BRG. 1927 a. a. O. S. 16; vgl. aber auch dazu N. 4 und 5 auf S. 27 der Bearbeitung; ferner insbes. bei ANSCHÜTZ zu Art. 165, S. 421.

[5] Dazu die StenBer. der NV. S. 1750 A. B., 1790.

schaftsverfassung ist nun aber Programm geblieben. Das Ineinandergreifen der verschiedenen Rätegruppen zur Durchführung der Arbeits- und Wirtschaftsgemeinschaft des ganzen Volkes konnte nicht wirksam werden, weil man von all den geplanten Räten nur die Betriebsräte und den sog. Vorläufigen Reichswirtschaftsrat und letzteren noch in ganz anderer Zusammensetzung, wie in Art. 165 RV. gedacht, ins Leben gerufen hat. Es ist also von dem gesamten Räteaufbau nur der unterste und der oberste Teil verwirklicht worden. Durch das Fehlen der übrigen Räte und durch die dadurch bedingte, von dem ursrpünglichen Plane gänzlich abweichende Zusammensetzung des Reichswirtschaftsrates fehlt es an jeder Verbindung der Betriebsräte mit dem Reichswirtschaftsrat und damit mit dem Staate oder einer sonstigen Rechtspersönlichkeit des öffentlichen Rechts[1]. Die Betriebsräte stehen nach dem geltenden Recht völlig vereinzelt da und haben keinerlei organische Beziehungen zu außerbetrieblichen Organisationen. Sie sind keine Vertretungen der Arbeits- und Wirtschaftsgemeinschaft des Volkes, sondern ihre Tätigkeit vollzieht sich lediglich innerhalb des Betriebes, hat keine Außenwirkung über den Betrieb hinaus. Vielmehr sind sie im Organismus des Betriebes, wie sie durch § 15 AusfVSchlV. treffend bezeichnet worden sind, Vertreter der Belegschaft. Man kann zwar den Räteaufbau, wie er im Art. 165 RV. in Aussicht genommen war, insofern für das öffentlichrechtliche Gepräge der Betriebsarbeitsorganisation anführen, als man dadurch den in der RV. zum Ausdruck gekommenen Willen des Gesetzgebers erkennt, die gesamte Betriebsräteeinrichtung als öffentlichrechtliche Ordnung einzusetzen. Man wird aber zugeben müssen, daß nach dem gegenwärtigen Stande der Gesetzgebung mangels einer wirklichen Durchführung der durch die Verfassung gegebenen Richtlinien diese Erklärung und Begründung zumindest nicht ausreichen kann. Man muß also versuchen, ob sich nicht andere Merkmale feststellen lassen, die auf das öffentliche Recht in stärkerem Maße hindeuten.

b. Besonderen Anhalt findet die Lehre von dem öffentlich-rechtlichen Charakter der Betriebsarbeitsorganisation bei verschiedenen Schriftstellern in den Bestimmungen über die Wahl der BR.-Mitglieder, über die ja eine besondere Wahlordnung erlassen worden ist. Darin sind die Verhältnisse ähnlich wie in den Wahlgesetzen des Reiches und der Länder für die Wahlen der entsprechenden Staatsorgane geordnet. Diese Tatsache, die mit dem Gedanken der Wirtschaftsverfassung in engstem Zusammenhange steht, reicht aber ebenfalls für sich nicht aus, die Betriebsarbeitsorganisation dem öffentlichen Rechte zuzuschreiben. Warum sollten sich nicht auch dem Privatrecht angehörige, aus Personenvielheiten bestehende Rechtseinheiten ihre Vertretungen in der

[1] Jacobi, Grundl. a. a. O. S. 394/395.

gleichen oder ähnlichen Art bestellen, wie das bei den Organen des Reiches und der Länder geschieht.

c. Ist man nun nicht von der Einordnung der Betriebsvertretungen in die Wirtschaftsverfassung, wobei man das BRG. als Ausführungsgesetz zu Art. 165 RV. ansah, zu dem öffentlich-rechtlichen Wesen der BR. gekommen, so hat häufig die irrtümliche Gleichsetzung von zwingendem Recht mit öffentlichem Recht, der man in dem juristischen Schrifttum wiederholt begegnet, zu dem nämlichen Ergebnis geführt. Nicht alle Vorschriften aber, die im öffentlichen Interesse ergangen sind und damit zwingendes Recht darstellen, sind öffentlich-rechtliche Normen. Das wäre zwar nicht zu beanstanden im Sinne einer Fachbezeichnung des römischen Rechts (Publicum ius est, quod ad statum rei Romanae spectat II, § 2 D, de iust. et iure I, 1 — Ulpian). Dem heutigen Sprachgebrauch entspricht es jedoch keinesfalls. Also auch dieser Weg kann nicht zum Ziele führen.

d. Ausschlaggebend für das öffentlich-rechtliche Wesen der Betriebsräte ist m. E. vielmehr die Tatsache, daß sie in einer gewissen Abhängigkeit von staatlichen Behörden stehen, die ihnen auch im Verwaltungswege Anweisung geben können. Diese Tatsache ist durch die jüngste Entwicklung wieder erneut betont worden. Am 28. Februar 1928 ist zum BRG. eine Novelle (RGBl. 1928, S. 46) erlassen worden, die den offenkundigen Zweck hat, die BR.-Ordnung zu beleben, die vielerorts keine praktische Wirkung mehr zeitigte, weil es nach dem Ablauf der Wahlzeit der Betriebsräte einfach nicht mehr zu Neuwahlen kam. In dem BRG. vom Jahre 1920 hatte man zwei zuständige Stellen geschaffen, die die nötige Neuwahl in die Wege leiten sollten. Es war einmal der abgehende BR. und dann der Betriebsherr, der für den Fall einzutreten hatte, daß der ausscheidende BR. seiner ihm vom Gesetzgeber auferlegten Verpflichtung nicht nachkam (§ 23 Abs. 1 und 2 BRG.). Gerade in den letzten Jahren haben aber nicht nur der ehemalige BR., sondern auch der Betriebsherr ihre gesetzlichen Aufgaben bei der Neuwahl vernachlässigt mit der notwendigen Folge, daß nunmehr im Betriebe überhaupt kein BR. vorhanden war. Sowohl auf seiten der Arbeitnehmerschaft, der Belegschaft, als auch auf seiten des Betriebsherrn wollte man keinen BR., und damit hatte es bei der Nichterneuerung sein Bewenden. Dagegen hätten nun auch von keiner dritten Seite, selbst nicht vom Staate, Einwendungen erhoben werden können, falls die Betriebsräte eine lediglich privatrechtliche Einrichtung gewesen wären. Wenn die Belegschaft auf eine Vertretung ihrerseits innerhalb des Betriebes verzichtete und auch der Betriebsherr keine Anstalten zur Erneuerung der aus dem Amte scheidenden Betriebsvertretungen traf, dann lehnte der gesamte Betrieb eben eine Betriebsarbeitsorganisation ab, und niemand konnte ihn zu einer anderen Entscheidung zwingen. Immer hätte es sich dabei lediglich im Betriebsrecht um eine Regelung von Rechtsbeziehungen privater Natur handeln müssen. Dem war aber nicht so. Wie bereits oben erwähnt, hatte der Gesetzgeber ja schon im Staatsgrundgesetz, in der Verfassung, den Willen zum Ausdruck gebracht, der Räteorganisation als einem Werkzeuge zur allmählichen Demokratisierung des Wirtschaftslebens ein öffentlich-rechtliches Gepräge zu verleihen, sie als Träger der öffentlichen Verwaltung zu betrachten. Der Staat hat auch in der Folgezeit schon lange vor dem Erlaß der Novelle von 1928 den Versuch gemacht, den in der ersten Entwicklung stehenden Keim einer demokratischen Ausgestaltung des Wirtschaftslebens immer wieder von neuem zu beleben und ihn nicht ersticken zu lassen, insbesondere eben auch dann, wenn dieser Versuch gar nicht dem Willen der Betriebe entsprach. Das konnte er aber nur bewerkstelligen auf Grund des öffentlich-rechtlichen Wesens der durch das BRG. geschaffenen Betriebsarbeitsverfassung. Nur dadurch war es ihm möglich, aus seinem Gewaltverhältnis heraus Anordnungen zu treffen und von außen her einzuwirken in die Rechtsbelange der Betriebe, um die staatlich anerkannte Form des Rätegedankens durchzusetzen. Nur dann allein gab es keinen Verzicht der Betriebe auf die Betriebsräte. Man betrachtete das Nichtvorhandensein von Betriebsräten als einen gesetzwidrigen Zustand, gegen den der Staat einschreiten müßte. Die Befugnis entnahm man aus Art. 14 RV., in der die Landesbehörden ermächtigt werden, die Reichsgesetze auszuführen, soweit nicht diese etwas anderes bestimmen. Unter „Ausführung“ verstand man dann auch die Sorge um die Herbeiführung eines gesetzmäßigen Zustandes. So hat der Berliner Polizeipräsident und im Beschwerdewege ihm folgend der preußische Minister für Handel und Gewerbe in einem Bescheide aus dem Jahre 1927[1] eine gesetzliche Möglichkeit zu haben gemeint, dem sich immer mehr fühlbar machenden Schwinden einer Anteilnahme am Rätesystem zu begegnen, den toten Punkt in ihrer Entwicklung zu überwinden und den gesetzmäßigen Zustand, d. h. das Vorhandensein von Betriebsräten, mittels Ordnungsstrafen herbeizuführen. Man mag das Vorgehen der behördlichen Stellen in der Weise, wie es gehandhabt worden ist, als ungesund bezeichnen und die rechtliche Begründung für weit hergeholt halten[2]. Soviel ergibt sich jedenfalls daraus, daß man die Betriebsräte als eine öffentlich-rechtliche Einrichtung ansah. Den Ausführungen Jacobis[3], der sich für einen privatrechtlichen Charakter der gesamten Räte-

[1] Bescheid des Ministers für Handel und Gewerbe vom 21. September 1927, III 8396 M. f. H. u. G./I c 2465 II M. d. I., abgedruckt in der Beilage „Arbeiterrecht und Arbeiterversicherung“ zur Gewerkschafts-Zeitung 1927, Nr. 12, S. 93.

[2] So Hedemann in MdJIfWR. Heft 16, S. 16.

[3] Vgl. bei Jacobi, Grundl. die Ausführungen über den öffentlich-rechtlichen oder privatrechtlichen Charakter der Betriebsvertretung auf den Seiten 299—302, 394/395 und 408/409.

organisation ausspricht, kann, wie es auch oben geschehen ist, fast in allen Punkten, die er gegen die Einordnung in das öffentliche Recht anführt, beigetreten werden, nur in dem einen nicht, wo er den Mangel jedweder Unterstellung und Bevormundung durch behördliche Stellen rügt. Das Eingreifen staatlicher Instanzen in die Betriebe zur Erzwingung der Betriebsrätebildung beweist ihre Zugehörigkeit zu dem öffentlichen Recht. Die Heranziehung staatlicher Hilfsmittel mit sämtlichen Möglichkeiten einer bürokratischen Kontrolle ist nunmehr in der Novelle gesetzlich begründet, weiterhin befestigt und ausgebaut worden. Kommt der Betriebsherr seiner gesetzlichen Verpflichtung zur Einberufung des Wahlvorstandes nicht nach, so bestellt der Vorsitzende des Arbeitsgerichts einen Wahlvorstand aus den wahlberechtigten Arbeitnehmern (Zusatz zu § 23 BRG.). Allerdings soll der Vorsitzende nur auf Antrag tätig werden, aber diesen Antrag kann ein einziger Arbeitnehmer oder sogar eine außerhalb des Betriebes stehende wirtschaftliche Vereinigung von Arbeitnehmern stellen. Selbst wenn also die Belegschaft in ihrem Gesamtwillen eine Vertretung ihrerseits im Betriebe ablehnt, so muß doch bei vorliegendem Antrag eines einzigen wahlberechtigten Arbeitnehmers oder einer Gewerkschaft, die vielleicht ganz anders politisch eingestellt ist als die Belegschaftsmitglieder[1], der Arbeitsgerichtsvorsitzende zur Wahl des Wahlvorstandes schreiten. Darüber hinaus steht es aber in jedem Falle dem Gewerbeaufsichtsbeamten, also einer staatlichen Aufsichtsbehörde, zu, den Antrag auf Bestellung eines Wahlvorstandes zu stellen. Auch hat er das Recht, falls der Betriebsherr sich um die Wahl nicht kümmert, seine Bestrafung zu beantragen. Die staatlichen Behörden haben es jetzt also in der Hand, auf die Durchführung des BRG. mit allen ihnen zu Gebote stehenden Mitteln zu dringen. Sie haben ein ihnen nunmehr gesetzlich ausdrücklich zugebilligtes Recht, die Betriebsarbeitsorganisation zu beaufsichtigen und auf ihr Bestehen zu achten, eine Tatsache, die mit hinreichender Deutlichkeit das öffentlich-rechtliche Wesen dieser Organisation betont.

Das Eingriffsrecht, das der Staat bereits vor der Novelle vom Februar 1928 in die Betriebssphäre wahrgenommen hat, und das in gewissem Umfange durch den Zusatz zu § 23 BRG. gesetzlich begründet worden ist, kann nicht etwa mit dem bloßen Aufsichtsrecht gleichgestellt werden, wie es auch sonst dem Staate gegenüber Vereinigungen des Privatrechts zusteht[2]. Man denke nur an die Überwachungstätigkeit,

[1] Auch in dieser Bestimmung kommt die vorherrschende Stellung der Gewerkschaften den Räten gegenüber zum Ausdruck; vgl. dazu N. 1 auf S. 29 der Bearbeitung.

[2] Vgl. dagegen Jacobi, Grundl. S. 302, der allerdings a. a. O. gerade den Tatbestand, der zur Novelle 1928 führte, nicht behandelt, aber jede staatliche Verwaltungsaufsicht den Betriebsräten gegenüber verneint.

die dem Staate im Vereins-, Genossenschafts- und vor allem im Kartellrecht zukommt. In diesen letzteren Fällen handelt es sich um eine bloße Aufsichtstätigkeit, die der Staat im Interesse des Gemeinwohls, also für die Volksgesamtheit, ausübt, und die den privatrechtlichen Charakter der Vereinigungen nicht berührt. Im Betriebsrecht liegen die Verhältnisse grundlegend anders. Hier handelte es sich, wie schon vor der Novelle in aller Deutlichkeit ausgesprochen worden ist, darum, einen gesetzmäßigen Zustand einzuführen, die vom Staate geschaffene Räteverfassung innerhalb des Betriebes zu verwirklichen. Dabei standen bei dem Nichtvorhandensein von Betriebsräten in den Betrieben keineswegs Interessen des Gemeinwohls in Gefahr, ja es wurden meist nicht einmal die Belange der Belegschaft berührt, also derer, für die das Rätesystem geschaffen worden war. Oft wünschten ja die Arbeitnehmer des Betriebes keine Vertretung. Aus dieser Tatsache ersieht man, daß es sich dann nur um Durchsetzung einer öffentlich-rechtlichen Einrichtung handelte. Wenn man weiterhin berücksichtigt, daß die Betriebsräte von Anfang an als öffentlich-rechtliche Organe gedacht waren[1], dann spricht entschieden mehr für ihre Einordnung in das öffentliche als in das private Recht, obwohl zugegeben werden mag, daß es sich um Grenzgebiete handelt.

Es ist erwähnenswert, daß eine völlig privatrechtliche Gestaltung der Räte in ungleich stärkerem Maße auf eine rechtliche Selbständigkeit der Betriebe hinwirkt als eine öffentlich-rechtliche, die durch ihre Verbindung mit dem übrigen Staatsorganismus eine zu starke Verselbständigung der Betriebe unterbindet. Schon aus diesem Grunde hat man von Anfang an danach gestrebt, die Betriebsräte öffentlich-rechtlich auszugestalten[2].

BB. Bisher war immer nur von der Betriebsarbeitsorganisation die Rede, von der Belegschaft, der Arbeitnehmerschaft und Angestelltenschaft und ihren Vertretungen, den Betriebs- bzw. Gruppenräten. Bei der Betrachtung über den Betrieb waren zwei Hauptbestandteile in Erscheinung getreten: die Arbeit und das Kapital. Es fragt sich nunmehr, ob ähnlich der Betriebsarbeitsorganisation auch eine Betriebskapitalsorganisation besteht. Eine Betrachtung über den Betrieb in seiner Gesamtheit erfordert auch hier ein kurzes Eingehen auf diese Frage. In vielen Fällen wird das Kapital durch eine Einzelperson dargestellt, die kraft ihrer auf dem Eigentum beruhenden Gewalt zum Betriebsherrn geworden ist[3]. Sie ist der Gegenpol zu der Belegschaft im Betriebe, sofern es sich um deren persönlichen Belange und Forderungen handelt. Darüber hinaus besteht ja ein gemeinschaftlicher

[1] Vgl. den Räteaufbau des Art. 165 RV. und die Ausführungen S. 31ff.
[2] Vgl. dazu die Ausführungen auf S. 62 unter 3.
[3] Darüber im sachenrechtlichen Teile der Bearbeitung Abschnitt III A III, S. 53ff.

Interessenkreis des Kapitals und der Arbeit, und das ist der Betrieb in seiner Geschlossenheit. Ist der Betriebsinhaber eine Einzelperson, so kann man im wörtlichen Sinne nicht von einer Organisation sprechen. Dann vereinigen sich eben alle Rechte und Pflichten sowie sonstige Befugnisse, die dem Träger des Eigentums an den Betriebsmitteln kraft Gesetzes zustehen, in einer Person. Anders verhält es sich aber, und das wird im Zeitalter eines übersteigerten Kapitalismus und der Großbetriebe in der überwiegenden Mehrzahl der Fälle vorkommen, wenn die Betriebsinhaberschaft einer Gesellschaft zusteht. Hier wird das Kapital im Betriebe durch die jeweiligen Organe dieser Gesellschaft vertreten, deren Zusammensetzung und Rechte meist durch das Handelsrecht bestimmt werden. In jedem Falle muß aber bei der Betriebskapitalsorganisation, ganz gleich ob der Betriebsinhaber eine Einzelperson oder eine Gesellschaft ist, darauf geachtet werden, ob es sich noch um Angelegenheiten des Betriebes oder schon darüber hinaus um solche des Unternehmens handelt. Es gibt zwar eine Betriebskapitalsorganisation; von einer solchen kann man jedoch nur dann sprechen, wenn sie innerhalb des Betriebes tätig wird. Im arbeitsrechtlichen Sinne kommen da in allererster Linie die Anstellungen oder Einstellungen der Arbeitnehmer in die Betriebe in Frage, bei denen die Betriebskapitalsorganisation nach der heutigen Rechtsordnung als Vertragsgegner der einzelnen Arbeiter erscheint, dann aber auch die Abschlüsse von Betriebsvereinbarungen, sowie andere Angelegenheiten, die sich auf den Betrieb als ein auf Verfolgung eines technischen Zweckes gerichtetes Arbeitsgefüge beziehen. Man sieht gerade auf dem Gebiete der Betriebskapitalsorganisation, wie flüssig die Grenzen zwischen Betrieb und Unternehmen sind, was sich auch im folgenden noch deutlicher zeigen wird, wo es sich um Vertretungen der Betriebsarbeitsorganisation innerhalb der Betriebskapitalsorganisation handelt[1].

C. Die Entwicklungsmöglichkeit der Betriebsorganisation.

Auch auf dem Gebiete der Betriebsarbeitsorganisation sind wir in erster Linie aus der tatsächlichen Gestaltung des Betriebes zu unserem Ergebnis gekommen. Die Belegschaft, d. h. die Arbeitnehmerschaft und Angestelltenschaft eines Betriebes sind dem öffentlichen Recht angehörige Rechtseinheiten. Sie sind insoweit Rechtspersönlichkeiten, Träger von Rechten und Pflichten, als ihnen diese vom Gesetz durch Gewährung der Mitbestimmungsrechte eingeräumt worden sind. Die

[1] Häufig wird auch gerade hier der Begriff Betrieb im Sinne von Unternehmung gebraucht, z. B. in den Ausdrücken Betriebsbilanz, Betriebsgewinn- und Verlustrechnung. Hierbei handelt es sich gar nicht mehr um Betriebsangelegenheiten, sondern um solche des Unternehmens.

Betriebsräte, Arbeiter- und Angestelltenräte stellen ihre gesetzlichen Vertretungen dar.

Es sei aber nicht unerwähnt, daß gerade das Gebiet der Betriebsorganisation entwicklungsfähig ist, und im Gesetz dazu Ansatzpunkte genügend vorhanden sind. So wäre etwa eine Verwirklichung der Wirtschaftsverfassung nach dem Grundgedanken des Art. 165 RV. denkbar. Ein Ineinandergreifen der Räte bis in die Spitze des Reichswirtschaftsrates würde im verstärkten Maße das öffentlich-rechtliche Gepräge der Betriebsräte hervortreten lassen. Ob eine solche straffe Einspannung der Betriebsarbeitsorganisation in den staatlichen Behördenapparat und die dadurch notwendige Bürokratisierung aber für den Rätegedanken einen Vorteil bedeuten würde, ist sehr zweifelhaft, da gerade dadurch das natürliche innerbetriebliche Verbundensein erheblich gestört und damit der lebenskräftigste Nerv des gesamten Aufbaus unterbunden würde. Eine ungleich bedeutendere Entwicklung und Umwandlung ihres augenblicklichen rechtlichen Gepräges dürfte für die Betriebsräte einsetzen, falls man den Betrieben Rechtspersönlichkeit verliehe. Eine Entwicklung nach dieser Richtung hin würde den Ausbau der Betriebsräte zu wirklichen Betriebsorganen bedingen oder, was noch wahrscheinlicher ist, eine Einsetzung von neuen Organen als Vertreter der Betriebe zur Voraussetzung haben. Diese neu zu schaffenden Vertretungen müßten sich dem heutigen inneren Wesen und Aufbau der Betriebe entsprechend aus Vertretern der Belegschaft, der Betriebsarbeitsorganisation, und solchen des Betriebsherrn, der Betriebskapitalsorganisation, zusammensetzen. Wie bereits erwähnt, wäre es mehr als naheliegend, wenn dabei der Belegschaftsteil, die Arbeitnehmerschaft, durch BR.-Mitglieder vertreten würde. Die Schaffung von neuen Organen im Falle einer rechtlichen Selbständigkeit der Betriebe wird sich gegenüber einem Ausbau der Betriebsräte zu Betriebsvertretungen schon deshalb zweckmäßiger erweisen, als die Belegschaft trotzdem immer noch ihrerseits innerhalb des Betriebes zur Wahrnehmung ihrer Interessen einen Sprecher behalten müßte. Möglicherweise könnte das neue Betriebsorgan den Betriebsrat als solchen in seiner Gesamtheit in sich aufnehmen. Einen gewissen Ansatzpunkt zu einem Organ, in dem sich Vertreter sowohl der Betriebsarbeits- als auch der Betriebskapitalsorganisation befinden, bietet, im Falle Arbeitgeber, Betriebsinhaber, durch Kapitalsgesellschaften gebildet werden, der AuR. mit den BR.-Mitgliedern, auf den im folgenden noch näher eingegangen werden soll. Nach dem augenblicklichen Stande der Gesetzgebung ist im übrigen ein sich aus Arbeitnehmern und Arbeitgebern zusammensetzendes Organ im Betriebe noch nicht vorhanden. Betriebsarbeits- und Betriebskapitalsorganisation stehen sich häufig sogar in krassem Gegensatze gegenüber.

D. Die Stellung der BR.-Mitglieder in den Aufsichtsräten der Kapitalsgesellschaften.

I. Eine besondere Rolle im verfassungsrechtlichen Teil des Betriebsrechts spielt die Rechtsbedeutung des Betriebes in der Sonderfrage nach der rechtlichen Stellung der in die Aufsichtsräte entsandten BR.-Mitglieder (Rätemitglieder)[1]. Auf diesen rechtlich anregenden Stoff soll hier im Anschluß an die Ausführungen über die Betriebsarbeitsorganisation eingegangen werden, da er sich im wesentlichen auch mit der Stellung des BR. bzw. seiner Mitglieder befaßt, also organisatorischer Natur ist. Allerdings endet die Behandlung schließlich bei der Frage nach der Haftung der BR.-Mitglieder der Gesellschaft gegenüber und gehört in diesem Teile eigentlich in den Abschnitt über die schuldrechtlichen Verhältnisse des Betriebes. Bereits in der Einführung wurde jedoch darauf hingewiesen, daß eine Scheidung nach der überkommenen Fächereinteilung der Rechtsordnung in aller Strenge sich einfach nicht durchführen läßt, wenn man Zusammengehöriges nicht auseinanderreißen will. Deshalb sei gestattet, die Haftungsfrage als eine Folge der Rechtsstellung der BR.-Mitglieder im AuR. gleich in diesem Zusammenhange anzuschließen. Auch hier ist die Kenntnis der rechtlichen Beschaffenheit der Betriebe nach geltendem Recht von entscheidender Bedeutung, um eine billige Lösung dieser nicht ganz einfach gelagerten Aufgabe herbeizuführen.

II. Nach § 70 BRG. werden in Unternehmungen[2], für die ein AuR. vorgesehen ist, ein oder zwei BR.-Mitglieder in den AuR. entsandt, um die Belange und Forderungen der Arbeitnehmer sowie deren Ansichten und Wünsche hinsichtlich der Organisation des Betriebes zu vertreten. Aber nicht in jedem Betriebe, in dem der Betriebsinhaber eine Gesellschaft mit einem AuR. darstellt, steht der Belegschaft das Recht zu, BR.-Mitglieder in diesen zu entsenden, sondern nur in den gesetzlich bestimmten Fällen[3]. Im § 1 des im § 70 BRG. bereits angekündigten Ausführungsgesetzes[4] ist genau festgelegt, welche Gesellschaften für die Entsendung von BR.-Mitgliedern in den AuR. in Betracht kommen. Die Aufzählung ist erschöpfend und umfaßt folgende

[1] Der Kürze halber seien die BR.-Mitglieder im AuR. Rätemitglieder, die übrigen AuR.-Mitglieder Wahlmitglieder genannt.

[2] Die in die Aufsichtsräte entsandten BR.-Mitglieder haben es während ihrer Tätigkeit nicht etwa nur mit reinen Betriebsfragen zu tun, sondern werden häufig mit den ausgesprochenen Aufgaben der Unternehmung sich beschäftigen müssen. Auch hier zeigt sich, wie Betriebsprobleme mit denen des Unternehmens auf das engste verknüpft sind und häufig sogar ineinander übergehen.

[3] Es muß sich ferner auch immer um BR.-Mitglieder handeln. Ist in einem Betriebe ein BR. nicht vorhanden, so hat die Belegschaft kein Recht, andere Arbeitnehmervertreter in den AuR. zu senden. Das ergibt sich aus § 2 ARG.

[4] Gesetz über die Entsendung von BR.-Mitgliedern in den AuR. vom 15. 2. 1922 (RGBl. S. 209).

Gesellschaften: Aktiengesellschaften, Kommanditgesellschaften auf Aktien, Gesellschaften mit beschränkter Haftung, eingetragene Genossenschaften, Versicherungsvereine auf Gegenseitigkeit und bergrechtliche Gewerkschaften. Davon gehört die G. m. b. H. zu den Gesellschaften, für die die Bestellung eines AuR. keine gesetzliche Pflicht ist (§ 52 G.m.b.H.Ges.). Ist jedoch durch Gesellschaftsvertrag ein AuR. bestellt, so greifen auch die gesetzlichen Vorschriften über die Entsendung der BR.-Mitglieder Platz. Bei den übrigen ist die Bestellung des AuR. gesetzliche Pflicht. Um einer Umgehung der Bestimmungen des Gesetzes durch Umbenennung des AuR. im Gesellschaftsvertrage entgegenzuwirken, hat der Gesetzgeber im § 1 ARG. hinter dem Begriff „AuR. im Sinne des BRG." den Zusatz „ohne Rücksicht auf die Bezeichnung im Gesellschaftsvertrage" gemacht[1]. Ausnahmen für die Entsendung von BR.-Mitgliedern in den AuR. bestehen nur, insofern es sich um die sog. idealen Zweckbetriebe des § 67 BRG. handelt, oder wenn auf Grund anderer Gesetze eine gleichwertige Vertretung der Arbeitnehmer im AuR. vorgesehen ist. (Ausführungsbestimmungen zum Kohlenwirtschaftsgesetz vom 21. August 1919, RGBl. S. 1449, §§ 11, 13, 21 und Durchführungsbestimmungen zum Kaliwirtschaftsgesetz vom 18. Juli 1919, RGBl. S. 663, § 44). Auch können nach § 73 Abs. 2 BRG. Unternehmungen oder Betriebe auf ihren Antrag von der Verpflichtung zur Aufnahme von BR.-Mitgliedern in den AuR. durch die Reichsregierung entbunden werden, wenn wichtige Staatsinteressen es erfordern, und zwar Betriebe jeder Art. Es werden hierunter vor allem Betriebe zu verstehen sein, die der Förderung von Staatsangelegenheiten, insbesondere der Landesverteidigung, dienen[2]. Soviel über die allgemeinen Voraussetzungen der Entsendung der Rätemitglieder in den AuR.!

III 1. Die grundlegende Frage, die durch den § 70 BRG. brennend geworden ist, ist die nach der Rechtsstellung der Rätemitglieder im AuR., insbesondere die Frage nach ihrer Haftung der Gesellschaft gegenüber, wie sie sich aus den §§ 249 Abs. 2, 320 Abs. 3 HGB., § 41 Abs. 2 GenGes., § 52 Abs. 1 G.m.b.H.Ges. für die Aufsichtsratsmitglieder im allgemeinen ergibt. Mit anderen Worten: Sind die BR.-Mitglieder den übrigen AuR.-Mitgliedern völlig gleichgestellt, sind sie wie diese berechtigt und verpflichtet, insbesondere haften auch sie der Gesellschaft gegenüber, wenn sie ihre Obliegenheiten als AuR.-Mit-

[1] Die herrschende Lehre erachtet bei der G. m. b. H. immer dann einen AuR. gegeben, wenn die drei Voraussetzungen erfüllt sind: 1. es muß ein wirkliches Organ der Gesellschaft vorliegen; 2. diesem Organ muß die Aufsicht über die geschäftsführende Tätigkeit der Geschäftsführer obliegen; 3. das Organ muß aus mindestens zwei Personen bestehen. Vgl. dazu: Staub-Hachenburg a. a. O. N. 4 zu § 52; Friedländer ARG. a. a. O. S. 49; Göppert ARG. a. a. O. N. 27, zu § 1.

[2] Dersch ARG. a. a. O. N. 2 c I A aa und 2 c I B zu § 2.

glieder verletzen, oder ergeben sich aus der Natur ihrer sonstigen Rechtsstellung doch Unterschiede?

Seit dem Inkrafttreten des BRG. in Verbindung mit dem ARG. ist in der äußerlichen Zusammensetzung der Aufsichtsräte eine Wandlung vor sich gegangen. Durch die Aufnahme der BR.-Mitglieder ist ein ganz anderer, geradezu gegensätzlicher Bestandteil in die bisher rein kapitalistische Interessenvertretung der Aktionäre bzw. Genossenschafter innerhalb des AuR. hineingetragen worden. In dem Organ der Kapitalsgesellschaft, die in dem Betriebe die Stellung des Arbeitgebers, des Betriebsherrn, einnimmt, haben Betriebsangehörige, Arbeitnehmer, Sitz und Stimme erhalten. Schon mit Erlaß des BRG. begann der Streit über die Rechtsstellung der Rätemitglieder im Verhältnis zu den satzungsmäßigen AuR.-Mitgliedern. Es entstanden im Schrifttum verschiedene Meinungen. Dabei drehte sich zunächst der Streit um die Bedeutung des Nachsatzes in Satz 1 von § 70 BRG.: „um die Interessen und Forderungen der Arbeitnehmer, sowie deren Ansichten und Wünsche hinsichtlich der Organisation des Betriebes zu vertreten" in Verbindung mit Satz 2: „Die Vertreter haben in allen Sitzungen des AuR. Sitz und Stimme, erhalten jedoch keine andere Vergütung als eine Aufwandsentschädigung." Die einen sahen in dem zuerst angeführten Satze eine Beschränkung der Rechte der Rätemitglieder, eine genaue Abgrenzung ihres Tätigkeitsbereichs in der Vertretung der Interessen und Forderungen der Arbeitnehmer. Die Zubilligung von Sitz und Stimme in Satz 2 a. a. O. sei lediglich eine Schutzvorschrift gegen einen etwaigen Ausschluß von Sitzungen, in denen die Wahlmitglieder etwa hinter dem Rücken der Rätemitglieder Arbeiter- und Angestelltenfragen berühren könnten[1]. Eine andere Meinung geht insofern schon etwas weiter, als sie in dem Recht auf Sitz und Stimme auch eine über ihren besonderen Aufgabenkreis hinausgehende Befugnis der Mitglieder sieht. Immer sei aber hier noch ihre Tätigkeit auf die Sitzungen beschränkt[2]. Unrichtig sei die Annahme, daß in dem Satze mit „um" nur der Beweggrund für die Entsendung gegeben sei[3]. Auch Bösche[4] tritt grundsätzlich für eine Beschränkung ein, weist aber ganz richtig auf die Dehnbarkeit des Begriffs „Interessen der Arbeitnehmer" hin, die eine Benachteiligung der Rätemitglieder unterbinde. Ein gewichtiges, vielfach angeführtes Beweismittel für die Beschränkung der den Rätemitgliedern eingeräumten Befugnisse wird ferner in der bloßen Gewährung einer Aufwands-

[1] Koch a. a. O. zu § 70, N. 4 (S. 165); Wiethaus-Kantorowicz a. a. O. zu § 70, N. 3 (S. 108); Brandt a. a. O. zu § 70, N. 5 u. 6 (S. 217); Rohrbeck-Schönfeld-Golm a. a. O. zu § 70, N. 5.

[2] So Kieschke-Syrup a. a. O. zu § 70, N. 1, Ziff. 2 (S. 191f.); Stier-Somlo a. a. O. zu § 70, N. 4 (S. 131/132).

[3] Stier-Somlo a. a. O. (siehe vorige N.).

[4] Bösche, Ratgeber a. a. O. zu § 70, N. 1 (S. 134f.).

entschädigung gesehen im Gegensatz zu der Tantieme, die die Wahlmitglieder beziehen. Diesen Ansichten gegenüber steht nun die Lehre von der völligen Gleichstellung der Wahl- und Rätemitglieder[1]. Nach ihr ist der mit „um" beginnende Satz lediglich eine Begründung für die Entsendung. Rechtlich bestünden keinerlei Unterschiede zwischen den von der GV. gewählten und vom BR. entsandten Mitgliedern. SCHULZ meint, letztere hätten sogar „ein Mehr von Vertretung"[2].

2. Der Streit um die Gleichberechtigung hat auch mit dem Erlaß des Ausführungsgesetzes noch kein Ende gefunden. Die eine Ansicht[3] hält an ihrer Beweisführung aus dem Wortlaut des § 70 BRG. fest, der durch den § 3 ARG. keine Abwandlung erlitten hätte, weil der § 3 eben nur die Gleichberechtigung insofern ausspreche, als nicht im BRG., insbesondere also auch im § 70 daselbst, und im ARG. etwas anderes bestimmt sei. Nach wie vor nähmen die Rätemitglieder eine Sonderstellung innerhalb des AuR. ein, die in der Obliegenheit der Interessenvertretung der Belegschaft, in der Nichtgewährung einer Tantieme und in dem im Gesetz lediglich erwähnten Recht auf Sitz und Stimme ihren deutlichen Ausdruck fände. Die entgegengesetzte Meinung sieht im § 3 ARG. die erwünschte Klärung im Sinne einer grundsätzlichen Gleichberechtigung. Es sei in dem mit „um" beginnenden Nebensatze des § 70 BRG. nicht mehr als der Beweggrund für die Entsendung gegeben[4]. Es wird insbesondere darauf hingewiesen, daß das sog. Ausführungsgesetz nicht nur zur Ergänzung, sondern auch zur Abänderung

---

[1] SCHNEIDER-SACHSEN a. a. O. zu § 70 (S. 66); FEIG-SITZLER a. a. O. zu § 70, N. 5 (S. 174/175); SCHULZ a. a. O. zu § 70, N. 3a (S. 76); vgl. auch die Begründung zum Entwurf des ARG. im RABlaT. 1921, S. 335; DERSCH BRG. a. a. O. zu § 70, N. 2b (S. 211).

[2] SCHULZ a. a. O. zu § 70, N. 3a (S. 76), ebenso: STIER-SOMLO a. a. O. zu § 70, N. 4 (S. 131); beide Verfasser weisen auf den StenBer. des RWR. S. 4198 hin.

[3] GÜLDENAGEL in ZAktW. 34, 45f.; KÖNIGSBERGER in DJZ. 1922, 378, ähnlich auch: SCHREIBER in RuW. 1922, Sp. 337/338, der nichts von einer Beschränkung der Tätigkeit wissen will, aber entschieden doch eine Sonderstellung aus dem BRG. herleitet. Die Rätemitglieder sind nach ihm vor allem BR.-Mitglieder. — Vgl. auch ERDMANN in BlfA. Nr. 8, vom 19. 3. 1922. Die Streitfrage über den Umfang der Rechte der BR.-Mitglieder bleibt also nach wie vor der Auslegung des § 70 BRG. überlassen.

[4] BOTT-KÄPPEL ARG. zu § 3, N. 1 (S. 28); DERSCH ARG. a. a. O. zu § 3, N. 2b (S. 75f.); FLATOW BRG. 1922 a. a. O. zu § 70, N. 4 (S. 168); 1927, N. 5 (S. 282); FRIEDLÄNDER a. a. O. S. 73ff., insbes. S. 74; GÖPPERT ARG. a. a. O. zu § 3, N. 3, 4 (S. 34/35); GOLDSCHMIT a. a. O. zu § 243, N. 69e (S. 82); KASKEL 1925, S. 255; 1928, S. 301; KIESCHKE-SYRUP-BILLERBECK a. a. O. zu § 3, N. 2, I (S. 264); SAMSON a. a. O. zu § 3, N. 15 (S. 12); STAUB-PINNER a. a. O. zu § 249, Zus. 4, N. 13; GOLDSCHMIT in DJZ. 1922, S. 311; MYLORD in JW. 1924, S. 1146, N. zur Entscheidung; GUNDLACH in JW. 1924, S. 157; FREISLER in NZfA. 1924, Sp. 287; FUCHS in NZfA. 1924, Sp. 656f. und in JW. 1924, S. 1061, N. zum Urteil des LG. Verden vom 1. 4. 1924; GÖGLER im ArbR. 1922, Sp. 298f.; SCHMALTZ im ArbR. 1922, Sp. 563; RAAB im SchlW. 1922, S. 237f.; SINZHEIMER a. a. O. S. 230 und viele andere.

des § 70 fähig sei. Das Ausführungsgesetz, das genau wie das Rahmengesetz als formelles Gesetz ergangen sei, gehe, soweit nicht ein anderes bestimmt, dem Hauptgesetz als dem früheren vor[1]. In § 3 ARG. habe man aber grundsätzlich die Gleichberechtigung anerkannt, die sich auch aus der Entstehungsgeschichte des Gesetzes ergebe[2]. Aus dem für die Gleichberechtigung der Rätemitglieder reichlich angeführten Schrifttum ersieht man leicht, daß diese Meinung die herrschende Ansicht darstellt. Ihr hat sich im wesentlichen auch die Rechtsprechung angeschlossen[3]. Nicht ganz eindeutig hat das RG[4]. zu dieser Frage Stellung genommen. Einerseits betont es auf S. 226 a. a. O. das Recht der besonderen Interessenvertretung der Rätemitglieder und als notwendige Gegenpflicht der Gesellschaft die Gewährung der vollen Möglichkeit zur Ausübung dieser Rechte; andererseits aber verneint es auf S. 227 a. a. O. jedwede Bevorzugung den übrigen AuR.-Mitgliedern gegenüber. Daraus könnte man wohl auf eine Gleichstellung schließen.

IV 1. Es war bisher immer von der Gleichberechtigung die Rede, einem Begriff, der von den meisten bewußt oder unbewußt gleichbedeutend mit Gleichstellung hinsichtlich von Rechten und Pflichten verwendet wird. Es ist verständlich, wenn man einem allgemeinen Rechtsempfinden folgend unter der Gleichberechtigung gleichzeitig gleiche Berechtigung und gleiche Verpflichtung versteht. Wenn die Gegner der Gleichberechtigung aus der unklaren Fassung des § 70 BRG. ihre Meinung herleiten, so verneinen sie mit der Gleichberechtigung auch die gleichen Pflichten, wie sie namentlich in den oben erwähnten Haftungsvorschriften hervortreten. Das betonen die einen[5] ausdrücklich, bei den anderen ergibt es sich aus dem ganzen Zusammenhang ihrer Darlegung[6], während die Befürworter der Gleichberechtigung auch zur Anwendung der Haftungsbestimmung gelangen[7], also den Räte-

---

[1] Quassowski in NZfA. 1922, Sp. 137/138; Kieschke-Syrup-Billerbeck a. a. O. S. 265; Friedländer a. a. O. S. 30/31.

[2] Vgl. über die Beratung des ARG. im RWR. in den MdJIfWR. Heft 2, S. 10f.; vgl. auch SozPr. 1922, Sp. 962.

[3] Vgl. dazu: E. des Berg. Rev.-Beamt. zu Essen vom 21. 11. 1922, Nr. 3134 in NZfA. 1923, Sp. 258; E. des Stadtrats Bautzen vom 20. 8. 1923 in NZfA. 1924, Sp. 118f.; E. des Schlichtungsausschusses Braunschweig vom 28. 11. 1922 im SchlW. 1923, S. 15/16; E. des Gewerberats in Flensburg vom 4. 1. 1923 in BRZ. 1923, S. 30; E. des Reg.-Präs. von Magdeburg vom 30. 6. 1923 in BRZ. 1923, S. 87; E. des Gewerberats in Essen vom 1. 11. 1922 in BRZ. 1923, S. 45.

[4] RGZ. 107, 221ff.

[5] Koch a. a. O. zu § 70, N. 4 (S. 166); Stier-Somlo a. a. O. zu § 70, N. 4 (S. 131); Wiethaus-Kantorowicz a. a. O. zu § 70, N. 3 (S. 108), der die Rätemitglieder nicht als Mitglieder des AuR. im Sinne der §§ 243ff. HGB. gelten lassen will; Bösche, Ratgeber a. a. O. zu § 70, N. 1 (S. 134).

[6] Brandt a. a. O. zu § 70, N. 1 in Verb. mit N. 6/7; Kieschke-Syrup a.a.O. zu § 70, N. 1, 2.

[7] So Feig-Sitzler a. a. O. zu § 70, N. 5 (S. 175) und N. 4 (S. 174); Flatow 1922 a. a. O. zu § 70, N. 1 u. 4; Feig-Sitzler sowie Flatow verweisen auf die Begründung zum ARG. im RABlaT. 1921, S. 335.

mitgliedern die gleichen Verpflichtungen wie den übrigen AuR.-Mitgliedern auferlegen. Dieser Schluß ist nun allerdings nicht zwingend, wie weiter unten ausgeführt werden wird. Gleichstellung und Gleichberechtigung sind zwei verschiedene Begriffe.

2. Was besagt nun der § 3 ARG. über die Gleichberechtigung? Leider hat er seinem Wortlaut gemäß nicht die nötige Klarheit gebracht. Er billigt den Rätemitgliedern nur eine *grundsätzliche* Anwendung derselben gesetzlichen Vorschriften zu[1], da er die einschränkende Bestimmung enthält: „soweit nicht im BRG. und im folgenden etwas anderes gesagt ist". Nicht richtig ist es, daß das Ausführungsgesetz, wie die Gegner der Gleichberechtigung behaupten, sich hätte innerhalb des BRG. halten müssen. Es ist als formelles Gesetz erlassen und daher in seinem Wert als Gesetz mit ihm völlig gleichgeordnet, in seiner zeitlichen Nachfolge aber hat es ihm gegenüber derogatorische Kraft. Damit ist den Verneinern der Gleichberechtigung die Hauptstütze entzogen. Man wird nach dem Erlasse des ARG., mag die Fassung des § 3 a. a. O. noch so unglücklich gewählt sein, nicht mehr an einer grundsätzlichen Gleichberechtigung zweifeln können. Auf die Rätemitglieder finden ja die gesetzlichen Bestimmungen Anwendung, die für die übrigen AuR.-Mitglieder gelten, soweit nicht im BRG. oder im ARG. etwas anderes bestimmt ist. In diesen Gesetzen sind aber keinerlei Vorschriften vorhanden, die die Rätemitglieder gegenüber den gewählten Mitgliedern hinsichtlich der Ausübung der ihnen nach Gesetz oder Satzung zustehenden Rechte innerhalb der Gesellschaft irgendwie beschränken. Sie sind in ihrer Eigenschaft als Organmitglieder hinsichtlich der dem AuR. zustehenden Befugnis als Kontrollorgan der Gesellschaft mit den von der GV. gewählten Mitgliedern gleichberechtigt. Es kommt bei dieser Gleichberechtigung aber nur auf die Rechte der Organmitglieder an, die Organfunktionen auszuüben. Darum sollte nicht entgegengehalten werden, die Nichtgewährung einer Tantieme durchbreche die Gleichberechtigung. Diese Einschränkung des Begriffs der Gleichberechtigung auf die organschaftlichen Funktionen sei schon deshalb gestattet, weil die weitere Ausführung einen Unterschied zwischen Gleichberechtigung und Gleichstellung macht. Die beiden Begriffe bedeuten nicht dasselbe. Eine Gleichberechtigung setzt nicht notwendig eine Gleichstellung voraus.

3. Vorliegende Bearbeitung bejaht also die Gleichberechtigung im eben angeführten Sinne aus § 3 ARG. Sie verneint aber die Gleichstellung und stützt sich dabei auf folgende rechtliche Gesichtspunkte: 1. Statt einer Vergütung wird den Rätemitgliedern nur eine Aufwandsentschädigung gewährt; 2. die Rätemitglieder werden nicht von der

[1] MdJIfWR. Heft 3, S. 24.

GV. gewählt; 3. sie haben eine besondere Pflicht zur Wahrung der Belange der Belegschaft; 4. sie stehen in keinem organschaftlichen Vertragsverhältnis zur Gesellschaft[1]. Man kann unter Berücksichtigung dieser Gesichtspunkte wohl kaum von einer rechtlichen Gleichstellung mehr sprechen. Diese Tatsache ist auch innerlich gerechtfertigt; sie gründet sich letzten Endes auf die den Betriebsräten vom Gesetz eingeräumte Stellung innerhalb des Betriebes. Die Rätemitglieder sind ja Vertreter der Arbeitnehmerschaft, der Arbeit, und auch im AuR. sollen sie die Rechte der Arbeit gegenüber der Macht des Kapitals wahrnehmen. Es war bei der allgemeinen Betrachtung über den Betrieb auf die Tatsache hingewiesen worden, die von grundlegender Bedeutung für die gesamte soziale Frage geworden ist und damit gleichzeitig den Ausgangspunkt für das moderne Arbeitsrecht darstellt, daß nämlich in den meisten Betrieben sowohl das Element Arbeit als auch das Element Kapital vorhanden ist. Im AuR. nach der neuen Zusammensetzung sind Vertreter des Kapitals und der Arbeit. Es haben beide Arten von Mitgliedern die Pflicht, den Betrieb[2] oder, worum es sich ja bei der Tätigkeit des AuR. in den weitaus meisten Fällen handeln wird, das Unternehmen zu fördern. Darin liegt das Verbindende. Jede Art für sich muß aber noch darüber hinaus die Belange derer wahrnehmen, die hinter ihr stehen, also auf der einen Seite die der Aktionäre, des Kapitals, auf der anderen Seite die der Belegschaft, der Arbeit. Darin zeigt sich eben wiederum die grundverschiedene Stellung, die die Rätemitglieder gegenüber den gekürten AuR.-Mitgliedern einnehmen. Durch diese Verschiedenheit der Rechtsstellung der einzelnen Mitglieder hat sich der AuR. seinem inneren Aufbau nach von Grund auf verändert. Er war ehedem eine reine Vertretung der Gesellschaft als Trägerin des Kapitals. Seinen Mitgliedern lag es lediglich ob, auf die Vorteile der Kapitalistengruppe, des Betriebsherrn, ein Augenmerk zu haben. Nunmehr haben gewisse Mitglieder, nämlich die vom BR. entsandten, gerade die gesetzliche Pflicht, auf das Wohl der Träger der Arbeit, nämlich der Belegschaft, bedacht zu sein, die naturnotwendig bis zu einer gewissen Grenze im Gegensatz zu dem Betriebsherrn stehen muß, wenigstens solange rechtlich der Betrieb in seiner Gesamtheit von dem Betriebsherrn allein dargestellt wird. Dieser Gegensatz wäre einfach unüberbrückbar, wenn den Rätemitgliedern die gleiche Rechtsstellung wie den anderen AuR.-Mitgliedern zukäme, namentlich wenn sie gar in die Betriebskapitalsorganisation eingeordnet worden wären. Das ist jedoch nicht geschehen. Der AuR. ist durch die Entsendung der BR.-Mitglieder nicht zu einem anderen, sich von dem ehemaligen AuR.

---

[1] Auf Unterschiede macht auch DERSCH BRG. a. a. O. zu § 70, N. 2b auf merksam.

[2] Für die Betriebsräte ergibt sich das aus § 1 BRG.

unterscheidenden Organ geworden. Er ist heute noch genau wie ehedem nichts anderes als ein Organ der Kapitalgesellschaft, und in seinem Aufgabenkreis innerhalb der Gesellschaft sind keine Veränderungen eingetreten. Er hat sich also vor allem noch nicht, worauf vielleicht seine Zusammensetzung aus Vertretern der Betriebsarbeits- und der Betriebskapitalsorganisation hindeuten könnte, zu einer Vertretung beider im Betriebe zu einer Arbeitsgemeinschaft zusammengeschlossenen Interessengruppen und damit etwa des Betriebes in seiner Gesamtheit entwickelt. Der Betrieb ist, wie bereits mehrfach an anderen Stellen angedeutet wurde und auch noch behandelt werden wird, bisher noch nicht zu einer rechtlich selbständigen Einheit gefestigt und daher auch nicht zu einer Bildung von Organen fähig. Nach der geltenden Rechtsordnung bestehen die Betriebsarbeits- und die Betriebskapitalsorganisationen in jedem Betriebe getrennt voneinander, ohne daß sie von einem übergeordneten Dritten zusammengehalten würden. Der AuR. gehört nach wie vor zur Betriebskapitalsorganisation. Die Rätemitglieder sind in ihm Fremdkörper[1]. Ein Hinüberziehen zu der Vertreterschaft des Kapitals würde dem ganzen BRG. geradezu widersprechen und insbesondere den in § 70 in Verbindung mit § 1 BRG. verkörperten Gedanken zuwiderlaufen. Die Entsendung der Rätemitglieder in den AuR. (§ 70 BRG.) soll ja auch nur ein Mittel dazu sein, die Arbeitnehmer von den Auswirkungen eines übersteigerten Kapitalismus, zum mindesten zu einem Teile, freizumachen. Die Rätemitglieder sind auch im AuR. Vertreter der Belegschaft[2]. Darum steht die Bestimmung der Entsendung oder besser der Angehörigkeit von BR.-Mitgliedern zum AuR. nicht im HGB. bzw. in seinen Nebengesetzen, sondern im BRG. und in dessen Ausführungsbestimmungen. Die Rätemitglieder haben zwar das gleiche Recht wie die übrigen AuR.-Mitglieder, aber sie haben es deshalb erlangt, um ihren Verpflichtungen nachkommen zu können, die Belange der Arbeitnehmer und des Betriebes wahrzunehmen. Nur aus diesem Grunde sind sie AuR.-Mitglieder oder besser wie AuR.-Mitglieder berechtigt geworden, um eben einen Einblick in den Betrieb bzw. das Unternehmen zu erlangen, das für die Wirtschaft so außerordentlich wichtige Austauschverhältnis, die Wechselbeziehungen von Kapital und Arbeit, zu überwachen, sowie an

---

[1] Zu beachten ist auch in diesem Zusammenhange, daß die Rätemitglieder zwar Bestandteile des AuR. sind, aber keine wesentlichen, d. h. sie bilden nicht etwa mit den Satzungsmitgliedern zusammen die satzungsgemäße Mindestzahl des AuR. Diese muß vielmehr immer von den Satzungsmitgliedern gebildet werden. Darüber Dersch ARG. a. a. O. N. 2a I zu § 4 und insbes. N. 2a zu § 3; Goldschmit a. a. O. N. 71 zu § 243.

[2] Aus diesem Grunde ist es beispielsweise nicht zulässig, bei Konzernen Rätemitglieder eines AuR. einer Gesellschaft in den AuR. einer anderen Gesellschaft zu entsenden, da die Rätemitglieder im fremden AuR. ihren eigentlichen BR.-Pflichten nicht nachkommen können, weil sie ja dort nur private AuR.-Mitglieder wären. Siehe darüber auch bei Dersch ARG. zu § 1, N. 10b I (S. 53).

der Leitung des Betriebes teilzunehmen. Nur durch völlige Gleichberechtigung konnten sie diesen ihren Obliegenheiten gerecht werden. Sie sind in erster Linie weiterhin BR.-Mitglieder und nur als Mittel zum Zwecke einer Einschränkung der betriebsherrlichen Gewalt AuR.-Mitglieder geworden. Die Rechtsstellung der entsandten AuR.-Mitglieder unterscheidet sich also beträchtlich von der der gewählten Mitglieder.

4. Diese Tatsache muß sich mit besonderer Deutlichkeit bei der Frage auswirken, ob die für die Mitglieder der Aufsichtsräte bestehenden Haftungsvorschriften der §§ 249 Abs. 2, 320 Abs. 3 HGB. usw. auch für die Rätemitglieder Anwendung finden. In dem bekannten § 3 ARG. ist darüber ausdrücklich nichts gesagt worden. Es heißt daselbst zwar, es finden die gesetzlichen Bestimmungen Anwendung, die für die übrigen AuR.-Mitglieder gelten, aber es wird dann eben wieder eine Einschränkung durch einen Verweis auf das BRG. gemacht. Nur soweit nicht im BRG. etwas anderes bestimmt ist, sollen die gleichen Vorschriften gelten. Im BRG. gibt es nun zwar keine unmittelbare Norm, wonach die sonst für AuR.-Mitglieder geltenden Haftungsbestimmungen des HGB. und der übrigen handelsrechtlichen Gesetze ausgeschlossen werden. Aber das genügt nicht. Es muß weiter geprüft werden, ob nicht eine solche Haftung überhaupt dem Grundgedanken des BRG. und des gesamten Arbeitsrechts zuwiderläuft, also kurz, ob sie nicht nur gegen eine einzelne Vorschrift, sondern gegen das ganze Gesetz und die darin verkörperten Gedanken des Betriebsrechts verstößt.

Die Entstehungsgeschichte des ARG. läßt zwar deutlich erkennen, daß man die Haftung der Rätemitglieder den Kapitalsgesellschaften gegenüber keineswegs ausschließen, sondern gerade unter Gleichberechtigung die Übernahme gleicher Rechte und Pflichten verstanden wissen wollte[1]. Nun ist aber bereits oben ausgeführt worden, daß eine Gleichberechtigung nicht notwendigerweise immer auch eine gleiche Verpflichtung voraussetzt, und im vorliegenden Falle ergibt sich aus der Rechtsnatur der Betriebsvertretungen gerade nur die gleiche Berechtigung, wie noch dargelegt werden wird. Wenn sich die herrschende Meinung, die auch die Haftungsbestimmungen für die Rätemitglieder anwendbar hält, auf die Entstehungsgeschichte des ARG. stützt, so muß demgegenüber doch die Frage aufgeworfen werden, ob es immer berechtigt ist, bei Gesetzeslücken nach „dem Willen des Gesetzgebers" zu fahnden. Ein solcher Wille als einheitlicher Gedanke besteht bei der gegenwärtigen verfassungsrechtlichen Gesetzgebung überhaupt nicht. Die Gesetze stellen fast ausnahmslos, und die sozialpolitischen ganz be-

[1] Vgl. über die Entstehungsgeschichte den Verweis bei Feig ARG. a. a. O. zu § 3, N. 2b (S. 19) auf den im RWR. geschlossenen Kompromiß, StenBer. S. 785, 803ff. und den Hergang der Abstimmung S. 805, ferner den Ausschußbericht S. 2, 3 (angegeben bei Feig).

sonders, ein Ergebnis von Kompromissen dar[1]. Diejenigen, die den Ausgang der Verhandlungen oder die in den Verhandlungen zutage getretene herrschende Meinung über irgendeinen streitigen Punkt als „Wille des Gesetzgebers" zum Zwecke einer rechtsgültigen Auslegung der schließlich zustandegekommenen Gesetzesbestimmungen heranziehen, übersehen die Gefahr einer daraus notwendig erwachsenden Uneinheitlichkeit der Gesetzgebung. Wenn das Gesetz eine Lücke läßt, so dient es der Rechtseinheitlichkeit, diese im Sinne der Gesetzgebung des letzten Zeitabschnittes auszufüllen. Die Gesetzgebung seit etwa 1916[2] und insbesondere die der Nachkriegszeit steht nun unter stärkstem sozialpolitischen Einfluß. Auch das BRG. ist aus diesen Gedanken herausgewachsen. Die Belegschaft hat in den Betrieben Vertretungen erhalten, durch die sie die ihr eingeräumten Mitwirkungsrechte wahrnehmen sollte. Im § 70 BRG. findet dieser Grundgedanke seine besonders gestaltete Anwendung auf Betriebe, in denen der Betriebsherr durch eine Gesellschaft verkörpert ist. Insofern stellt § 70 BRG. lediglich die lex specialis zu § 1 BRG. dar[3]. Es war bereits oben festgestellt worden, daß nach dem geltenden Recht die BR.-Mitglieder, auch die in die Aufsichtsräte entsandten, lediglich Vertreter der Belegschaft sind und auch dort die Aufgabe haben, „die Rechte der Arbeit" gegenüber der Macht des Kapitals wahrzunehmen. Allein aus diesem Gesichtspunkte können sie aber unmöglich der Gesellschaft, der Vertreterin kapitalistischer Belange, auf Grund der bereits angeführten Bestimmungen des Gesellschaftsrechts haften. Dazu fehlt es an jeder Rechtsgrundlage. Es ist unter 3 des näheren dargelegt worden, daß die Rechtsstellung der Rätemitglieder von der der gewählten AuR.-Mitglieder eine durchaus verschiedene ist. Vor allem sind sie nicht in die Betriebskapitalsorganisation eingegliedert worden, sind keine wesentlichen Mitglieder der Aufsichtsräte. Die Haftungsbestimmungen der AuR.-Mitglieder gehen aber gerade auf die enge organschaftliche Verknüpfung der AuR.-Mitglieder mit der Gesellschaft zurück. Wenn auch nicht Angestellte im Sinne des Arbeitsrechts, sind die AuR.-Mitglieder zum mindesten doch Bedienstete der Gesellschaft und haften ihr eben aus diesem eigenen Dienstverhältnis gesellschaftsrechtlicher Art gemäß den bekannten Bestimmungen des HGB. für die Sorgfalt eines ordentlichen Geschäftsmannes. In einem derartigen Bedienstetenverhältnis zur Gesellschaft stehen die Rätemitglieder aber gar nicht, sind sie ja als BR.-Mitglieder mit der Kapitalsgesellschaft in keiner anderen Weise rechtlich verbunden wie jeder Betriebsangehörige, nämlich einzig und

[1] Vgl. ERDMANN in BlfA. Nr. 8, vom 19. 3. 1922.

[2] Der Erlaß des Gesetzes über den vaterländischen Hilfsdienst im Jahre 1916 stellt für das deutsche Arbeitsrecht einen wichtigen Wendepunkt dar. Dazu KASKEL 1925 und 1928 a. a. O. S. 8.

[3] So auch KÖNIGSBERGER in DJZ. 1922, Sp. 378.

allein durch den individuellen Arbeitsvertrag. Die Anwendbarkeit der Haftungsbestimmungen für die Rätemitglieder würde sie geradezu gewaltsam an die Kapitalsgesellschaft fesseln, worin eine nicht zu verkennende große Gefahr für ihre eigentliche Aufgabe liegen dürfte. Diese starke Bindung an die Gesellschaft stände im krassen Widerspruch aber nicht nur zu dem Grundgedanken des BRG., wie bereits oben ausgeführt wurde, sondern auch zu den gesellschaftsrechtlichen Bestimmungen des HGB. und seiner Nebengesetze. Gerade die Haftungsvorschriften sind eigens für die mit den Interessen des Kapitals eng verbundenen gewählten AuR.-Mitglieder zugeschnitten, wobei auch das Übergreifen ihres Wirkunsgebietes über den Wirtschaftsbetrieb hinaus auf das Unternehmen berücksichtigt worden ist. Von den Mitgliedern des AuR. setzt man bekanntlich die Sorgfalt eines ordentlichen Geschäftsmannes voraus. Auch hieraus sieht man, daß derartige Richtlinien für die Rätemitglieder einfach nicht angebracht sind. Man hat sich bei der Bejahung der Anwendbarkeit der gesetzlichen Haftungsbestimmungen auch mit diesem vom Gesetzgeber festgelegten Haftungsmaß befassen müssen. Während die überwiegende Mehrzahl auch von den Rätemitgliedern die Sorgfalt eines ordentlichen Geschäftsmannes forderten, haben andere, darunter vor allem Friedländer[1], eine Haftungsbeschränkung aus Billigkeitsrücksichten gefordert. Die Rätemitglieder sollten nur für die Sorgfalt einstehen, die man von einem Manne ihrer Vorbildung verlangen könne. Man hat also auch in den Kreisen der Vertreter der herrschenden Meinung anerkannt, daß das Ergebnis, zu dem man gekommen ist, zum mindesten unbillig genannt werden muß.

Die für den AuR. gegebenen Vorschriften sollen auch für die Rätemitglieder Geltung haben, soweit nicht im BRG. etwas anderes bestimmt ist. Nach den getroffenen Feststellungen gibt es zwar im BRG. keine unmittelbare Bestimmung, die die Haftung für die Rätemitglieder aufhebt; diese Haftung widerspricht jedoch dem Grundgedanken des BRG. und gefährdet ihn geradezu. Damit schließt das Vorhandensein des BRG. in seinen wesentlichsten Grundsätzen die Anwendbarkeit der Haftungsbestimmungen für die Rätemitglieder aus. In rechtspolitischer Hinsicht werden die betriebsratsfeindlich eingestellten Arbeitgeber versuchen, ihr möglichstes zu tun, um die augenblicklich herrschende Meinung über die wörtliche und enge Auslegung des § 3 ARG. aufrechtzuerhalten, liegt doch darin ein ausgezeichnetes Mittel, den entsandten AuR.-Mitgliedern ihr Amt zu erschweren und die Teilnahmlosigkeit am Rätegedanken zu steigern. Möglicherweise bietet sich aber auch hier einmal für den Staat ähnlich wie bei der BR.-Novelle vom Februar 1928

[1] Friedländer a. a. O. S. 104f.

die Gelegenheit, den Versuchen einer Untergrabung des Rätegedankens durch eine Neubelebung Einhalt zu gebieten.

Wenn von der Seite der Arbeitgeber aus auf die Schädigungen hingewiesen wurde, die den Kapitalsgesellschaften durch rücksichtsloses Vorgehen der Rätemitglieder entstehen können, falls für sie die Haftungsbestimmungen nicht zur Anwendung kämen, so sei schließlich erwähnt, daß die Gefahr nicht so drohend ist, wie sie von Arbeitgeberseite hingestellt wird. Es bestehen ja einmal als Schutz die Haftungsvorschriften aus dem Titel derun erlaubten Handlungen im BGB., und schließlich bietet auch der § 100 BRG. eine gewisse Gewähr gegen Unlauterkeiten der BR.-Mitglieder.

V. Zusammengefaßt stützt sich die Darlegung auf eine strenge Unterscheidung zwischen der Gesellschaft und ihrer Vertretung, dem AuR., und der Belegschaft und ihrer Vertretung, dem BR. Beide haben ein gemeinsames Wirkungsfeld im Betriebe. Die Entsendung der Rätemitglieder in den AuR. ist nur erfolgt, um die Mitwirkungsrechte der Belegschaft in den Betrieben, in denen die Betriebsherrschaft in den Händen einer Kapitalsgesellschaft ruht, besser zu verwirklichen. Deshalb sind die Rätemitglieder grundsätzlich mit den gleichen Rechten ausgestattet worden wie die Wahlmitglieder. Sie sind aber nicht den Wahlmitgliedern gleichgestellt, haften mithin auch nicht der Gesellschaft für Pflichtverletzungen als AuR.-Mitglieder. Die Rätemitglieder als Interessenvertreter der Arbeit, die Wahlmitglieder als Interessenvertreter des Kapitals kommen aus verschiedenen Richtungen. Sie sind nur ihren Vertretenen gegenüber verantwortlich. Es gibt zwar auch heute schon für beide ein gemeinsames Ziel, und das liegt in der Förderung des Betriebes bzw. des Unternehmens. Dafür ist aber nach dem augenblicklichen Stande der Gesetzgebung noch keine Verantwortlichkeit dem Betriebe bzw. dem Unternehmen gegenüber begründet. Es ist möglich, daß in Zukunft dieser neue AuR. mit seinen beiden Bestandteilen, von denen der eine das Kapital, der andere die Arbeit innerhalb des Betriebes darstellt, zu einem Organ des Betriebes werden kann. Vorläufig besteht nur der AuR. der Gesellschaft, des Betriebsherrn, zu dem zwecks Wahrnehmung ihrer nach dem Betriebsrecht zustehenden Befugnisse BR.-Mitglieder zugelassen sind[1].

[1] Zu dem gleichen Ergebnis, aber auf anderer Grundlage, kommen auch: Königsberger in DJZ. 1922, 378; Güldenagel in ZAktW. 34, 45f.; Schreiber in RuW. 1922, Sp. 338.

III. Sachenrechtliche und dem Sachenrecht verwandte Betriebsfragen.

A. Das Eigentum innerhalb des Betriebes.

I. Die sachenrechtliche oder genauer die eigentumsrechtliche Behandlung des Betriebes — denn um die Urform allen Sachenrechts, das Eigentum, soll es sich hier handeln — ist die wichtigste im ganzen Betriebsrecht, ergibt sich ja aus ihr eine Fülle von anderen Aufgaben von selbst. Die Stellung des Eigentums innerhalb des Betriebes nach der geltenden Rechtsordnung ist überhaupt entscheidend geworden für das gesamte Arbeitsrecht, stellt sie doch den Ausgangspunkt der sozialen Frage dar. Sie muß daher auch der Angriffspunkt einer sozialen Lösung sein. Die Darstellung soll auf das Eigentum *innerhalb* des Betriebes eingehen, nicht nach dem Eigentum am Betriebe fragen, von dem zwar im § 50 BRG. die Rede ist, wobei jedoch der Begriff des Betriebes in einem anderen Sinne Anwendung gefunden hat, nämlich in dem engeren, der sich nur auf die sächlichen Betriebsmittel beschränkt. Inwiefern man auch nicht von einem Eigentum des Betriebes sprechen kann, wird sich aus dem Abschnitt über die personenrechtliche Natur ergeben. Die Abhandlung über das Eigentum innerhalb des Betriebes befaßt sich mit der Frage, wem das Eigentum an den Betriebsstätten, an den Maschinen, Gebäuden usw., kurz, an den sächlichen Betriebsmitteln zusteht, und welchen Inhalt dieses Recht hat. Für diesen letzteren ungleich wichtigeren Teil der Aufgabe ist es von grundlegendem Wert, in welcher Bedeutung das Wort Eigentum verwendet wird.

II. Unter Eigentum im Leben versteht man das Vermögen überhaupt, also alle Vermögensrechte. So erscheint der Begriff auch in der RV. in Art. 153[1]. Im Privatrecht wird er heute jedoch enger gedeutet. Es kennt einmal nur Eigentum an körperlichen Gegenständen — Sachen. Auch deshalb kann von einem Eigentum am Betriebe, wie er oben begrifflich dargestellt wurde, keine Rede sein. Alsdann nennt es nur das umfassende Sachherrschaftsrecht Eigentum[2]. Eigentum deckt sich somit mit der Gesamtheit der überhaupt möglichen Benutzung der Sache. „Es ist die absolute Summe der Rechte an der Sache.“ Wenn auch begrifflich und juristisch das Eigentum von den einzelnen Rechten und Nutznießungen am Eigentum zu trennen ist, so ist doch inhaltlich zwischen beiden nur ein gradueller Unterschied. „In etwas anderem als einer Summe von Rechten über das Objekt kann kein Eigentum bestehen“[3]. Auch an dieser Stelle soll nur von dem Eigentum in dem

[1] Anschütz a. a. O. zu Art. 153, N. 2 (S. 396).
[2] Wolff a. a. O. S. 147.
[3] Vgl. zu allem Simmel a. a. O. S. 325.

letzteren beschränkten Sinne gesprochen werden. Das Eigentum an den sächlichen Betriebsmitteln gibt also das Recht zu ihrer höchstmöglichen Beherrschung. Der Eigentümer ist Herr oder besser Herrscher. Ihm befindet sich ein Objekt, ein Wert, eben die Sache gegenüber, die ihm untertan ist, und über die er grundsätzlich nach Willkür verfügen darf. So steht mit der Herrschaft des Eigentümers in Wechselbeziehung das Unterworfensein der Sache. Bei den Betriebsmitteln als Sachkörper offenbart sich dieses Herrschaftsverhältnis am deutlichsten, weil am unmittelbarsten, da bei ihnen die sinnfälligste körperliche Einwirkung möglich ist. Die unter dem Eigentum verstandene Herrschaft ist nicht nur eine tatsächliche, sondern auch eine rechtliche. Macht, Gewalt und Herrschaft, die das Eigentum gewährt, sind nun allerdings kein schrankenloses, kein willkürliches Recht. Mit einem solchen hat WINDSCHEID das Eigentum gleichgesetzt, wie es tatsächlich auch der individualistischen Einstellung des römischen Rechts entsprach. Das Eigentum ist ja keine feste Größe. Sein Inhalt ist von jeher durch die staatliche und gesellschaftliche Entwicklung bedingt und damit dem Wandel unterstellt. „Dabei spielt eine maßgebende Rolle der Ausgleich im Verhältnis zwischen dem einzelnen und der Gesamtheit, zwischen dem Bürger und dem Staate. Je nachdem jene Entwicklung die eine oder andere Seite in den Vordergrund schiebt, gewinnt das Eigentum ein mehr selbstisches oder mehr gesellschaftliches Wesen“[1]. Die Gegensätze sind im Laufe der Geschichte am klarsten durch die „individualistisch-romanistische“ und die „sozial-germanistische“ Einstellung dargestellt worden[2]. Schon längst vor Beginn der neuzeitlichen Entwicklung des Arbeitsrechts hat der Gesetzgeber einen Mittelweg des Ausgleichs eingeschlagen, indem er dem Eigentümer ein freies Verfügungsrecht, nach seinem Belieben auf das Eigentum einzuwirken, nur innerhalb der durch das Gesetz gezogenen Schranken zugestand. Diese Entwicklung hat ihren Niederschlag in sämtlichen modernen Gesetzbüchern gefunden. Für das deutsche Recht ergibt sich die grundsätzliche Unbeschränktheit des Eigentums und ihre Beschränkung innerhalb gesetzlicher Grenzen aus Art. 153 RV. sowie aus § 903 BGB. Man hat damit den romanistischen Eigentumsbegriff zwar als Grundlage des geltenden Sachenrechts genommen, ihn aber, wie Boos es gefaßt hat, mit germanistischem Geiste erfüllt[3]. Auch das Eigentum innerhalb des Betriebes hat schon immer seine besonderen gesetzlichen Schranken gehabt. Niemals durfte etwa z. B. ein Betriebsinhaber seinen innerhalb einer von Menschen bewohnten Gegend gelegenen Betrieb den Flammen preisgeben, Baulich-

---

[1] Vgl. RUCK a. a. O. S. 17.

[2] Die Gegenüberstellung darf nicht streng und abstrakt genommen werden. Auch das germanische Eigentum hatte seine induviduale Seite und insbes. hatte auch der römische Eigentümer seine Schranken (RUCK a. a. O. S. 18, N. 4).

[3] Boos a. a. O. S. 171.

keiten verfallen lassen u. ä. mehr. Man denke auch ferner an die nachbarrechtlichen Beschränkungen, insbesondere das Verbot der Einwirkung auf fremde Grundstücke oder namentlich an die tiefen Eingriffe auf dem Gebiete der Gewerbepolizei[1]. Aber innerhalb all dieser gesetzlichen Beschränkungen zugunsten der Gesamtheit war der Eigentümer der sächlichen Betriebsmittel unbeschränkt.

III. Durch das Eigentum ist der Arbeitgeber zum Betriebsinhaber, zum Herrn des Betriebes geworden. Die Betriebsgewalt des Betriebsinhabers, d. h. die Gewalt, die Kräfte des Betriebes zu ordnen und zu leiten, ist letzten Endes eine Eigentumsgewalt. Es sind Ausstrahlungen aus der Fülle der Herrschaftsmöglichkeiten, die das Eigentum dem Eigentümer gewährt. In einem Betriebe, in dem, wie oben bereits dargelegt wurde, sächliche und menschliche Betriebsmittel zu einer vom Leben durchpulsten Einheit verbunden sind, muß sich zwangsläufig die Herrschaft aus dem Eigentum auch auf die Menschen, die Arbeitnehmer, auswirken[2], die als Träger der Arbeitskraft dem Betriebsinhaber als Eigentümer der Produktionsmittel gegenüberstehen. Die menschlichen Betriebsmittel befinden sich zwar selbst nicht mehr in dem Eigentum des Betriebsherrn; sie sind keine Sache, nicht mehr des Eigentums fähig wie im römischen Recht und mögen sie noch so gedrückt leben, rechtlich bleiben sie Personen, erhaben über die Möglichkeit, zum Eigentumsobjekt zu werden. Aber dennoch sind die Arbeitnehmer als Eigentümer der Arbeitskraft[3] gegenüber dem Eigentümer der sächlichen Betriebsmittel, dem Betriebsinhaber, nach der vorrevolutionären und nach der geltenden Rechtsordnung noch stark zurückgesetzt. Ausschlaggebend für die Inhaberschaft und damit für die Führung und Leitung des Betriebes war früher ausschließlich und ist nunmehr noch im überwiegenden Maße lediglich das Eigentum an den sächlichen Betriebsmitteln, kurz, an dem Betriebskapital. Das deutsche Recht kannte und kennt heute nur eine auf das Eigentum in bürgerlich-rechtlich-sachenrechtlicher Prägung gestützte Herrschaftsgewalt im Betriebe. So stellt sich nach wie vor häufig die Verfügung über die sächlichen Betriebsmittel in dem Betriebsorganismus gleichzeitig als eine Verfügung über die mit ihnen verbundenen menschlichen Arbeitskräfte dar. Wenn der Betriebsinhaber beispielsweise einen Teil des Betriebes stillegen oder zu einer weiteren Maschinisierung übergehen will, so hat das notwendig eine Entlassung oder eine anderweitige Eingliederung der freigewordenen Arbeitskräfte an anderer Stelle zur Folge. Die Betriebsgewalt des Betriebsherrn erstreckt sich damit zwar nicht mehr über die Arbeitnehmer als Personen, sondern er verfügt über sie als Träger der

---

1 Hedemann, Sachenrecht a. a. O. S. 73.

2 Sinzheimer a. a. O. S. 217.

3 Hier liegt der weiter oben erwähnte Eigentumsbegriff zugrunde.

Arbeitskräfte, als menschliche Betriebsmittel, die im Kräftegefüge des Betriebes verbunden sind. Die Gewalt über die menschlichen Betriebskräfte ist zwar nicht mehr die gleiche wie über die sächlichen Betriebsmittel, nicht so weitgehend, nicht so ausschließlich, weil ja die Arbeitnehmer im Rechtssinne keine Sachen mehr sind, sondern mit Rechtsfähigkeit ausgestattete Personen, aber sie besteht dennoch, wie aus den oben erwähnten Beispielen ersichtlich ist. Allgemein, kann man sagen, reicht sie soweit, wie es die Leitung und Führung einer geordneten Zusammenarbeit im Betriebsorganismus zum Zwecke der höchstmöglichen Erfüllung aller Betriebsaufgaben zum höchstmöglichen Nutzen sämtlicher Betriebsangehöriger erfordert. Ohne Betriebsgewalt über die menschlichen Arbeitskräfte ist ein Betrieb, wie er oben dargestellt worden ist, überhaupt nicht denkbar. Man wende auch nicht ein, daß der Arbeitnehmer kraft des Arbeitsvertrages zu Gehorsam verpflichtet sei und deshalb der Betriebsherr über die Person des Arbeitnehmers verfügen kann. Das ist richtig, schließt aber die oben erwähnte Beweisführung nicht aus, die nur eine andere Seite des Arbeitsverhältnisses betont. Einmal hatten wir ja erkannt, daß in der Betriebseinheit Verfügungen über sächliche Betriebsmittel häufig mittelbar sich auf die im Betriebe beschäftigten Arbeitnehmer notwendig auswirken müssen, und insofern sich bestimmt die Betriebsgewalt aus dem Eigentum ergibt. Man muß aber auch dann weiter fragen, inwiefern der Arbeitgeber aus dem Arbeitsvertrage berechtigt ist, dem Arbeitnehmer gegenüber ein Befehlsrecht auszuüben, das sich etwa nicht nur auf die Bestimmung der Leistung, sondern auch auf das persönliche Verhalten bei der Leistung, auf ihre Zeit, ihren Ort und ihre Umwelt erstreckt und schließlich nicht eine Forderung, sondern eine Ordnung verwirklicht. Nur dadurch, daß der Betriebsinhaber durch Zahlung des Lohnes seiner Verpflichtung aus dem Einzelarbeitsvertrage den Arbeitnehmern gegenüber nachkommt, ist er berechtigt, die Arbeitsleistung zu fordern, die Arbeitskraft des Arbeitnehmers in den Betrieb einzuordnen, über sie im einzelnen Bestimmungen zu treffen, etwa sie an einer Stelle zu entheben, an einer anderen einzusetzen oder auf sie ganz zu verzichten[1]. Der Arbeitsvertrag besteht auf seiten des Arbeitgebers nicht anders als der Kaufvertrag für beide Vertragsparteien aus zwei Bestandteilen, dem dinglichen und dem obligatorischen. Der dingliche Bestandteil, die Erfüllung der im obligatorischen Teile übernommenen Verpflichtung zur Lohnzahlung, bedeutet aber für den Betriebsinhaber eine Verfügung über Betriebskapital, über sächliche Betriebsmittel. Die Einstellung von Arbeitern in den Betrieb stellt sich also nur als Umwandlung sächlicher Betriebsmittel in menschliche dar. So geht auch die Personen-

[1] Es gibt ja nach dem geltenden Recht, abgesehen von ganz besonders gelagerten Fällen (Schauspieler — Sänger — Lehrlinge), kein Recht auf Beschäftigung.

gewalt, wie sie SINZHEIMER nennt[1], in jedem Falle auf die Beherrschung des Eigentums, auf die Sachgewalt, zurück, auch wenn sie selbst nach dem geltenden Rechte keine unmittelbare Eigentumsbeherrschung mehr ist[2]. Alle Gewalt und Herrschaft, die der Betriebsinhaber ausübt, ist letztlich eine Ausstrahlung der Beherrschung seines Eigentums. Die Verfügung über die Arbeitskräfte ist eine Form der Verwertung des Eigentums[3]. Das Eigentum enthält also auch eine Herrschaft über Personen. MARX nennt es treffend „ein Verhältnis zwischen Personen vermittelt durch Sachen".

IV. Der Betriebsinhaber war früher in seinem Betriebe unumschränkter Herrscher. Der Betrieb war ausschließlich seine Schöpfung[4], an dem die Arbeitnehmer weder Anteile noch sonstige Rechte hatten. Alle aus dem Eigentum innerhalb des Betriebes sich ergebenden Machtbefugnisse standen ihm allein und ungeteilt zu. Er war Herr im Hause, Herr über die Arbeitskraft[5], und zu alledem befähigte ihn das Eigentum an den Betriebsmitteln. Je größer dieses Eigentum und je größer mithin auch der sich darauf aufbauende Betrieb war, um so größer und gewaltiger die Herrschaftsmacht des Eigentümers, um so größer aber auch die Kluft der Gegensätze zwischen ihm und der Belegschaft. Das Zeitalter der fortschreitenden Industrialisierung und des aufblühenden Kapitalismus hat die Großbetriebe geschaffen und die Macht des Eigentums an den Betriebsmitteln mithin ins Ungeheure gesteigert. Die Arbeitnehmer fühlten Tag für Tag den Absolutismus der auf dem Eigentum begründeten Betriebsherrschaft. Sie waren zwar im Gegensatz zu den Sklaven des römischen und den Leibeigenen des mittelalterlichen Rechts freie Rechtspersönlichkeiten. Aber die Auswirkungen eines zugunsten der Allgemeinheit zu wenig beschränkten Eigentums[6] haben es verhindert, Rücksicht darauf zu nehmen, daß diese lebendigen, persönlichen Betriebsmittel mehr als bloße Faktoren im Produktionsgang, daß sie Menschen von Fleisch und Blut sind. Es war damit nicht getan, sie nicht mehr als Objekte, als des Eigentums fähige Körper, als Sachen zu betrachten, sondern sie zu rechtlich freien Persönlichkeiten zu erheben. Es galt vielmehr, in irgendeiner Weise sie auch von den starken Auswirkungen des Eigentums an den sächlichen Betriebsmitteln auf ihre Person zu schützen und ihnen eine menschenwürdigere Stellung

[1] SINZHEIMER a. a. O. S. 217.
[2] Von einem Eigentum an persönlichen Diensten, von denen ADOLPH WAGNER in seiner Grundl. d. polit. Ök., 2. Teil, S. 273 spricht, kann nach dem geltenden Recht nicht mehr die Rede sein.
[3] SINZHEIMER a. a. O. S. 25.
[4] NUSSBAUM II a. a. O. S. 46.
[5] SINZHEIMER a. a. O. S. 207.
[6] Mit Recht führt HEDEMANN in seinem Sachenrecht S. 18 an, daß das „absolute", mathematisch reine Herrenrecht des Eigentümers immer nur in der Welt der Begriffe bestanden und es an einem sozialen Einschlag niemals gefehlt hat.

einzuräumen. War vor geraumer Zeit ihnen schon die Rechtspersönlichkeit zuerkannt worden, so ging das Verlangen nunmehr dahin, sie an der Eigentumsherrschaft zu beteiligen. Das Individualeigentum ist ja von jeher Gegenstand der Anfeindung gewesen[1]. Das verstärkte sich naturgemäß in den Kreisen der Arbeitnehmer mit fortschreitender Entwicklung des Kapitalismus. Man empfand gerade in der Arbeitsstätte, im Werk, im Betriebe den Gegensatz zwischen Kapital und Arbeit am stärksten. Der Ruf nach einer Sozialisierung der Betriebe wurde laut. Der unglückliche Ausgang des Krieges und die Revolution rückten die Frage von neuem in den Vordergrund. Dabei erstrebten damals die radikalen Elemente, die durch Spartakisten und Unabhängige Sozialdemokraten dargestellt wurden, einen völligen Übergang des Eigentums an den Betriebsmitteln auf die Arbeiter des Betriebes. Es sollte also der bisherige Betriebsinhaber gänzlich ausgeschaltet werden und seine auf dem Eigentum beruhende Betriebsgewalt auf die Arbeiter des Betriebes, die Belegschaft, übergehen. Die Arbeiter sollten aus Objekten zu Subjekten des Produktionsprozesses, aus Lohnsklaven zu Herren werden (Kommunist BRANDLER auf dem Reichsbetriebsrätekongreß vom 7. Oktober 1920, DAZ. Nr. 491 vom 7. Oktober 1920, Abendausg.). Ob nun dieser linksradikale Lösungsversuch der schwierigen Sozialisierungsfrage ein endgültiger sein sollte, oder ob nicht später an die Stelle der Belegschaften der Betriebe bzw. deren Räte eine höhere Stelle, womöglich der Staat, treten sollte, darüber hat man sich in dem ersten Revolutionseifer keine weiteren Gedanken gemacht. Lehrreich ist in dieser Beziehung der Werdegang Rußlands gewesen, wo nach der Durchführung der Vollsozialisierung eine Rückentwicklung der Betriebsräte eingesetzt hat, weil der Staat der Träger aller aus dem Eigentum fließenden Befugnisse der Betriebe geworden ist und in großem Umfange die ursprünglich den Räten zustehenden Rechte auf ihn übergegangen sind[2]. Zu dieser Vollsozialisierung durch den Übergang des Eigentums an die Belegschaft ist es in Deutschland nicht gekommen. Mit Recht hat man auf Arbeitnehmerseite die große Gefahr erkannt, daß man dadurch das Gegenteil von einem Sozialismus erreichen und nur, wie es KURT EISNER einmal ausgesprochen hat, den Einzelkapitalismus durch einen Gruppenkapitalismus ersetzen würde[3]. Man hat sich dann auch begnügt, den Betriebsräten nur gewisse Mitwirkungsrechte an der Betriebsherrschaft zuzubilligen. Im Gegensatz zu den wild gebildeten Betriebs- und Arbeiterräten der Revolutionszeit, deren Ziel im Grunde nur Macht über den Betrieb durch die Beherrschung

[1] HEDEMANN, Sachenrecht a. a. O. S. 9.
[2] NÖRPEL in SozProbl. S. 78/79 und die dort angeführten Zitate.
[3] POTTHOFF im ArbR. 1919, Sp. 87 und in „Unternehmer und Betriebsräte" a. a. O. S. 22, 33; BUDDEBERG im ArbR. 1926, Sp. 121/122. — NÖRPEL in SozProbl. S. 82.

des Eigentums an den sächlichen Betriebsmitteln war, bedeuteten die durch die Tarifverträge von 1919 anerkannten, bereits oben erwähnten Betriebsräte nur Arbeiter- und Angestelltenausschüsse mit erweiterter Zuständigkeit. Der gedankliche Schwerpunkt lag schon damals wie dann auch später in der endgültigen Betriebsrätegesetzgebung in der bloßen Einflußnahme der Betriebsvertretung auf Betriebsleitung und Betriebsleistung und der Unterstützung des Arbeitgebers bei der Erfüllung der Betriebszwecke[1].

V 1. Man hat diese Einwirkung auf das dem Betriebsherrn zustehende Eigentum an den sächlichen Betriebsmitteln von seiten der Belegschaft als eine Einschränkung der dem Eigentümer zustehenden Befugnisse bezeichnet. Den durch das BRG. der Belegschaft gewährten Mitwirkungsrechten sollte auf der Seite des Arbeitgebers, des Betriebsherrn, eine weitere Einschränkung seiner Rechte entsprechen. Dabei haben die oben dargelegten Gedanken über die Wechselwirkung von Eigentum und Herrschaft eine wesentliche Rolle gespielt. Die sog. Mitwirkungsrechte sind ja allgemein als eine gewisse Anteilnahme der Belegschaft an der Betriebsherrschaft aufgefaßt worden. Das frühere absolutistische Arbeitgeberprinzip sollte verlassen und durch das System der „konstitutionellen Fabrik“ ersetzt werden. Der Betriebsinhaber ist zwar grundsätzlich Herr seines Betriebes geblieben, aber er ist in der Ausübung seiner Befugnisse beschränkt worden[2]. Da alle Herrschaft auf das Eigentum zurückgeht, hat man nun den Schluß gezogen, auch das Eigentum sei in gewissem Umfange von der alleinigen Verfügungsmacht des Eigentümers losgelöst und ungeteilt dem gemeinsamen Willen des Betriebsherrn und der Belegschaft unterworfen worden. Es ist damit also von dieser Seite für ganz bestimmte Wirkungsbereiche des Eigentums ein „condominium“ anerkannt worden. Das Eigentum, das früher allein durch den Eigentümer wahrgenommen wurde, werde nunmehr in dem durch das Gesetz bestimmten Gebiete gemeinsam durch die Träger des Eigentums und der Arbeit ausgeübt[3]. Um die Richtigkeit dieser Gedanken nachzuprüfen, muß man in Kürze auf den Inhalt der Mitwirkungsrechte eingehen. Es wird nämlich häufig dagegen eingewandt, die der Belegschaft erteilten Rechte berührten in keiner Weise das Eigentum an den Betriebsmitteln. Freilich mag zugegeben werden, daß die nach den geltenden Gesetzen der Belegschaft zustehenden Rechte nicht erhebliche Einschränkungen oder gar Umwandlungen der bisherigen Eigentumsverhältnisse innerhalb der Betriebe bedeuten, dennoch sind Wandlungen erkennbar, die sich auf die Eigentumssphäre des Betriebsinhabers auswirken. So gut wie keinen Einfluß auf die Aus-

---

[1] Jacobi, Grundl. a. a. O. S. 20, 23.
[2] Nussbaum II S. 101.
[3] Sinzheimer a. a. O. S. 209.

übung der Eigentumsrechte durch den Betriebsherrn haben die Bestimmungen des § 66 Ziff. 3 — Bewahrung des Betriebes vor Erschütterung —, Ziff. 4 — Überwachung der Durchführung der Schiedssprüche —, Ziff. 6 — Förderung des Einvernehmens —, Ziff. 8 — Bekämpfung der Unfall- und Gesundheitsgefahren — und die entsprechenden Vorschriften für die Gruppenräte im § 78 Ziff. 1 und Ziff. 6. Schon aber die Befugnisse, die in einer bloßen Ratserteilung ihren Inhalt erschöpfen (so § 66 Ziff. 1 — Unterstützung der Betriebsleitung durch Rat —, Ziff. 2 — die Mitarbeit bei der Einführung von neuen Arbeitsmethoden —) stellen insofern eine Änderung gegenüber den früheren Verhältnissen im Betriebe dar, als ehedem der Betriebsherr kraft seiner aus dem Eigentum sich ergebenden Macht völlig selbständig den Betrieb leitete und er es auch nicht zu dulden brauchte, daß ihn dabei jemand mit Rat unterstützte und sich somit in seine persönlichen Angelegenheiten einmengte. Man darf folgendes nicht verkennen. Wie bereits oben an anderer Stelle[1] erwähnt wurde, sind die Aufgaben und Befugnisse der Betriebsvertretungen aus den §§ 66ff. BRG. sowohl Rechte als Pflichten. Der Betriebsinhaber muß sich also gefallen lassen, daß der BR. hinsichtlich der gesamten Leitung Ratschläge erteilt, wenn er auch nicht an diese gebunden ist, sondern ihm nach wie vor die Betriebsleitung verbleibt (§ 69 BRG.). Weit einschneidender sind die Rechte, die der Betriebs- bzw. Gruppenvertretung aus den Vorschriften der §§ 66 Ziff. 5; 78 Ziff. 2, Ziff. 3, Ziff. 8, Ziff. 9; 80 Abs. 2; 96 zustehen. Hierbei handelt es sich um eine wirkliche Mitwirkung der Belegschaftsvertretung. Der Betriebsherr ist jetzt nicht mehr befugt, allein innerhalb seines Betriebes Dienstvorschriften zu erlassen, also einen wichtigen Teil der Organisationstätigkeit im Betriebe selbständig vorzunehmen, sondern muß seinen Entwurf dem BR. zur Genehmigung vorlegen. Erst mit dessen Einverständnis erlangen die erlassenen Dienstvorschriften Wirksamkeit für den Betrieb (§§ 66 Ziff. 5, 78 Ziff. 3, 75, 80 BRG.). Ähnlich verhält es sich mit der Regelung der Löhne und sonstigen Arbeitsverhältnisse, mit der Festlegung der Akkord- und Stücklohnsätze oder der für ihre Festsetzung maßgebenden Grundsätze, mit der Einführung neuer Löhnungsmethoden, mit der Festsetzung der Arbeitszeit, insbesondere ihrer Verlängerung bzw. Verkürzung, mit der Regelung des Urlaubs der Arbeitnehmer und schließlich mit der Erledigung von Beschwerden über die Ausbildung und Behandlung der Lehrlinge im Betriebe (§ 78 Ziff. 3), soweit darüber allgemeine Bestimmungen im Betriebe getroffen werden sollen. Auch hier überall wirkt der Betriebsherr nicht mehr allein, sondern in Gemeinschaft mit den Betriebs- bzw. Gruppenvertretungen. Er kann ferner mangels

[1] Siehe dazu im Abschnitt II über die verfassungsrechtlichen Betriebsfragen S. 20.

tarifvertraglicher Bestimmungen gemäß § 78 Ziff. 8 mit den Gruppenvertretungen Richtlinien über die Einstellung von Arbeitnehmern der Gruppe in den Betrieb vereinbaren. Weiterhin erfolgt die im § 134 b Ziff. 4 GewO. vorgesehene Festsetzung von Strafen nunmehr gemeinsam mit Arbeiter- und Angestelltenrat (§ 80 Abs. 2 BRG.). Wichtig ist ebenso auch die Zustimmung der Betriebsvertretung zur Kündigung des Dienstverhältnisses eines Mitglieds des BR. (§ 96 BRG.). In all diesen angeführten Fällen ist für die Vertretung der Belegschaft eine Mitzuständigkeit in der Betriebsführung eingeräumt, die früher allein und ausschließlich dem Betriebsinhaber zustand. Es war bereits oben ausgeführt worden, daß das Recht der Betriebsleitung und Betriebsgestaltung letzten Endes auf das Eigentum an den sächlichen Betriebsmitteln zurückzuführen ist. Nach der früheren Rechtsordnung war es so, daß nur der Eigentümer über den Betrieb herrschte. Auch trug beispielsweise das Gesellschaftsrecht diesem Umstande Rechnung. Bestand der Betriebsherr aus einer handelsrechtlichen Gesellschaft, so nahmen die Gesellschafter im überwiegenden Maße selbst oder durch ihre Organe an der Betriebsführung nur auf Grund ihrer Kapitalseinlagen, also ihrer Beteiligung am Betriebsvermögen teil. Ausgesprochene Arbeitsgesellschaften kannte und kennt auch heute das deutsche Recht noch nicht, und sog. Arbeitseinlagen eines Gesellschafters, der seine bloße Arbeitskraft zur Verfügung stellt, sind nur im Rahmen der bürgerlichen Gesellschaft und der oHG. möglich und damit nur für kleine Unternehmungen bzw. Betriebe angebracht. Nach dem BRG. ist jetzt aber dem Faktor Arbeit im Betriebe, namentlich vor allem im Großbetriebe, wenn auch noch in sehr beschränktem Umfange, eine Beteiligung an der Betriebsführung eingeräumt worden, was notwendigerweise eine Beschränkung der Eigentümerrechte zur Folge haben mußte. Die Belegschaft ist durch ihre Vertretungen in gewisse Befugnisse des Eigentümers eingetreten, hat den Bereich der aus dem Eigentum erwachsenden Rechte eingeschränkt und in den gesetzlich bestimmten Fällen vergemeinschaftet. Insoweit ist, wie es SINZHEIMER[1] einmal formuliert hat, eine Gemeinschaft zwischen Eigentum und Arbeit innerhalb des Betriebes gebildet worden. Hatten wir es in den bisher dargelegten Fällen nur mit einer mittelbaren Beeinflussung des Eigentums innerhalb des Betriebes zu tun, so berühren die Belegschaftsrechte des § 66 Ziff. 9 — die Verwaltungsrechte an Betriebswohlfahrtseinrichtungen — das Eigentum des Betriebsinhabers unmittelbar. Man hat über dieses Recht viel gestritten[2]. Wir hatten bereits an anderer Stelle bemerkt, daß wir im Anschluß an DERSCH und FREISLER unter Mitwirkung bei

---

[1] SINZHEIMER a. a. O. S. 208—212, insbes. S. 208.

[2] Vgl. dazu FREISLER a. a. O. S. 29 gegen FLATOW BRG. a. a. O. zu § 66, Ziff. 9.

der Verwaltung „das Zusammenwirken zwischen Arbeitgeber und BR. als zweier gleichberechtigter Parteien, also eine gemeinsame gleichberechtigte Verwaltung“ verstanden wissen wollten. Dann sind aber Verfügungen über Gegenstände und Grundstücke von Betriebswohlfahrtseinrichtungen, soweit sie einer Verwaltungstätigkeit zuzurechnen sind, nur mit Hinzuziehung der Betriebsvertretung rechtswirksam. Demnach muß z. B. bei der Auflassung eines Werkwohnungsgrundstücks der Betriebsherr die Belegschaftsvertreter hinzuziehen. Die ohne Zustimmung der Belegschaftsvertretung erfolgte Auflassung mit nachfolgender Grundbucheintragung ist zwar gutgläubigen Dritten gegenüber rechtswirksam, da ja die Bestimmungen des bürgerlichen Rechts über den öffentlichen Glauben des Grundbuchs unberührt bleiben. Wohl aber ist der Betriebsherr der Belegschaft gegenüber verpflichtet, die Mitwirkung des BR. herbeizuführen, und er macht sich schadenersatzpflichtig, falls er dieser Verpflichtung nicht nachkommt.

Die Mitbestimmungsrechte gehen mithin alle auf das Eigentum zurück, weil es eben die Wurzel der Herrschaftsgewalt darstellt. Es ist daher nicht richtig, wenn Hoeniger[1] die Grenzen der Mitbestimmung in der Arbeitsleistung und in dem Arbeitsverhältnisse selbst sieht und die Frage des Verfügungsrechts über Kapitalgüter und Betriebseinrichtungen damit nicht verquickt wissen will, weil sie auf einem ganz anderen Blatte stünde. Das Recht der Sozialisierung habe mit dem Arbeitsrecht nichts zu tun. Hoeniger muß aber selbst zugeben, daß der Gesetzgeber sowohl in der RV. wie im BRG. die beiden Rechtsprobleme in Beziehung gebracht hat. Das ist auch, wie oben dargelegt, vom rechtssystematischen Standpunkt aus durchaus mit Recht geschehen.

2. Nach dem BRG. hat man also das Eigentum des Betriebsinhabers an den sächlichen Betriebsmitteln nicht einfach aufgehoben, wie es eine Vollsozialisierung erfordert hätte. Vielmehr hat man das Eigentum in seinen Auswirkungsmöglichkeiten eingeschränkt, und zwar zugunsten der Belegschaft. Die der Belegschaft eingeräumten Mitwirkungsrechte entsprechen genau den dem Betriebsinhaber in seiner Eigentumsherrschaft auferlegten Schranken. Es darf dabei nach der geltenden Rechtsordnung nicht verkannt werden, daß das Eigentum trotzdem allein dem Betriebsinhaber zusteht. Er führt also auch jetzt noch den Namen „Betriebsherr“ mit vollem Recht. Lediglich die Begrenzungen, die in der Verwaltung seiner Betriebsgüter immer bestanden, haben sich durch das BRG. vergrößert, und zwar in diesem Falle nicht zugunsten der Allgemeinheit, sondern einer ganz bestimmten Personengruppe, nämlich der Belegschaft. Trotzdem ist dadurch der Eigentumsbegriff der bürgerlich-rechtlichen Begriffsdogmatik keineswegs verändert worden,

[1] Hoeniger in Hoeniger-Wehrle, 7. Aufl. 1926, S. XLIV.

denn nach § 903 BGB. hat eben der Eigentümer nur insoweit freies Verfügungsrecht, als ihm nicht das Gesetz bzw. Rechte Dritter darin Beschränkungen auferlegen. Es ist also, wenn man den Gedanken der Gemeinschaft für den Kreis der Mitwirkungsrechte heranziehen will, nicht das Eigentum als Ganzes vergemeinschaftet, sondern nur gewisse Verwertungsbefugnisse. Boos[1] spricht bei der Behandlung der Eigentumsverhältnisse des sog. Fabrikkonstitutionalismus, allerdings unter Voraussetzung einer Gewinnbeteiligung der Arbeitnehmer, geradezu von einer Teilung des Eigentums in ein Obereigentum des Fabrikherrn und ein Untereigentum der Arbeiterschaft, in der sich die personenrechtliche Gliederung des Betriebes sachenrechtlich widerspiegele. Ich halte diese Rechtsfigur für das geltende Recht nicht für zutreffend. Man kann vorläufig nur von einer Einwirkung auf das Eigentum des Betriebsherrn von außen her, von einer Beschränkung sprechen[2]. Wohl aber könnte die Rechtsentwicklung dahin gehen, daß dieser dem Geschichtsforscher längst bekannte Gedanke des Ober- und Untereigentums im Betriebsrecht wieder sein Aufleben findet. Dazu sind jedoch vorläufig nur ganz geringe Ansätze im Gesetz gegeben, denn unmittelbare Befugnisse aus dem Eigentum stehen der Belegschaft nur in dem engen und für den Betrieb als solchen an sich nicht wesentlichen Bereich der Betriebswohlfahrtseinrichtungen zu.

3. Es mag im Anschluß hieran noch auf eine Frage in Kürze eingegangen werden. Es wird häufig eingewandt, wesentlicher als die durch das BRG. dem Betriebsherrn auferlegten Einschränkungen seien die öffentlich-rechtlichen Beschränkungen, die viel greifbarer und unmittelbarer sein Eigentum betreffen, etwa durch die bekannte VO. betr. Maßnahmen gegenüber Betriebsabbrüchen und Stillegungen. Das ist an sich durchaus richtig. Diese Beschränkung unterscheidet sich aber schon dadurch wesentlich von den im BRG. festgelegten Eigentumsbegrenzungen, als sie nicht zugunsten einer bestimmten Gruppe getroffen, sondern zum Allgemeinwohl erlassen ist. Sie steht mithin vollkommen auf einer Stufe mit all den Schranken, die das Eigentum umgeben, um es der Gesellschaft anpassungsfähiger zu gestalten. Deshalb ist auch im Rahmen der Bearbeitung nicht auf die Stillegungsverordnung näher eingegangen worden. Auf die Rechtsgestaltung des Betriebes als eines Organismus, in dem die beiden gegensätzlichen Kräfte Kapital und Arbeit zum Ausgleich streben, sind die Einwirkungen der sog. Mitwirkungsrechte ungleich bedeutungsvoller, geben sie doch der

---

[1] Boos a. a. O. S. 171 und über Ober- und Untereigentum auch Hedemann, Sachenrecht a. a. O. S. 25ff. und 58ff.

[2] Im Sinne Hedemanns würden die eigentumsrechtlichen Verhältnisse innerhalb des Betriebes mehr unter Figur II — Einwirkung auf das Eigentum von außen — als unter Figur V — Ober- und Untereigentum — fallen.

Belegschaft im gewissen Bereiche ein unmittelbares Recht auf Beteiligung an der Eigentumsausnutzung, während die Eigentumsbegrenzungen aus der Stillegungsverordnung keiner besonderen Personengruppe Rechte anweisen. Dabei ist aber rechtspolitisch beachtlich, daß es sich bei all diesen Beschränkungen des Betriebseigentums, mögen sie nun zugunsten der Allgemeinheit, der Gesellschaft, oder zugunsten einzelner Personengruppen, der Belegschaft, erlassen sein, um öffentlich-rechtliche Bestimmungen handelt. Darin liegt das Verbindende insofern, als der Staat als Hoheitsperson auch eine gewisse Aufsicht über die Mitwirkungsrechte und die Eigentumsbeteiligung führt. Hierin mag für eine Weiterentwicklung einer Sozialisierung zugunsten der Belegschaft ein nicht unbeachtliches Hemmnis liegen. Damit nähern sich die oben ihrer Art nach voneinander unterschiedenen Beschränkungen wieder nicht nur in ihrer Auswirkung, sondern auch in ihrem rechtlichen Werte. Dem Staate wird es kaum daran liegen, von sich eine gänzliche Überführung des Eigentums an die Belegschaft, eine Personengruppe, zu befürworten. Selbst die parlamentarischen Gesetzgebungsfaktoren werden für einen solchen Wechsel nicht zu haben sein, der an Stelle des Einzelegoismus des Betriebsherrn nur einen Gruppenegoismus setzen würde. So hat ja auch in Rußland die Eigentumsherrschaft der einzelnen Belegschaften nur bis zur Festigung der Sowjetmacht gedauert. Letzten Endes bezweckt doch eben eine Sozialisierung eine Überführung des Individualeigentums in ein Gemeineigentum und nicht in ein Eigentum bestimmter Gruppen. Hier taucht das Problem des Betriebsegoismus im sachenrechtlichen Gewande wieder auf, der nur im Falle einer Sozialisierung durch den Staat vermieden werden könnte.

4. Es ist noch im sachenrechtlichen Sinne bemerkenswert festzustellen, daß man an das Eigentum von einer ganz anderen Seite herangekommen ist, um es sozialer zu gestalten, als man ehedem beabsichtigt hatte. Der Angriff war ursprünglich auf die glatte Aufhebung des Individualeigentums gerichtet. „Das Werk den Werksangehörigen", hatte man proklamiert[1]. Die Weiterverfolgung dieses Weges war gescheitert. Nunmehr hatte man es nicht mehr auf das Haben, den Besitz abgesehen, sondern versuchte, an die Handhabung und Ausnutzung heranzukommen. Eigentum hat nicht mehr den dogmatischen Sinn des Habens und Besitzens, „eines ruhenden, gleichsam substantiellen Zustandes, der sich zu dem Erwerben und Genießen der Dinge als den Bewegungen des Lebens verhält wie das Sein zum Werden"[2]. Hier handelt es sich vielmehr um „das Eigentum in seiner sozialen Funktion, in seiner faktischen Betätigung im Spiele der sozialen Kräfte"[3]. Hede-

[1] Hedemann in SozProbl. S. 24.
[2] Simmel a. a. O. S. 322.
[3] Sinzheimer a. a. O. S. 22.

MANN[1] erblickt in dem Gegensatz von Haben und Ausnutzendürfen die jüngste Wandlung, die der Eigentumsbegriff durchzumachen scheint. Wenn auch die beiden Betrachtungsweisen — die eine, die auf das Eigentum in seiner Ruhelage eingestellt ist, die andere, die das Eigentum als „eine lebendige, ewig im Fluß befindliche Macht, als ein Bündel von Funktionen“ ansieht — im Leben sich niemals gänzlich ausschließen und so streng zu scheiden sind, so ist doch durch diese Unterscheidung begrifflich sehr viel gewonnen. Man erkennt, daß man gerade bei dem Eigentum an den sächlichen Betriebsmitteln begonnen hat, es in seiner Bewegung, seiner fortlaufenden Ausnutzung zu betrachten. Man versucht, die einzelnen aus dem Eigentum sich ergebenden Befugnisse dem bisherigen Allein-Eigentümer zu schmälern, die Handhabung und Ausnutzung des Eigentums zu beschränken. Damit geht man Schritt für Schritt vor, die Macht und Willkür auszuschalten, die das unbeschränkte Eigentum aus sich heraus dem Inhaber gewährt.

VI. Das Streben nach immer weiterer Begrenzung der Auswirkungsmöglichkeit des Individualeigentums zugunsten einer Gruppe oder der Gesellschaft macht sich bereits jetzt bemerkbar. Wenn auch heute noch an dem Eigentumsbegriffe, wie ihn § 903 BGB. enthält, formell nichts geändert ist, so fragt sich doch, ob bei weiteren einschneidenden Beschränkungen des Eigentums es schließlich nicht einmal inhaltlich so unterhöhlt wird, daß von ihm nur ein leerer Begriff übrig bleibt. Die Entkräftung des Eigentums an den Betriebsmitteln durch die Mitwirkungsrechte der Belegschaft von innen heraus erweist sich ungleich feiner und wirksamer, schon allein, weil sie sich in einem nach und nach sich gestaltenden und bildenden Werdegang entwickelt, als eine revolutionäre Enteignung. Es ist durchaus möglich, daß schließlich der Betriebsherr zu einem bloßen Verwaltungsbeamten herabgedrückt und mit fortschreitender Verselbständigung des Betriebes ganz ähnlich der Entwicklung in der Geschichte der Staatsverfassungen zum ersten Diener des Betriebes wird und nicht mehr als Eigentümer des Betriebsvermögens anzusprechen ist. Die Keime dieser Entwicklung sind zwar im geltenden Recht, wenn auch bisher nur in den allerersten Regungen, vorhanden, aber die volle Verwirklichung dieser Gedanken bleibt der Zukunft vorbehalten und wird von ihrer politischen Gestaltung abhängen.

B. Das Recht am Arbeitsergebnisse.

I. Der Betrieb in seiner Eigenschaft eines unter der Herrschaft des Betriebsherrn stehenden Kräfte- und Arbeitsgefüges hat noch eine wichtige sachenrechtliche Bedeutung in dem Recht am Arbeitsergebnisse. Bekanntlich bestimmt der § 950 BGB., daß ein Verarbeiter oder

[1] HEDEMANN, Sachenrecht a. a. O. S. 28; ders. in RuW. 1922, Sp. 588ff.

Umbilder einer Sache das Eigentum an ihr erlangt, falls nicht der Wert der Verarbeitung oder der Umbildung erheblich geringer ist als der Wert des Stoffes. Nun zweifelt aber kein Mensch daran, daß diese Vorschrift für das Arbeitsverhältnis keine Wirkung hat. Jeder weiß, dort wird das Eigentum am Arbeitserzeugnis dem Arbeitgeber zugewiesen. Das steht von vornherein fest. Es fragt sich nur, wie diese wichtige Ausnahme von der Regel rechtlich zu begründen ist.

II. Man hat mehrfach schon eine Lösung dieser Frage versucht. Da beim Arbeitsverhältnis der Tatbestand der Verarbeitung sich zwar in der Person des Arbeitnehmers verwirklicht, die rechtliche Wirkung aber in der Person des Arbeitgebers eintritt, so lag es nahe, eine Stellvertretung anzunehmen. Dabei hat man die Spezifikation unter die rechtsgeschäftlichen Willenserklärungen eingeordnet. Die bei weitem herrschende Lehre faßt aber die Verarbeitung als Realakt auf und muß daher notwendigerweise zur Ablehnung einer Stellvertretung gelangen. Die Wirkung der Verarbeitung beruht nach ihr lediglich auf einem tatsächlichen Erfolge. Die Tätigkeit des Verarbeiters ist zwar eine rechtlich bedeutsame, aber dennoch keine rechtsgeschäftliche. Man hat daher nach der herrschenden Ansicht den Begriff der Stellvertretung vermieden und von faktischer Hilfe, Gehilfenschaft u. ä. gesprochen[1]. Aber eine andere Benennung kann keine Erklärung geben. Ebenso geht es nicht an, gleichzeitig mit dem Abschluß des Arbeitsvertrages einen neben ihm hergehenden, möglicherweise mit ihm vereinbarten Abtretungs- oder Überlassungsvertrag anzunehmen[2], oder, wie es KRÜCKMANN[3] will, die Fremdwirkung mit Rechtsausübung zu erklären. All diese Erklärungsversuche laufen schließlich auf bloße Unterstellungen hinaus, die in Wirklichkeit keine Erklärungen geben.

III 1. Mit Recht sind die meisten Begründungen auf das Arbeitsverhältnis zurückgegangen. Man hat aber dabei zu sehr den rein schuldrechtlichen Vertragscharakter betont und dem Unterscheidungsmerkmale von der Mehrzahl der anderen Schuldverhältnisse, nämlich dem Arbeitsvertrag als Dauerverhältnis, zu wenig Beachtung geschenkt. Es kann nun an dieser Stelle nicht auf die rechtliche Betrachtung dieses Dauerverhältnisses eingegangen werden. Darüber im schuldrechtlichen Teile! Zum Verständnis der Lösung unserer Frage muß jedoch schon so viel vorweg genommen werden, daß durch die gleiche von dem Betriebsherrn als Eigentümer der sächlichen Produktionsmittel gegebene Regelung aller Arbeitsverhältnisse im Betriebe ein Herrschaftsverband erstanden ist, an dessen Spitze der Betriebsherr auf Grund der sich auf das Eigentum stützenden Gewalt die Herrschaft über alle Betriebs-

[1] Vgl. HERZ a. a. O. S. 12.

[2] Dazu die Ausführungen über die Dienst- und Betriebserfindungen unter C, S. 68ff.

[3] KRÜCKMANN in Iherings J. 65, S. 209ff., insbes. S. 230.

angehörigen ausübt, soweit es sich um den Herstellungsgang handelt. Innerhalb des Betriebsherrschaftsverbandes ist der einzelne nur als Träger der Ware Arbeitskraft in das Betriebsgefüge eingeschaltet und von diesem völlig erfaßt worden. Im Betriebe, der in erster Linie eine Ordnung verkörpert, ist der einzelne Arbeiter nur für die Produktion bestimmt, die der Betriebsherr leitet, und aus der er allein den Nutzen zieht.

2. Soweit es sich um den Arbeitsgang im Betriebe handelt, muß der Betriebsangehörige auf seine Freiheit und sein individuelles Sein verzichten. Seine Rechtssphäre ist gleichsam hier geschmälert, eingeengt zugunsten des Betriebsherrn oder besser zugunsten der Einheit des Betriebes, in die er einbezogen ist, und die nach geltendem Recht durch den Betriebsinhaber rechtlich in Erscheinung tritt. Der Beschränkung des Rechtskreises der Betriebsangehörigen auf der einen Seite entspricht auf der anderen Seite eine Erweiterung der Rechtspersönlichkeit des Betriebsherrn[1]. Nun bringt der Eintritt eines Arbeitnehmers in den Betriebsverband nicht etwa nur eine Beschränkung der den Arbeitnehmern zustehenden Rechte mit sich, sondern im gewissen Umfange wird sein Rechtskreis auch erweitert, und zwar gerade insoweit, als die Herrschaft des Betriebsherrn durch die Mitwirkungsrechte der Belegschaft eine Begrenzung erleidet. Der einzelne Betriebsangehörige ist durch sein Wahlrecht zum BR. und in gewisser Beziehung auch durch seine Stimme in der BV. mittelbar an den Mitwirkungsrechten beteiligt, macht doch gerade die Summe der Arbeitnehmer die Belegschaft aus. Die Einstellung des Arbeitnehmers in den Betrieb bedeutet mithin eine Veränderung seiner Rechtssphäre. Das ist im übrigen nicht etwa etwas gänzlich Neuartiges, der bisherigen Rechtsordnung Unbekanntes. Auch im sonstigen Recht gibt es vom Gesetz anerkannte Einrichtungen, bei denen es sich um Beschränkungen der Rechtspersönlichkeit einzelner handelt, man denke dabei nur an die heute noch begrenzte Rechtsstellung der Ehefrau in personenrechtlicher und vor allem vermögensrechtlicher Beziehung im Eherecht, insbesondere nach dem gesetzlichen Güterstande. Eine Beschränkung der Rechtspersönlichkeit ist also auch nach dem geltenden Recht durchaus denkbar, so überraschend das vielleicht für den ersten Augenblick erscheint und deshalb auch von verschiedenster Seite abgelehnt wird[2]. Man erblickt nämlich leicht darin eine Rückentwicklung des Rechts in der Richtung der Leibeigenschaft oder gar der Sklaverei und hält eine derartige Auffassung für unvereinbar mit der gegenwärtigen Rechtsanschauung. Davon kann natürlich keine Rede sein. Mit der persönlichen und rechtlichen Freiheit des Arbeitnehmers außerhalb der Betriebssphäre hat diese Rechtsstellung nicht das geringste zu tun. Sie verträgt sich damit

[1] Herz a. a. O. S. 27.
[2] So u. a. auch Hueck-Nipperdey a. a. O. S. 88.

durchaus. Auch Freie, Rechtspersonen, können unter einem Gewaltverhältnis stehen. Der Arbeitnehmer gibt dabei keine Fähigkeit auf, die er als Person hat. Die Beschränkungen, denen beispielsweise die Ehefrau unterliegt, sind bei weitem einschneidender und durchgreifender. Jedes Eingehen in eine Gemeinschaft oder in einen Verband bringt von sich aus naturgemäß eine Beeinträchtigung der Individualrechtssphäre zugunsten der Gemeinschaft mit sich. Lediglich durch diese Beschränkung des Rechtsbereichs der einzelnen ist der rechtliche Bestand einer Gesamtheit, eines Organismus überhaupt erst möglich. Auch der Betrieb ist eine solche organische Einheit; er tritt mangels eigener Rechtspersönlichkeit rechtlich nur durch den Betriebsherrn in Erscheinung. Es handelt sich auch immer nur um die Beschränkung der konkreten Rechtsfähigkeit, um die Veränderung des Rechtsbereichs des einzelnen im Einzelfalle. Es ist nicht etwa so, daß sich ein ganzer Stand, die Arbeiterschaft, in einem Zustand verminderter Rechtsfähigkeit befindet gegenüber anderen Volksschichten. Die abstrakte Rechtsfähigkeit als eine ethische Forderung einer bestehenden Rechtsgleichheit bleibt trotzdem unberührt. Jedem einzelnen steht es frei, sich dem Betriebsherrschaftsverband einzuordnen oder sich von ihm fernzuhalten. Soweit die rechtliche Seite! Daß „der stumme Zwang der sozialen Dynamik“[1] die Arbeitermassen als Träger der Ware Arbeitskraft dem Eigentum zuführt und somit gleichsam in die Betriebe drängt, ist schon eine über die rechtliche Betrachtung hinausgehende wirtschaftliche Behandlung der Frage und kann die gefundenen Ergebnisse nicht erschüttern. Die rechtliche Beschränkung der einzelnen Arbeitnehmer durch ihre Einordnung in den Betrieb bietet uns nun die Begründung dafür, daß sie nicht Eigentümer ihrer Arbeitsergebnisse werden können. Hierin liegen eben die Schranken des § 950 BGB. Der Verarbeiter erlangt nicht Eigentum, weil er nicht mit dem Stoff und dem Arbeitsprodukt wirtschaftet. Er als einzelner in dem Arbeitsgefüge ist nicht Wirtschaftssubjekt, sondern das ist der Träger des Herrschaftsverhältnisses, der Betriebsherr, der Leiter des Betriebes. Es ist im modernen arbeitsteiligen Betriebe auch gar nicht anders denkbar. Wem sollte das Arbeitsprodukt gehören, falls der Grundsatz des § 950 BGB. in aller Strenge durchgeführt werden würde, in einem Betriebe, wo Hunderte von Arbeitern mitunter am Gestaltungsgange eines Erzeugnisses beteiligt sind? Es käme dafür nur der marxistische „Gesamtarbeiter“ in Betracht[2], und die ganze Frage der Sozialisierung erscheint damit auf einmal auf dem Plane, einer Sozialisierung übrigens, die weit über die Grenzen eines Betriebes hinaus reichen würde, denn es gibt wohl nur wenige Werke, in denen ein Produkt vom Anfang bis zum Ende her-

[1] SINZHEIMER a. a. O. S. 24.
[2] HERZ a. a. O. S. 64f.

gestellt wird. Jeder Stoff ist ja Arbeitsprodukt, auch der Rohstoff. Folglich müßten Eigentümer eines Erzeugnisses alle irgendwann und irgendwie einmal an seiner Herstellung beteiligten Arbeiter werden. Ob man in diesem Stadium überhaupt noch von Eigentum im Sinne unserer bürgerlich-rechtlichen Doktrin sprechen darf, ist zum mindesten höchst zweifelhaft, trägt doch gerade das Eigentum bekanntlich ausgesprochen individualistische Züge. Auch dieser Umstand spricht für unsere Begründung und für eine starke Beschränkung des Geltungsbereichs von § 950 BGB. Das Arbeitsprodukt gehört also nach der heutigen Rechtsordnung dem Betriebsherrn, weil er kraft seiner auf das Eigentum sich gründenden Herrschaft Wirtschaftssubjekt ist.

3. Zu diesem Ergebnis ist auch HERZ in seiner Behandlung des Problems gelangt. M. E. geht er aber in seiner Darlegung zu weit und verläßt damit den Boden rechtlicher Betrachtung, um weiterhin sich einer reinen wirtschaftlichen Beweisführung zuzuwenden. Wenn wir die Ausschaltung des § 950 BGB. auf den Betrieb zurückführten, wie er sich nach dem heutigen Rechte darstellt, so ist die Betrachtung damit noch immer eine rechtliche, stützt sie sich ja auf bestehende Rechtsvorschriften des Betriebsrechts. Wenn HERZ[1] aber ähnlich wie auch SINZHEIMER aus dem Verhältnis von Besitz und Nichtbesitz, besser wohl von Eigentum und Nichteigentum, auf einen Klassengegensatz schließen, in dem das Herrschaftsverhältnis letztlich seine Wurzeln habe, so bewegen sie sich auf rein soziologischem Boden. Das tritt ganz deutlich in Erscheinung, wenn SINZHEIMER[2] zum Ausdruck bringt, die abhängige Arbeit der Arbeitnehmer im Betriebe sei nur eine Folge ungleich verteilten Eigentums. Die Arbeitskräfte hingen vom Eigentum ab, könnten ohne es nicht arbeiten und leben. Die Macht des Eigentums zwänge die ihr verfallenen Arbeitskräfte in Gewaltverhältnisse. Nirgends im Gesetz ist eine rechtliche Anerkennung der Klassen als solcher erfolgt oder gar die Herrschaft der einen über die andere festgelegt. Sehr wohl aber besteht eine ganze Anzahl von Vorschriften, die die Rechtsverhältnisse innerhalb des Betriebes ordnen. Es ist verfehlt, die rechtliche Begründung auf das gesellschaftliche Klassenverhältnis auszudehnen, kraft dessen dem Eigentümer eine bestimmte Machtstellung eingeräumt und der Arbeitnehmer Gewaltunterworfener sei. Rechtlich ist das Gewaltverhältnis nur im Betriebe verankert, denn auch in der Anerkennung der Arbeitgeber- bzw. Arbeitnehmerorganisationen kann man nicht, und zwar auch nicht mittelbar, eine rechtliche Gestaltung der Klassen, insbesondere nicht die rechtliche Anerkennung ihrer Abhängigkeit in personenrechtlicher Beziehung, voneinander erblicken.

[1] HERZ a. a. O. S. 37f.
[2] SINZHEIMER a. a. O S. 24.

C. Angestellten- und Betriebserfindungen.

I. Eine nicht unbedeutende Sonderfrage innerhalb der Rechtsbeziehungen zum Arbeitsergebnisse ist die, wem die Erfindung des Angestellten gehört, insbesondere unter welchen Voraussetzungen sie nicht dem Angestellten zufällt. „In fast alle Verhältnisse der großen und kleinen Betriebe greift heute das Erfindungswesen entscheidend ein"[1]. Die Frage der Angestelltenerfindung ist insofern sehr schwierig, als noch heute darüber eine gesetzliche Regelung nicht vorhanden ist und zwei grundverschiedene, beinahe entgegengesetzte Betrachtungsweisen berücksichtigt werden müssen, eine patentrechtliche und eine arbeitsrechtliche oder besser betriebsrechtliche. ENGLÄNDER[2] spricht von einem „Janusgesicht" der Angestelltenerfindung, das verschieden erscheint, je nachdem man dabei den Angestellten oder den Erfinder betont. Die Angestelltenerfindung fällt eben unter zwei Rechtskreise, die sich überschneiden, und dabei ist es auffällig, daß die patentrechtliche und nicht die arbeitsrechtliche Seite dem Angestellten günstiger ist, weil für den Erfinderschutz mehr individual- als kollektivrechtliche Gesichtspunkte mitsprechen, wie sie im Arbeitsrecht, insbesondere im Betriebsrecht, vorherrschend sind.

II 1. Die Angestelltenerfindungsfrage hat ihren Ausgangspunkt genommen in der Forderung der Angestellten, ihnen das Recht an den von ihnen geschaffenen Erfindungen zuzusprechen. Es handelt sich dabei nicht um das Patentrecht selbst, sondern um das sog. materielle Erfinderrecht[3]. „Nach geltendem deutschen Recht im Gegensatz zu vielen ausländischen Rechten wird das Patent dem ersten Anmelder erteilt, gleichgültig, ob er der wirkliche Erfinder ist." (Standpunkt des Anmelderpatentrechts.) Der tatsächliche Urheber der Erfindung ist gegen eine Anmeldung und Patenterlangung durch einen Fremden nicht schutzlos, sondern vielmehr berechtigt, gegen eine solche Patenterteilung Einspruch zu erheben, allenfalls eigene Erlangung oder Nichtigkeitserklärung des dem Dritten erteilten Patents zu beantragen (§ 3 Abs. 2, § 10 Nr. 3 PatG.). Um dieses materielle subjektive Recht handelt es sich, das die Angestellten von ihren Erfindungen für sich beanspruchen. Als dessen Hauptbestandteil bezeichnet ENGLÄNDER[4] „die gestaltungsrechtliche Befugnis zum Patentrechtserwerbe als eine unmittelbar durch die Erfindungstat in der Person des Erfinders erwachsende Befugnis, durch Anmeldung und Erwirkung der Patenterteilung das ausschließliche Ausnutzungsrecht an seiner Erfindung zu erwerben". Darüber hinaus kommt noch das Recht auf Anerkennung

[1] FISCHER a. a. O. S. 1.
[2] ENGLÄNDER a. a. O. S. 5.
[3] HUECK-NIPPERDEY a. a. O. S. 245.
[4] ENGLÄNDER a. a. O. S. 8, vgl. auch HUECK-NIPPERDEY a. a. O. S. 245.

der Erfinderschaft sowie auf anteilsmäßige Beteiligung an dem Gewinn der Erfindungen in Betracht. Die Arbeitgeber fordern nun gleichfalls das Erfinderrecht an den Erfindungen ihrer Angestellten für sich und stützen sich dabei auf das Angestelltenverhältnis, in dem sich die eigentlichen Erfinder zu ihnen befinden. In vielen Fällen sind ja ausdrücklich sog. Erfindungsklauseln in die Dienstverträge aufgenommen, die den Dienstherren das Recht an den Erfindungen der Angestellten zubilligen. Ist das nicht geschehen, dann muß für die Frage, wer zur Anmeldung und zur Patenterlangung der materiell Berechtigte ist, die besondere Art der Erfindung, der Entstehungsvorgang und ihr Zusammenhang mit der vertraglichen Angestelltentätigkeit entscheiden.

2. Man hat seit dem Augsburger Kongreß des Grünen Vereins im Mai 1914 drei Gruppen von Angestelltenerfindungen unterschieden: 1. die Betriebserfindung, 2. die dienstliche Einzelerfindung, 3. die völlig „freie", mit dem Betriebe nicht im Zusammenhang stehende Erfindung. Es kann nicht bestritten werden, daß bei letzterer Art, die keinerlei Beziehung zu dem Angestelltenverhältnis hat, der Angestellte regelmäßig freies Erfinderrecht und somit volle Ausnutzungsmöglichkeit besitzt. Es darf aber ebenso nicht verkannt werden, daß bei den beiden anderen Arten das Erfinderrecht des Angestellten starke Einschränkungen erleidet, wenn nicht gänzlich aufgehoben wird, zugunsten des Betriebsherrn. Hierbei spricht eben mit, daß die Angestellten nicht nur Erfinder, sondern in erster Linie Angestellte sind, die zu dem Betriebsherrn in einem dienst- oder besser arbeitsvertraglichen Verhältnis stehen. Der Erfinder ist nicht selbständig, alleinstehend, Einzelpersönlichkeit, sondern er ist durch seinen Arbeitsvertrag an den Betriebsherrn rechtlich gebunden, ist verpflichtet, ihm für seinen Betrieb die Arbeitskraft voll und ganz zur Verfügung zu stellen und sich wie die übrigen Arbeitnehmer in das Arbeitsgefüge des Betriebes einordnen zu lassen. Hier berühren sich die beiden vorerwähnten Rechtsgebiete, und es ist nicht einfach, aus ihrer Gegensätzlichkeit eine befriedigende Lösung der Frage zu finden. Es handelt sich also nun darum, wem die Erfindung des Angestellten gehört, wer das Recht zur Patentanmeldung bzw. bei erfolgter Anmeldung das Recht des Einspruchs hat, unter welchen Voraussetzungen die Angestelltenerfindung dem Betriebsherrn zusteht, und wie sich im letzten Falle der Erwerb des Betriebsherrn darstellt.

III 1. Was die erste Frage anbetrifft, so hat man sie zugunsten des Betriebsherrn bejaht. Seit etwas mehr als zwanzig Jahren geht die Rechtsprechung des RG. sowie des Patentamts und in ihrem Gefolge auch die der unteren Gerichte dahin, daß beim Fehlen einer ausdrücklichen Parteivereinbarung in einer Erfindungsklausel des Anstellungsvertrages das Erfinderrecht auf Grund stillschweigenden Vertrages stets dann auf den Dienstherrn übertragen wird, wenn die Erfindung von dem Angestellten in unmittelbarer Ausführung seiner dienstlichen Obliegenheiten gemacht wird[1]. Dasselbe gilt „wenn die Erfindung im Rahmen der geschäftlichen Tätigkeit des Angestellten liegt und dieser nach dem Dienstvertrage verpflichtet ist, auf Verbesserungen solcher Art, wie die Erfindung ist, bedacht zu sein“[2]. Man hat also hier wieder auf rein vertragliche Bestimmungen zurückgegriffen und, wo solche fehlten, sie einfach fingiert, ganz der individualistischen Vertragsdogmatik des bürgerlichen Rechts entsprechend. Damit hat man sich die Begründung dafür, daß dem Unternehmer und nicht dem Angestellten die Erfindung zusteht, sehr einfach gemacht. In Wirklichkeit wird diese Begründung der tatsächlichen Sachlage keineswegs gerecht und versagt vollkommen dann, wenn man bei Abschluß des Anstellungsvertrages an Erfindungen überhaupt nicht gedacht hat, oder wenn ein Arbeitsverhältnis ohne Vertrag vorliegt.

2. Die Tatsache, daß der Unternehmer das Recht an der Erfindung erlangt, liegt vielmehr im Arbeitsverhältnis begründet. Es stellt sich innerhalb des Betriebsorganismus, wie bereits erwähnt, als ein Herrschaftsverhältnis dar, worin die Rechtsfähigkeit der Arbeitnehmer in bestimmten Angelegenheiten aufgehoben ist, die den Betrieb und den sich in ihm abwickelnden Arbeitsprozeß betreffen. Wie der Arbeitnehmer unfähig ist, Eigentum am Arbeitsprodukt zu erwerben, so ist es ihm auch nicht möglich, die Rechte an den Erfindungen zu erlangen. „Was im allgemeinen von dem Arbeitsprodukt des Arbeitnehmers gesagt ist, gilt auch von der Erfindung des Angestellten. Die Erfindung ist ein Arbeitsprodukt des Angestellten, wenn auch ein qualifiziertes Arbeitsprodukt“[3]. Auch hier kommt die vermögensrechtliche Funktion der Gewalt des Betriebsherrn über die dem Betriebe Angehörigen zum Ausdruck. In den Grenzen seiner Gewalt ist auch die Grenze gegeben für seine Berechtigung an der Angestelltenerfindung. Denn hat die von einem Angestellten geschaffene Erfindung keinerlei Beziehung zu der im Betriebe üblichen Arbeit oder Arbeitsmethode, mit der der betreffende Angestellte gerade beschäftigt ist, oder liegt eine solche erfinderische Tätigkeit gänzlich fern von den dienstlichen, vielleicht nur mechanischen Obliegenheiten des Arbeitnehmers, dann hat der Betriebsherr auch kein Recht an der Erfindung. Es gebricht ihm in diesem Falle an der Gewalt, über die geleistete Arbeit zu verfügen. Sie liegt außerhalb seiner Machtsphäre. Sind damit die Fragen gelöst, wem die Angestelltenerfindung zusteht[4] und unter welchen Voraussetzungen sie

[1] Engländer a. a. O. S. 14.
[2] RG. in JW. 1920, S. 382, Nr. 13, insbes. S. 383.
[3] Sinzheimer a. a. O. S. 152/153.
[4] Merkwürdigerweise hat sich Engländer bei dieser wichtigen Frage mit einem Hinweis auf die ständige Rechtsprechung des RG. begnügt (a. a. O. S. 14) und an anderer Stelle in aller Kürze (S. 9) eine kasuistische Lösung gegeben.

der Betriebsherr erwirbt, so bleibt nunmehr noch übrig, dazu Stellung zu nehmen, wie sich der Erwerb des Erfinderrechts durch den Betriebsherrn vollzieht.

3 a. Mit dieser rechtlich-konstruktiven Frage hat sich eine Anzahl von Theorien befaßt. Man kann unter ihnen zwei Gruppen unterscheiden: die Originärtheorien und die Derivativtheorien. Die einen versuchen, einen ursprünglichen (originären), die anderen einen abgeleiteten (derivativen) Erwerb des Betriebsherrn zu erklären. Die von Kohler begründete und von Kent, Dernburg, Cantor, Seligsohn[1] übernommene Originärtheorie führt den Erwerb der Erfindung für den Betriebsherrn auf eine Stellvertretung in der Erfindertätigkeit zurück. Diese Ansicht ist jedoch vor allem deshalb abgelehnt worden, weil sie von der Auffassung ausgeht, daß das Erfinden ein Rechtsgeschäft sei. Nach der herrschenden Auffassung ist die erfinderische Tätigkeit eine Tathandlung. Nach ihr entsteht das Erfinderrecht zunächst in der Person des wirklichen Erfinders, des Angestellten, geht aber dann auf Grund eines Übertragungsgeschäftes auf den Betriebsherrn über.

b. Die Berücksichtigung des durch die Einordnung in das Arbeitsgefüge des Betriebes verwirklichten Herrschaftsverhältnisses des Betriebsherrn über die Betriebsangehörigen, durch das die Rechtssphäre des Arbeitnehmers eingeschränkt, die Rechtsperson des Betriebsherrn aber erweitert wird, führt demgegenüber zu der Erkenntnis, daß das Erfinderrecht unmittelbar in der Person des Betriebsinhabers entsteht. Insofern geht die betriebsrechtliche Betrachtung auf eine Originärtheorie zurück, die sich jedoch von den übrigen wesentlich dadurch unterscheidet, daß sie nicht die Annahme einer Stellvertretung benötigt.

IV. Es hat sich bisher immer um die Angestelltenerfindung ganz allgemein gehandelt, d. h. um eine tatsächliche Erfindung, die im patentrechtlichen Sinne objektiv eine Bereicherung der Technik und subjektiv einen schöpferischen Gedanken bedeutet. Insofern ist für die bisherige Betrachtung der Begriff der Erfindung einfach vorausgesetzt worden. Man hat aber nun aus den Kreisen der Arbeitgeberschaft stets versucht, die erfinderische Tätigkeit nicht anders zu bewerten als eine sonstige geschuldete Dienstleistung. Man hat vielfach überhaupt den Begriff der Erfindung geleugnet und die angeblich erfinderische Tätigkeit als bloße fachmännische Konstruktionsarbeit bewertet. Damit wurde gleichzeitig nicht nur dem Angestellten das Recht auf seine Erfindung abgesprochen, sondern auch jede besondere Vergütung. Gerade die Vergütungsfrage ist aber für die Angestelltenerfindung neben dem Recht auf Namensnennung von besonderer Bedeutung geworden.

[1] Dazu recht ausführlich Engländer a. a. O. S. 10ff. und die dazu gehörigen Anmerkungen im Anhang mit näheren Literaturangaben.

Schließlich kann man aber mit dem Streit um die Bewertung erfinderischer Tätigkeit die Tatsache nicht aus der Welt schaffen, daß der Gesetzgeber nun einmal auf sie „eine besondere Belohnung gesetzt hat, nämlich das Patent mit seinen über die einfache Erfindungsbenutzung hinausgehenden Verwertungsmöglichkeiten“. Dadurch wird eben gerade das erfinderische Schaffen vor jeder anderen geistigen Tätigkeit ausgezeichnet[1], ein Umstand, dem auch bei der Angestelltenerfindung Rechnung getragen werden muß.

V 1 a. Wenn sich diese von industrieller Seite vertretene Auffassung angesichts der eben erwähnten Tatsache eines bestehenden Patentrechts auch nicht in der krassen Form völliger Gleichstellung der Erfindungen mit anderen geistigen Arbeiten durchgesetzt hat, so liegt doch ihre nicht zu unterschätzende Bedeutung bei der Abgrenzung des Begriffs der Betriebserfindungen. Faßt man nämlich aus dem Gefühl bewußter Ablehnung eines besonderen Erfinderrechts heraus den Betriebserfindungsbegriff sehr weit, so wird damit die eigentliche Angestelltenerfindung fast völlig zurückgedrängt. In Anbetracht dieser Tatsache ist der Begriff der Betriebserfindungen von Engländer geradezu als ein Korrelatbegriff zur Angestelltenerfindung bezeichnet worden[2]. Es ist wiederholt von seiten der Großindustrie behauptet worden, daß der bei weitem größte Teil aller Angestelltenerfindungen nicht wirkliche Angestelltenerfindungen, sondern Betriebserfindungen seien, die dem Betriebsherrn zustehen. In der weit überwiegenden Mehrzahl der Fälle könne man mit Sicherheit sagen, daß erst die Gesamtheit aller Einflüsse, die der Betrieb als solcher vermittele, zu der Erfindung geführt habe[3]. Nicht der Angestellte, der etwas Erfinderisches leistet, führe einseitig dem Betrieb Neues zu, sondern er sei meist gar nicht imstande gewesen, die Erfindung zu machen und zu verwirklichen, wenn ihm nicht die besonderen Anregungen aus dem Betriebe zugeflossen wären, wenn ihm nicht die Erfahrungen und Vorarbeiten innerhalb des Betriebes, die Hilfsmittel, die Arbeitszeit usw. zur Verfügung gestanden hätten. Nach Fischer[4] überschreitet die Leistung des Betriebserfinders in der Regel nicht das Maß dessen, was von einem tüchtigen Volltechniker des Faches erwartet werden kann. Auch der Angestelltenerfinder habe die Pflicht übernommen, seine Zeit und Arbeitskraft dem Betriebe zu widmen, und der Betriebsherr bezahle ihn dafür. Der Betriebserfinder sei nur ein Glied im Arbeitsgefüge des Betriebes und regelmäßig erst dadurch imstande, jahraus, jahrein seine ganze Zeit und Kraft einer bestimmten Aufgabe zu widmen. Die Gesamtheit dieser geschilderten Einflüsse, all diese Anregungen, die der Betrieb gibt, sind von Fischer kurz mit „Betriebsgeist“ bezeichnet

[1] Engländer a. a. O. S. 17.
[2] Derselbe S. 19.
[3] Fischer im ArbR. 1925, Sp. 885.
[4] Fischer a. a. O. S. 14.

worden[1]. Erst dieser Geist befähige den einzelnen zu Leistungen, die ihm losgelöst vom Betriebe niemals möglich wären. Innerhalb einer mechanisierten und rationalisierten Betriebswirtschaft sei Erfinden nichts weiter als „ehrliche Arbeit“[2], sei Berufsarbeit[3] geworden. In den Betrieben werde auf Fortschritte in der Arbeitsmethode hingearbeitet.

Diese Ausführungen, bei denen immer wieder vom Betriebsmilieu und Betriebsgeist die Rede ist, wobei der einzelne aus sich heraus nichts vermag, sondern erst durch die Umwelt des Betriebes, in dessen Arbeitsgefüge er eingeordnet ist, zu den erfinderischen Leistungen befähigt wird, gehen letzten Endes auf das Wesen des modernen Großbetriebes zurück. Auch hier zeigt sich wieder einmal in praktischer Auswirkung die wirtschaftsrechtliche Bedeutung des Betriebes. In ihm hat der einzelne Arbeitnehmer als Individuum so gut wie gar keine Bedeutung, vor allem nicht für den Arbeitsprozeß selbst. Er ist nur ein unbedeutendes typisiertes Rädchen, das jederzeit leicht durch ein anderes gleichartiges ersetzt werden kann. Seine einzelne Leistung im Betriebe ist heute derartig abhängig von der der Mitarbeiter, daß man von ihr als Sonderleistung gar nicht mehr sprechen kann. In dem Kampf um den Begriff der Betriebserfindung spiegeln sich Weltanschauungsgegensätze wider. Dieser Streit geht letztlich auf den grundlegenden Gegensatz der kollektivistischen und individualistischen Betrachtungsweise alles wirtschaftlichen und geschichtlichen Geschehens zurück. In den Ausführungen über den Betriebsgeist, über das Betriebsmilieu tritt die Lehre vom Milieu, von der Umwelt, in der das einzelne Individuum als passives Mitglied der Gesellschaft steht, augenscheinlich zutage. Diese Betrachtung führt dann unmittelbar zur marxistischen oder materialistischen Geschichtsaufassung. ENGLÄNDER[4] führt in diesem Zusammenhange den Satz an: „Es ist nicht ohne pikanten Reiz zu sehen, wie hier auf unserem Gebiet die marxistische Auffassung nicht von der wirtschaftlich schwächeren Partei der Angestellten, sondern gerade von der Großindustrie vertreten wird. Denn es ist bestes Erbgut von KARL MARX und FRIEDRICH ENGELS, das hier die Unternehmer ihrem Gedankenschatz einverleibt haben.“ — Es ist diese Tatsache bezeichnend dafür, daß wirtschaftliche Zweckgedanken über alle Weltanschauungsfragen erhaben sind.

b. Was nun die für das gesamte Angestelltenerfindungsrecht so bedeutsame Abgrenzung des Begriffs der Betriebserfindungen anbelangt, so wird dabei ein vermittelnder Standpunkt nach dem Vorbilde ENGLÄNDERS der zweckentsprechende sein[5]. Es wird also einerseits nicht

---

[1] FISCHER a. a. O. S. 12/13.
[2] ENGLÄNDER a. a. O. S. 16/17.
[3] KÖTTGEN im ArbR. 1925, Sp. 857.
[4] ENGLÄNDER a. a. O. S. 20.
[5] Vgl. dazu ENGLÄNDER a. a. O. S. 23ff., der drei Typen von Definitionen der Betriebserfindung unterscheidet, die jeweils natürlich wiederum in mannig-

alles das schon als Betriebserfindung angesehen werden dürfen, „was ohne Anregungen des Betriebes nicht zustande gekommen wäre"[1]. Andererseits wird man nicht erst dann von einer Betriebserfindung sprechen können, „wenn bei einer Erfindung mehrere Angestellte mitgewirkt haben, ohne daß aber der Urheber der grundlegenden Idee und der Anteil der einzelnen in Frage kommenden Angestellten an der Ausgestaltung der Erfindung noch festgestellt werden kann"[2]. Prägt sich in ersterer Begriffsbestimmung zu stark der kollektivistische Standpunkt aus, der die eigentliche Angestelltenerfindung fast völlig verdrängt, so tritt in der zweiten die individualistische Auffassung in Erscheinung, die ihrerseits wieder für die Betriebserfindung zu wenig Spielraum läßt. Nur ein vermittelnder Standpunkt kann die Gegensätze zwischen Arbeitgebern und Angestellten in der Erfinderfrage einigermaßen überbrücken. In dem Rahmen dieser letzten Form bewegt sich auch die Begriffsbestimmung, die für die Betriebserfindungen in dem wohl bedeutendsten deutschen Tarifvertrage gegeben wird, dem für allgemein verbindlich erklärten Reichstarifvertrag für die akademisch gebildeten Angestellten der chemischen Industrie[3]. Auch im Entwurf eines AVG. (§ 122 Abs. 1) ist bei der Bestimmung der Betriebserfindung der vermittelnde Standpunkt maßgebend geworden, in dem sowohl das Milieu als auch die Einzelleistung der mitwirkenden Angestellten als ursächlich für den Erfolg angesehen wird.

2. Zu erwähnen vom betriebsrechtlichen Gesichtspunkt ist noch die Tatsache, daß bei der Frage der Betriebserfindungen von verschiedener Seite es für unbillig angesehen wird, dem Betriebsherrn das Patent an der Erfindung zuzuerkennen, falls der Angestellte nicht selbst Erfindungsschutz genießt. Teilweise wird gerade bei dieser Gelegenheit eingewendet, der Gewinn, der dem Betrieb durch eine besonders hochwertige Erfindung erwächst, sei auf das gemeinschaftliche Wirken aller im Organismus des Betriebes gebundenen Kräfte zurückzuführen, mithin müsse auch die Erfindung dem Betriebe als solchen erhalten werden, oder es sei zum mindesten ein Teil des Gewinnes einer Betriebskasse zuzuführen[4]. Insbesondere ist es Potthoff gewesen, der immer von neuem ausgeführt hat, daß die Frage der Betriebserfindungen mit aller

fachen Formulierungen auftreten und durch Feinheiten voneinander abweichen: 1. Der Typ der kollektivistischen Auffassung der Erfindungstat; 2. der Typ der individualistischen Auffassung der Erfindungstat; 3. der Typ eines vermittelnden Standpunktes, der sich in gleicher Weise entfernt hält von einer rein kollektivistischen und einer übertrieben individualistischen Auffassung.

[1] So die Ansicht des Ausgburger Kongresses (1914).

[2] So die Formulierung des Deutschen Techniker-Kongresses (1914).

[3] Die Begriffsbestimmung lautet: „Wenn die Merkmale einer Erfindung durch die Anregungen, Erfahrungen, Vorarbeiten und Hilfsmittel des Betriebes dergestalt gegeben sind, daß die Durchführung über eine handwerksmäßige Tätigkeit nicht hinausgeht, so liegt eine Betriebserfindung vor."

[4] Riezler bei Molitor-Hueck-Riezler a. a. O. S. 262.

Notwendigkeit auf die Selbständigkeit des Betriebes in rechtlicher Beziehung, auf seine Rechtspersönlichkeit hinweise[1]. An einem markanten Beispiel führt er aus, daß der Betriebsherr an keinerlei Rücksichten auf den Betrieb gebunden sei und auch über die Erfindung des Angestellten frei, ja geradezu zum Schaden des Betriebes verfügen könne[2]. Es ist richtig, bei der Frage der Betriebserfindungen drängt sich der Gedanke an die Rechtspersönlichkeit des Betriebes bzw. des Unternehmens von selbst auf. Aber die Erfinderrechtsfrage ist nur ein Beispiel dafür, da sie selber einen Sonderfall des Rechts am Arbeitsergebnisse darstellt. Wie dort so wird auch hier das Problem nach einer Beteiligung der Belegschaft am wirklich erzielten Gewinn brennend. Die Behandlung über die Gewinnbeteiligung gehört jedoch nicht mehr in diesen Abschnitt, sondern ist einem besonderen Kapitel vorbehalten worden. Nach dem geltenden Recht ist der Betriebsherr noch Eigentümer sämtlicher Betriebsmittel und damit rechtlicher Vertreter des Betriebes. Wenn auch der Ausnutzungsmöglichkeit seines Eigentums durch das BRG. in gewissem Umfange Grenzen auferlegt worden sind, so erstrecken sich doch diese Anfänge einer Vergemeinschaftung nicht auf die vermögensrechtliche Seite. Der Betriebsherr ist als Eigentümer der Betriebsmittel noch alleiniger Nutznießer des Betriebes. Ihm muß daher nach geltendem Recht auch das Arbeitserzeugnis der Betriebserfindung zustehen.

IV. Schuldrechtliche Betriebsfragen.

A. Der Arbeitsvertrag und seine Bedeutung im Betriebsrecht.

I. Es soll nunmehr nach der sachenrechtlichen Seite der Arbeit auf die schuldrechtlichen Verhältnisse innerhalb des Betriebes eingegangen werden. Vorausgeschickt sei, daß auch hier wieder hervortritt, wie die gleichen Erscheinungen von verschiedensten rechtlichen Seiten betrachtet werden können, und namentlich im schuldrechtlichen Gebiet des Betriebsrechtes starke personenrechtliche Einflüsse sich fühlbar machen.

II. Schuldrechtliche Beziehungen bestehen einmal zwischen dem einzelnen Arbeiter, der seine Kräfte dem Arbeitsgefüge des Betriebes zur Verfügung stellt, und dem Betriebsinhaber. Man hat früher die rechtlichen Beziehungen zwischen Arbeitgebern und Arbeitnehmern,

---

[1] Potthoff in SozProbl. a. a. O. S. 320ff., insbes. S. 322/323; im ArbR. 1923, Sp. 105ff., insbes. Sp. 109; im ArbR. 1926, Sp. 568ff., insbes. Sp. 569; im 28. Sonderheft zum RABl., 2. Stück S. 26; im RABlnaT. 1925, S. 289.

[2] Potthoff im RABlnaT. 1925, S. 289.

der individualistischen Einstellung des geltenden Zivilrechtes folgend, lediglich nach den Vorschriften des Dienstvertrages beurteilt. Damit sind sie in einen schuldrechtlichen Vertrag eingeordnet worden, dessen wesentlicher Inhalt die Übernahme der Verpflichtung zur Arbeitsleistung durch die eine Partei ist, die sich von der anderen Seite gesehen als Begründung eines Anspruches auf Arbeitsleistung darstellt[1]. Man hat also den Arbeitsvertrag, den etwa ein Reisender mit einem Dienstmanne über die Beförderung seines Gepäcks abschließt, nicht anders behandelt wie den Vertrag, der zwischen einem Arbeiter und der Betriebsleitung eines großen Werkes zustandegekommen ist. Und doch fallen schon bei oberflächlicher Betrachtung bedeutende Unterschiede auf. Man denke nur daran, daß dem Arbeitnehmer in einem größeren Betriebe nach einer gewissen Zeit das Wahlrecht zum BR., das Recht, an Betriebsversammlungen teilzunehmen und vielleicht noch andere durch Betriebsvereinbarungen besonders ausbedungene Rechte zustehen. Es ist ferner zu beachten, daß die Einspannung der Arbeitskraft eines einzelnen in das Betriebsgefüge, vor allem bei fortgeschrittener Arbeitsteilung, eine besonders weitgehende Gehorsamspflicht des Arbeiters verlangt, eine straffe und strenge Unterordnung unter die Gewalt der Betriebsleitung. Vor allen Dingen liegt aber in dem letztgenannten Beispiel gegenüber dem ersteren der Unterschied darin, daß es sich dabei um ein Dauerverhältnis handelt[2]. Während bei sonstigen Verträgen die Erfüllung meist unmittelbar mit dem Abschluß des Vertrages zusammenhängt und in der überwiegenden Mehrzahl der Fälle sich überhaupt mit ihm deckt, hat sich hier „die Erfüllung" vom Vertrage gelöst und ein selbständig rechtliches Sein bekommen[3]. Es ist somit der eigentliche Arbeitsvertrag zu trennen von dem Arbeits-, dem Beschäftigungsverhältnisse, das einer besonderen rechtlichen Berücksichtigung bedarf[4]. Rechtliches Vertragsverhältnis und organisatorisches Beschäftigungsverhältnis müssen gesondert behandelt werden. Während das Vertragsverhältnis nur zwischen dem Arbeitgeber und dem Arbeitnehmer rechtlich wirkt, werden durch die Beschäftigung tatsächliche und rechtliche Beziehungen auch zu Personen geschaffen, die nicht am Vertrage beteiligt sind. Es sei nur an den durch das BRG. geschaffenen Zusammenschluß sämtlicher Betriebsangehörigen zu einer Einheit und die sich daraus ergebenden rechtlichen Folgen (BR., BV.) erinnert. Ja, man kann sagen, daß dem Beschäftigungsverhältnis in der ganzen Fülle seiner rechtlichen Wirkungen eine ungleich größere Bedeutung zukommt als dem Vertragsverhältnis, werden ja auch die durch die Beschäftigung hervorgerufenen rechtlichen Wir-

[1] Hueck in Hueck-Nipperdey a. a. O. S. 87.
[2] Dazu Kaskel 1925 a. a. O. S. 48; 1928 a. a. O. S. 84.
[3] Herz a. a. O. S. 27.
[4] Darüber vor allem Potthoff im ArbR. 1922, Sp. 369ff.

kungen allein durch diese ohne vertragliche Grundlage bedingt[1]. Wird also in einen Betrieb ein Arbeitnehmer ohne Vertrag eingestellt, so steht ihm auch das Recht zu, den BR. zu wählen, an der BV. teilzunehmen usw., wenn nur im übrigen die gesetzlichen Voraussetzungen vorliegen. Durch das Arbeits- oder besser Beschäftigungsverhältnis werden zwischen den Trägern der Arbeit und denen des Kapitals im Betriebe rechtliche Beziehungen geschaffen, die über diejenigen bloßen schuldrechtlichen Charakters weit hinausgehen. Man hat im Schrifttum teilweise den vorwiegend schuldrechtlichen Wesenszug des Arbeitsvertrages geleugnet und ihn als „personenrechtliches Organisationsverhältnis mit auch schuldrechtlichem Gehalt" bezeichnet[2]. Die herrschende Lehre erklärt auch heute noch den Arbeitsvertrag vorwiegend für ein Schuldverhältnis[3], aber auch sie erkennt einen personenrechtlichen Einschlag an. Beide Ansichten lehnen also gegenseitig weder vollkommen die schuldrechtlichen, noch die personenrechtlichen Züge des Arbeitsvertrages ab, nur betonen die einen diese, die anderen jene Seite stärker, je nachdem sie eben mehr individual- oder kollektivrechtlich eingestellt sind. Es handelt sich also um nicht mehr als einen Begriffsstreit.

III 1. Für die vorliegende Betrachtung ist es wesentlich, daß bei der nichtschuldrechtlichen Seite des Arbeitsverhältnisses wiederum der Betrieb als solcher eine grundlegende und entscheidende Rolle spielt. Der Dienstvertrag erfaßt als Vertragsgegenstand die Person, „nicht einen Vermögenswert, sondern den Einsatz der Person"[4]. Der Arbeitnehmer begibt sich unter die Leitung des Betriebsherrn, da er sich dem Betriebe oder besser dem Arbeitsgefüge des Betriebes einordnet. „Mit dem Einzelarbeitsvertrag tritt der einzelne Arbeiter in die Arbeiterschaft und damit in die Gesamtorganisation des Betriebes ein." Er wird ein „lebendiges Glied der Betriebsgemeinschaft"[5]. Der Zweck des Arbeitsvertrages besteht nicht allein in der Hingabe der Person, er will nicht ein Privatinteresse des Arbeitgebers befriedigen; er hat noch einen höheren Zweck außerhalb der Beteiligten, auch die persönliche Hingabe findet erst darin ihre Bedeutung. Dieser Zweck ist eben der Betrieb[6]. Zwar ist der Betrieb meist nur dem wirtschaftlichen Interesse des Betriebsherrn untertan. Herz führt darauf zurück, daß man nur darin ein obliga-

---

[1] Herz a. a. O. S. 27/28, auch N. 44, S. 28 a. a. O.

[2] Potthoff im ArbR. 1925, Sp. 244; im ArbR. 1922, Sp. 267ff. und in „Einwirkung der RV." a. a. O. S. 24; Herz a. a. O. S. 24ff.; Sinzheimer a. a. O. S. 10ff.; Gierke, Wurzeln a. a. O. S. 49, N. 4; siehe auch Vorwerck bei Vorwerck-Dunkmann a. a. O. S. 9.

[3] So u. a. Hueck in Hueck-Nipperdey a. a. O. S. 87; Kaskel 1925, S. 51, 1928 a. a. O. S. 87; Silberschmidt in JW. 1923, S. 221; Nikisch a. a. O. S. 189; Molitor a. a. O. S. 14; Simson a. a. O. S. 26 u. a. m.

[4] Kaskel 1925 a. a. O. S. 48; 1928, S. 84.

[5] RGZ. 106, 275. [6] Herz a. a. O. S. 25.

torisches Verhältnis erblickte. Begrifflich ist das jedoch nicht notwendig, und gerade die gegenwärtige Entwicklung zeigt, wie auch rechtlich der Betrieb als selbständige Größe, als lebendiger Organismus immer mehr und mehr Bedeutung erlangt. Wir hatten den Betrieb als ein kunstvolles Gebilde, als einen Organismus von sächlichen und menschlichen Arbeitsmitteln kennengelernt. In ihm verschwindet der einzelne als Person, wird ein notwendiges Glied im Produktionsprozeß. Er hat ja nur eine Teilaufgabe gleichmäßig und pünktlich zu besorgen. Die Entpersönlichung des modernen Kapitalismus mit seiner weitgehenden Arbeitsteilung hat ihn zu einem entseelten Teilmenschen geprägt, der nur ein Glied, besser ein Rädchen in einem verwickelten Mechanismus ist[1]. Jede persönliche Beziehung ist aufgehoben. Der Herstellungsgang ist losgelöst vom lebendigen Menschen, auf ein System lebloser Körper übertragen. Der Mensch ist nur ein „Faktor im kooperativen Prozeß“[2]. „Ein Betrieb erfaßt nie den Menschen als Menschen, sondern fügt seine Kraft in ein Kräftegefüge ein“[3]. Der einzelne Arbeitnehmer geht also in den Betrieb als mechanische Kraft in eine Kräfteordnung über. So mechanisiert und rationalisiert aber auch ein Betrieb sein mag, irgendwo muß eine Kraft wirken, die die Kräfteordnung des Betriebes in Bewegung bringt und erhält, von der der Anstoß, das Leben ausgeht. Auch im mechanisiertesten Betriebe, der nach einer feststehenden Ordnung zweckbestimmt abläuft, muß, wie SOMBART einmal sagt, gedacht und getan werden. Der Betrieb braucht einen Verwalter und Organisator, der den Organismus unter einem Gebote und einer Ordnung zu einheitlichem Wirken zusammenfaßt. Damit der Betrieb zu einer sinnvollen Einheit werden kann, müssen sich die Arbeitnehmer einem Führer unterwerfen. „Rechtliche Organisation eines lebensfähigen Ganzen ist undenkbar ohne die Unterwerfung der Glieder unter eine sie zum einheitlichen Ziele führende Gewalt“[4]. Träger dieser Gewalt kann nach der heutigen Rechtsordnung nur der Betriebsinhaber als Eigentümer der sächlichen Betriebsmittel werden. Das Eigentum am Betriebsvermögen gibt ihm ein Herrenrecht, eine Gewalt auch über die Person des Arbeitnehmers. So wird die Herrschaft zum Gehalt des Arbeitsverhältnisses. Der Betriebsherr übt die Macht aus über die seiner Gewalt Unterworfenen und verfügt über ihre Arbeit. Die Gewalt des Betriebsherrn ist zwar zugunsten der Belegschaft eingeschränkt, aber trotzdem wird sie nicht im Wesen geändert, weil eben die sog. Mitwirkungsrechte nur verhältnismäßig geringe Beschränkungen des Eigentums gebracht haben. Das Herrschaftsverhältnis ist nicht ein absolutes, sondern es ist begrenzt. Es erfaßt die in einem Betrieb als Arbeitnehmer vereinigten Menschen nur insoweit, als sie Träger der

---

[1] SOMBART III, 1 S. 424.
[2] SIMMEL a. a. O. S. 362.
[3] ROSENSTOCK a. a. O. S. 20.
[4] GIERKE a. a. O. S. 57.

Arbeitskraft sind[1]. Der Arbeitgeber übt aber diese auf die Arbeitskraft der Betriebsangehörigen sich beziehende Gewalt nicht als Organ der Betriebsgemeinschaft aus, sondern als Eigenberechtigter. Er ist also insofern noch im wahren Sinne des Wortes „Herr des Betriebes" geblieben. „Die Verfügungsgewalt ist Gewalt über Freie"[2]. Mit der persönlichen Freiheit außerhalb des Arbeitsverhältnisses verträgt sie sich durchaus. Jeder kann sich ganz oder teilweise in die Gewalt eines Dritten begeben. Die Abhängigkeit der Betriebsangehörigen von dem Betriebsherrn ist „Ausdruck eines Zustandes, in dem sie sich befinden"[3], in dem der Zustand der Freiheit in gewisser Beziehung rechtlich ausgeschaltet worden ist.

2. Der Arbeitsvertrag oder besser das Arbeitsverhältnis hat also ganz erhebliche, nicht zu unterschätzende personenrechtliche Wirkungen, und er hat sie in um so größerem und weitgehenderem Umfange, als es sich dabei um gleichzeitige Einordnung der Arbeitskraft in das Arbeitsgefüge eines großen Betriebes handelt, das seinem ganzen Aufbau und Wesen nach eine straffe Unterordnung unter die Gewalt eines Führers erfordert. Die Abhängigkeit tritt in den verschiedensten Arten und Intensitätsgraden in Erscheinung, wobei die Dauer der Arbeit und die Größe des Betriebes sowie das Betriebssystem neben anderen Gesichtspunkten von entscheidender Bedeutung sind[4]. Wenn auch nach geltendem Recht heute noch trotz eines starken und nicht zu unterschätzenden personenrechtlichen Einschlages beim Arbeitsvertrage die Verpflichtung zur Arbeitsleistung im Vordergrund steht und deshalb das Verhältnis als ein überwiegend schuldrechtliches anzusehen ist, so drängt doch die rechtliche Entwicklung des Betriebes und die kollektive Gestaltung des Arbeitsverhältnisses in ihm immer mehr und mehr den Wert des Einzelarbeitsvertrages als einer Obligation im römisch-rechtlichen Sinne zurück[5] und ersetzt sie durch ein personenrechtliches Organisationsverhältnis. Mit dem kollektivrechtlichen Gepräge der modernen Arbeitsverfassung ist eben ein individualrechtlich ausgebildetes und betontes Vertragsverhältnis schlecht vereinbar. Es wird daher bei einer Neuregelung des Arbeitsrechts in ungleich höherem Maße das Arbeits- oder Beschäftigungsverhältnis mit seinem personenrechtlichen Einschlag als das schuldrechtliche Vertragsverhältnis Beachtung finden müssen. Wichtiger als die Anstellung ist die Einstellung in den Betrieb, die Eingliederung in das Arbeitsgefüge[6].

IV. Ob allerdings das Arbeitsverhältnis vollkommen personenrechtlichen Charakter annehmen wird und damit auf die Stufe des

[1] Sinzheimer a. a. O. S. 21. [2] Derselbe a. a. O. S. 17.
[3] Sinzheimer a. a. O. S. 20. [4] Jacobi, Grundl. a. a. O. S. 50.
[5] Denkschrift zum Entw. eines Allg. AVG., 28. Sonderheft zum RABl. S. 13 oben.
[6] Rosenstock a. a. O. S. 23.

deutschrechtlichen Treudienstvertrages zurückgeführt werden kann, erscheint äußerst zweifelhaft. Man darf nicht verkennen, daß die Ausmerzung jedweder schuldrechtlichen Bindung für den Arbeitnehmer erhebliche Nachteile im Gefolge hat. Durch die schuldrechtliche Verknüpfung ist auch der Arbeitgeber seinerseits verpflichtet, den vereinbarten Lohn zu zahlen. Deshalb erstreckt sich auch seine Haftung für Lohn- und Ersatzansprüche aus dem Betriebe nicht nur auf das Betriebskapital, sondern auch auf sein gesamtes sonstiges Vermögen[1]. Das würde bei einer vollständigen Überwindung und Ausmerzung aller dienstvertraglichen Bestandteile in Wegfall kommen. Verrichten die Arbeitnehmer nicht mehr ihre Arbeit als Dienstverpflichtete im Sinne des Schuldrechts, sondern lediglich als Mitglieder einer Betriebs- und Arbeitsgemeinschaft, dann muß die Arbeitsleistung als Mitgliedschaftsbeitrag unmittelbar zum Anspruch auf eine Beteiligung am Betriebsertrage führen[2]. Eine andere Entlohnung für die im Betriebe geleistete Arbeit etwa in der Art, wie sie heute gewährt wird, ist dann nach der gegenwärtigen Rechtsstellung des Arbeitnehmers als freie Rechtspersönlichkeit nicht denkbar. Es kann eben ein reines Personenrecht als ein Recht, das die Macht über fremde Menschen gewährt, nicht angenommen werden, wenn der Betriebsherr in seiner ihm durch die gegenwärtige Rechtsordnung eingeräumten Rechtsstellung verbleibt. Unter diesen Umständen würde zweifellos eine Rückentwicklung des Rechtes vorliegen und die Arbeitnehmer in ein gewisses Hörigkeitsverhältnis gebracht werden. Wohl aber ist, wie bereits erwähnt, eine reine personenrechtliche Ausgestaltung bei einer Umwandlung des Betriebsorganismus in eine Betriebsgenossenschaft oder Arbeitsgesellschaft möglich[3]. Dann würde der einzelne Arbeitnehmer mit seiner Arbeitseinlage als Gesellschafter beteiligt sein am Gewinn und Verlust des Betriebes bzw. des Unternehmens. Ob diese Rechtsstellung mit ihren großen Gefahren der Risikotragung für den Arbeiter als bloßen Eigentümer seiner Arbeitskraft erstrebenswert ist, ist doch äußerst zweifelhaft. Man erkennt, wie das weitere Abrücken vom rein schuldrechtlichen Charakter des Arbeitsvertrages eine ganze Reihe rechtlicher Erscheinungen berührt, auf die schon zum Teil eingegangen worden ist, zum Teil noch des näheren zurückgekommen werden muß.

B. Betriebsgefahrtragung – Unmöglichkeit der Leistung – Annahmeverzug.

I. Von entscheidender Bedeutung wird die Rechtsgestaltung des Betriebes bei der Lösung einer in der zivilistischen Dogmatik seit langem

[1] SIMSON a. a. O. S. 27.
[2] BOOS a. a. O. S. 165/166.
[3] Dazu die Behandlung über die Betriebsgemeinschaft.

heiß umstrittenen Frage, nämlich der, wer bei sog. Betriebsstockung „die Gefahr" zu tragen hat, mit anderen Worten, ob in einem solchen Falle der Betriebsherr den Lohn an die Arbeitnehmer weiter zahlen muß. Rechtlich gefaßt handelt es sich darum, ob bei einer Betriebshemmung, die ihren Grund in den verschiedensten Ereignissen haben kann, Unmöglichkeit der Leistung seitens der Arbeitnehmer oder Annahmeverzug des Arbeitgebers vorliegt. In ersterem Falle wird der Arbeitnehmer nach § 323 BGB. von seiner Leistung frei, verliert aber auch den Anspruch auf die Gegenleistung, auf seinen Lohn, im letzteren Falle liegen die Voraussetzungen des § 615 BGB. vor, und der Arbeitnehmer behält mit Einschränkung des Satzes 2 von § 615 seinen Lohnanspruch. Man sieht an den eben angedeuteten Folgen, von welch ungeheurer wirtschaftlicher und sozialer Bedeutung die Stellungnahme zu dieser Frage ist. Man hat früher aus rein zivilrechtlichen Erwägungen heraus, die sich im wesentlichen um den Begriff „der Leistung" bewegten, im harten Meinungsstreit versucht, der einen oder der anderen Ansicht zum endgültigen Siege zu verhelfen. Man hat es, wie gesagt, versucht, ist aber nie weiter als über eine rein dialektische Auslegung der schon erwähnten Gesetzesbestimmungen hinausgekommen. Es war eben unmöglich, rein auf Grund des Gesetzeswortlautes eine Begründung für die verfochtenen Ansichten zu finden. Man kam sofort mitten in begriffsdogmatische Erörterungen hinein, bei denen sich dies oder jenes für die Richtigkeit der einen oder anderen Ansicht entnehmen ließ, aber für jeden vorgebrachten Einwand auch der Beweis des Gegenteils zu führen war. Es liegt klar auf der Hand, daß man zu einer befriedigenden Lösung dieser Streitfrage niemals gelangen konnte, wenn man innerhalb einer strengen und starren bürgerlich-rechtlichen Betrachtungsweise vorging. Man ist dann auch in jüngster Zeit von der bloßen zivilistischen Behandlung zu einer anderen übergegangen, die aus allgemeinen sozialen und wirtschaftlichen Gesichtspunkten heraus die Frage zu lösen unternommen hat. Es ist durchaus richtig, daß auch solche Gesichtspunkte dabei entscheidend mitsprechen. Aber die arbeitsrechtliche Betrachtungsweise der Frage, wie sie HEDEMANN[1], vorbehaltlich einer besseren Namensnennung, genannt hat, bei der die Begriffe des Betriebsrisikos, der Solidarität der Arbeitnehmerschaft auftauchen, führt uns auf das Gebiet des Betriebsrechts hinüber. Erst von dieser Seite her kommt man nicht nur zu einer befriedigenden, sondern auch rechtlich begründeten Lösung. Darüber soll nun im vorliegenden Abschnitt gesprochen werden. Ehe jedoch auf die eigentliche Darstellung der im Zusammenhang mit der vorliegenden Arbeit besonders interessierenden betriebsrechtlichen Lehre eingegangen werden kann, müssen zum besseren Verständnis, wenn auch in aller Kürze, die zivilistischen Lehren erörtert

[1] HEDEMANN, Lohnzahlung a. a. O. S. 14.

werden. Sie sollen und können innerhalb der Untersuchung nur kurz und ohne Wertung berührt werden, da damit lediglich die Notwendigkeit einer anderen Behandlungsweise der Frage deutlich vor Augen geführt werden soll.

II 1 a. Nach § 293 BGB. gerät der Gläubiger, also für vorliegenden Fall der Betriebsherr, in Verzug, wenn er die ihm angebotene Arbeitsleistung nicht annimmt. Nach § 297 BGB. treten die Folgen des § 293 BGB. jedoch nicht ein, falls der Schuldner zur Zeit des Angebotes zur Bewirkung der Leistung nicht imstande ist. Die Leistung ist dann zum festgesetzten Zeitpunkt nicht möglich, und die Regeln der Unmöglichkeit treten auf den Plan. Es ergibt sich für den Arbeitsvertrag die entscheidende Frage: Ist unter Leistung im Sinne des § 323 BGB. nur der Anteil des Schuldners an der Leistungshandlung zu verstehen oder die Gesamtheit des zur Leistung Erforderlichen, also auch die vom Gläubiger zu bewirkende Tätigkeit[1]? Im letzteren Falle wäre die Leistung des Schuldners ohne die Gläubigerbeteiligung nicht möglich; er wäre außerstande zu leisten und könnte so den Gläubiger durch Leistungsangebot nicht in Verzug setzen. Seine Leistung wäre aus einem von keinem Teile verschuldeten Umstand unmöglich; damit verlöre er aber auch den Anspruch auf Gegenleistung. Zu diesem Ergebnis kommt Titze[2], der den zur Arbeit bereiten Schuldner als die subjektive Voraussetzung der Tätigkeit und das vom Gläubiger zu stellende Stück Außenwelt als die objektive Voraussetzung oder das Substrat der Tätigkeit ansieht und beide Voraussetzungen für gleichwertig hält. Durch Einführung des Begriffs der „abstrakten Möglichkeit“[3] macht Titze insofern eine Einschränkung, als auch er Annahmeverzug dann annimmt, wenn „an sich“ die vom Schuldner zu bewirkende Leistung möglich ist und es nur am Gläubiger liegt, die abstrakte Möglichkeit im konkreten Falle zu verwirklichen. Die Titzesche Lehre wird ferner von Oertmann[4] in seinem Kommentar der Schuldverhältnisse vertreten. Er setzt jedoch wie auch Dernburg[5] Leistung und Erfüllung gleich. Es handelt sich immer darum, wie weit man in der Auslegung des § 297 BGB. geht, ob eben schon mit der persönlichen Leistungsbereitschaft des Schuldners die

[1] Diese Fassung der Streitfrage findet sich bei Hueck, Arbeitsvertragsrecht a. a. O. S. 90; in Hueck-Nipperdey S. 198 und bei Simson a. a. O. S. 12.

[2] Titze a. a. O. S. 23ff., der jedoch seine Ansicht geändert hat; vgl. unten S. 85.

[3] Gegen diesen Begriff (Titze a. a. O. S. 25) wendet sich Trautmann in Gruchot 59, S. 448/449, der mit Recht entgegenhält, daß eine nur in abstracto mögliche Leistung nichts Wirkliches, sondern nur etwas Gedachtes sei und deshalb ebenso nicht bewirkt werden könne wie eine unmögliche konkrete Leistung. Gegen den Begriff auch bereits Boer in Gruchot 54, S. 508/509, der sich auf § 275 BGB. stützt.

[4] Oertmann, Recht der Schuldverh., zu § 293, N. 3b; auch er hat seine Ansicht geändert; vgl. dazu unten S. 85.

[5] Dernburg, Bürgerl. Recht II, § 75, Ziff. I, 2.

Forderung erfüllt ist. Darauf weist DOCHNAHL[1] besonders hin. Von den Vertretern der Titzeschen Lehre seien noch KISCH[2], RÜMELIN[3] und STAUDINGER[4] genannt. Als neuere Verfechter haben sich WESTPHAL[5] und v. KARGER[6] für die Lehre der Unmöglichkeit eingesetzt. Sie betonen besonders, daß der Arbeitnehmer nicht lediglich die Arbeitskraft zur Verfügung zu stellen, sondern genau bestimmte Arbeit im bestimmten Betriebe zu leisten habe. Es genüge daher nicht die persönliche Leistungsfähigkeit und Bereitschaft des Schuldners, sondern die Arbeit müßte objektiv möglich, d. h. ausführbar sein. Eine besondere Stellung in der älteren Lehre nimmt LOTMAR[7] ein, insofern als er im Gegensatz zu den anderen Vertretern von einer Abgrenzung des Begriffs des Annahmeverzuges aus zu dem Ergebnis kommt, daß Unmöglichkeit vorliegt. Er versteht unter Nichtannahme der Leistung, die ja gemäß § 293 BGB. eine Voraussetzung des Annahmeverzuges ist, nur eine ausdrückliche, willentliche Ablehnung der durch den Schuldner angebotenen Leistung seitens des Gläubigers und begründet seine Ansicht aus Sprachgebrauch und Gesetz.

b. Eine Anzahl von Schriftstellern erstrebt keine systematische Regelung der Streitfrage, sondern weist auf den Arbeitsvertrag hin, sei es, daß sie eine Lösung aus der gesetzlichen Ordnung des Dienstvertrages entnehmen, sei es, daß sie auf das besondere, zwischen den Parteien bestehende Vertragsverhältnis zurückgehen. Die erstere Ansicht vertreten ENDEMANN[8], STADTHAGEN und CUNO[9]. Nach ihnen verpflichtet der Dienstvertrag den Schuldner nur dazu, die versprochenen Dienste bereitzustellen; der Arbeitnehmer habe seine Arbeitskraft lediglich in bestimmt umgrenzter Weise anzubieten[10]. Die Vertreter dieser Anschauung kommen mithin zum Ergebnis, daß nicht eine Unmöglichkeit, sondern Annahmeverzug seitens des Gläubigers vorliegt. PLANCK[11], ENNECCERUS[12], SIGEL[13] und GROH[14] dagegen lassen den bestimmten Einzel-

---

1 DOCHNAHL in IheringsJ. 48, 310/311.

2 KISCH a. a. O. S. 47.

3 RÜMELIN a. a. O. S. 82.

4 STAUDINGER, Recht der Schuldverh., 5./6. Aufl. zu § 293, S. 191 und ebenso in der 9. Aufl. (STAUDINGER-NIPPERDEY); dagegen anderer Ansicht in der 7./8. Aufl. Vgl. dazu S. 85.

5 WESTPHAL in JW. 1921, S. 323.

6 v. KARGER in DJZ. 1920, Sp. 710ff., insbes. S. 711.

7 LOTMAR a. a. O. Bd. II, S. 280ff.

8 ENDEMANN a. a. O. § 174, 3a (S. 1091/1092).

9 STADTHAGEN und CUNO im Gewerbegericht 5, Sp. 262, zit. nach Jahrb. d. Rechts, Jahrg. 1, Bd. 1, S. 210 zu § 297.

10 Gegen diese Ansicht zeugt aber der Wortlaut des Gesetzes. Nach § 611 BGB. hat der Dienstverpflichtete Dienste zu leisten, wie auch LOTMAR a. a. O. Bd. II, S. 275, N. 1 ausführt.

11 PLANCK a. a. O. zu § 616, N. 5, II, 2.

12 ENNECCERUS 6./8. Aufl. I, § 367 (S. 416).

13 SIGEL a. a. O. S. 50ff., insbes. S. 52.

14 GROH a. a. O. S. 167.

arbeitsvertrag darüber entscheiden, inwieweit die Arbeitsleistung des Schuldners von der erforderlichen Mitwirkungshandlung des Gläubigers abhängig ist, und zwar legen PLANCK und ENNECCERUS dabei einen vermutlichen Parteiwillen fest[1], während SIGEL und GROH sich lediglich auf das in concreto vorliegende Arbeitsverhältnis, den im Einzelfall bestehenden Arbeitsvertrag und dessen Auslegung beschränken.

c. Nicht unberücksichtigt sei auch die Kaskelsche Lehre vom Leistungsverzuge, die zwar so gut wie keine Anhänger gefunden, mit der man sich aber trotzdem viel befaßt hat. KASKEL[2] behauptet, den Arbeitgeber treffe aus dem Arbeitsvertrage nicht nur die Pflicht, Lohn zu zahlen, die Pflicht zur sozialen Fürsorge, zur Erteilung eines Zeugnisses usw., sondern auch die Pflicht zur Beschaffung der Arbeitsstätte. Der Arbeitgeber sei in dieser Hinsicht Schuldner, der Arbeitnehmer Gläubiger. Es handle sich dabei nicht, wie von der älteren und auch der gleich zu behandelnden Trautmannschen Lehre angenommen wird, um bloße Mitwirkungshandlungen, von denen in § 295 BGB. die Rede sei. Eine solche Handlung liege nur dann vor, falls sie zur Ergänzung der Handlung des Arbeitnehmers erforderlich sei. Hier bestehe aber eine unmittelbare gesetzliche Verpflichtung zur Beschaffung der Arbeitsstätte. So kommt KASKEL zum Leistungsverzuge des Betriebsherrn, der bei vorliegendem Verschulden den Arbeitnehmer berechtigt, gemäß den §§ 286, 280 BGB. Schadenersatz zu verlangen, bei schuldlosem Verhalten jedoch wieder auf das Ergebnis des § 323 BGB. hinausläuft[3].

d. Die heute wohl herrschende Lehre ist die von TRAUTMANN[4] geworden. Ihr haben sich sogar einige Schriftsteller wie TITZE und OERTMANN angeschlossen, die früher die älteren Lehrmeinungen verfochten haben. TRAUTMANN kommt auf zwei Wegen zu dem Ergebnis, daß Annahmeverzug vorliegt, nämlich einmal aus der gesetzlichen Regelung der Unmöglichkeit und dann aus der des Annahmeverzuges heraus.

---

[1] ENNECCERUS nimmt „im Zweifel" an, daß die Dienste eines Fabrikarbeiters nur ganz allgemein versprochen werden, so daß ohne Nachteil die gleiche Beschäftigung in jedem anderen Fabrikraume vorgenommen werden könne, während PLANCK gerade annimmt, daß im Zweifel individuell bestimmte Arbeit zu leisten sei, d. h. Arbeit an einer bestimmten Maschine oder in einem bestimmten Raume.

[2] KASKEL in NZfA. 1922, Sp. 1ff.; KASKEL 1925 a. a. O. S. 90 oben; 1928, S. 130.

[3] Die Kaskelsche Lehre wird allgemein von Rechtslehre und Rechtsprechung abgelehnt. Der Haupteinwand, den man ihr entgegenhält, ist der, daß bei einer Leistungspflicht des Arbeitgebers zur Stellung der Arbeitssubstrate der Arbeitnehmer auch ein selbständiges Recht, einen Anspruch auf die Stellung der Arbeitsunterlagen haben müßte. Vgl. dazu: OERTMANN in NZfA. 1922, Sp. 466; TITZE in JW. 1922, S. 548; ders. in JW. 1923, S. 247; GEORG HOENIGER in JW. 1922, S. 1704; KOEHLER in NZfA. 1922, Sp. 473; BUCHWALD im ArbR. 1922, Sp. 362; GROH a. a. O. S. 170, Nr. 37.

[4] TRAUTMANN in Gruchot 59, S. 450ff.

Nach dem Gesetz werde der durch den Zufall verursachte Schaden auf beide Parteien verteilt. Der Schuldner verliert seinen Anspruch auf die Gegenleistung, und der Gläubiger muß den ihn durch die Nichterfüllung treffenden Schaden allein übernehmen. Hier trägt den Verlust nicht nur der, in dessen Rechtskreis er enstanden ist, sondern für den Schuldner tritt eine Milderung ein. Beim Gläubigerverzug dagegen trifft den Gläubiger die Gefahr des Zufalls. Das Gesetz zeige ganz deutlich, daß der Gläubiger die Gefahr der Mitwirkungshandlung allein auf sich zu nehmen hat. So sei auch der § 615 BGB. zu verstehen. Bei der Begründung seiner Lehre aus dem Annahmeverzuge heraus geht TRAUTMANN auf TITZE insoweit zurück, als dieser bereits hervorhebt, daß nach den §§ 295, 297 BGB. Schuldnerleistungen als möglich anzusehen seien, die von der Bewirkung einer unterbliebenen Gläubigerhandlung abhängig wären. Nach TRAUTMANN kann hiermit nur gemeint sein, daß die Schuldnerleistung möglich sei, denn aus § 294 BGB. ergebe sich, daß der Schuldner die Leistung nur so anzubieten hätte, wie sie bewirkt werden müsse. Es sei streng zu unterscheiden zwischen Leistungsanteil des Schuldners und Mitwirkungshandlung des Gläubigers. So kann man die Trautmannsche Lehre dahin zusammenfassen, daß der Schuldner nur eine solche Leistung anzubieten brauche, „die unter der Voraussetzung, daß auch der Gläubiger das Seinige zur Erfüllung beiträgt, das Schuldverhältnis lösen würde“[1]. Der Trautmannschen Lehre haben sich in neuerer Zeit angeschlossen OERTMANN[2], der sich insbesondere gegen den „allzu farblosen Ausdruck Leistung“ wendet und ausführt, daß man unmöglich darunter den Leistungserfolg verstehen könne, ferner TITZE[3], CROME[4], ROSENBERG[5] und KOHLER[6], der allerdings erst auf einem Umwege zu demselben Ergebnis wie TRAUTMANN kommt, indem er von einer zuerst den Gläubiger und in der Folge den Schuldner treffenden Unmöglichkeit spricht, die der erstere dem letzteren nicht entgegenhalten könne. Auch STAUDINGER[7] bekennt sich im Gegensatze zu seiner früheren Ansicht in der 7./8. Auflage seines Lehrbuches zu der Trautmannschen Lehre, vertritt aber in der 9. Auflage (STAUDINGER-NIPPERDEY) wieder die oben dargelegte Titzesche Lehre und erklärt ausdrücklich, daß Leistungsmöglichkeit nicht gleichbedeutend mit Leistungsbereitschaft, und daß Unmöglichkeit der Leistung

---

[1] TRAUTMANN bei Gruchot 59, S. 450 u. 457.

[2] OERTMANN in Arch. ziv. Prax. 116, S. 1ff., insbes. S. 22f. OERTMANN gibt also seine im Kommentar zum Recht der Schuldverh. § 293, N. 3b vertretene Ansicht auf.

[3] TITZE in JW. 1922, S. 548; 1923, S. 247.

[4] CROME a. a. O. S. 149, eine Ansicht, die er schon früher in seinen „Partiarischen Rechtsgeschäften“ S. 185, N. 8 vertreten hat.

[5] ROSENBERG in Iherings J. 43, 184.

[6] KOHLER, Arch. bürg. Recht 13, S. 149ff., insbes. S. 200/201.

[7] STAUDINGER, 7./8. Aufl. a. a. O. II, 1, § 297, Ziff. 2 und Ziff. 1a zu § 293.

nicht Unmöglichkeit der Leistungshandlung, sondern Unmöglichkeit des Leistungserfolges sei[1].

Zuletzt sei noch die Lehrmeinung Ecksteins[2] erwähnt. Er führt aus, man könne von einer Erfüllungsunmöglichkeit noch nicht sprechen, da die Nichtannahme gegenüber der Nichtvollziehbarkeit der Leistung das logische prius sei. Der Ablauf der Obligation werde durch die fehlende Mitwirkung des Gläubigers gehemmt, und so könne es gar nicht so weit kommen, daß man die Frage der Leistungsmöglichkeit zu prüfen habe.

2a. Soviel über die zivilrechtlichen Lehren! Sie sollten ja, wie anfangs hervorgehoben wurde, keine erschöpfende oder gar wertende Darstellung innerhalb der Arbeit finden. Es sollte nur gezeigt werden, daß man auf Grund der rein dialektischen Betrachtung nie zu einem endgültigen Ergebnis kommen konnte. Letztlich kam es doch immer wieder auf die Auslegung der in Frage kommenden Gesetzesbestimmungen an. Bei all dem Meinungsstreit war man nur von dem einzelnen Arbeitsvertragsverhältnis ausgegangen, von dem individuellen Schuldverhältnis, das zwischen Arbeitgeber und Arbeitnehmer besteht. Man hatte darüber hinaus unberücksichtigt gelassen, daß das neuzeitliche Arbeitsverhältnis eine gesellschaftliche Massenerscheinung ist[3], daß es daher nicht allein auf rein individualistischer Grundlage behandelt werden kann, indem man es nur als Vertrag zwischen einzelnen Personen, dem Betriebsherrn und dem Arbeitnehmer, auffaßt. In Lehre und Rechtsprechung ist man dann auch immer mehr und mehr von der rein bürgerlich-rechtlichen Beweisführung abgerückt und hat die Frage arbeitsrechtlich gewürdigt. Das RG. selbst hat sich in seiner bekannten und vielfach behandelten Entscheidung vom 6. 2. 1923[4] in bewußtem Gegensatz zu dem auf individualistischer Grundlage aufgebauten Gedanken des BGB. gestellt und eine Lösung der Rechtsfrage in der Annahme einer sozialen Arbeits- und Betriebsgemeinschaft gesucht.[5] Der Arbeiter sei nicht mehr ein bloßes Werkzeug des Unternehmers, sondern ein lebendiges Glied der Arbeitsgemeinschaft, die die Grundlage des Betriebes bildet. Aus diesen Gründen müsse auch er einen Teil der Betriebsgefahr tragen. Die Entscheidung ist zwar nicht ganz klar, und vor allem ist sie nicht einheitlich durchgeführt. Einmal kann auch nach ihr der Arbeitgeber allein zur Tragung des durch eine Betriebshemmung entstehenden Schadens für

---

[1] Staudinger, 9. Aufl. a.a.O. II,1, § 297, N. 1a und § 293, N. 1a. Die gesamten Lehrmeinungen in dieser Streitfrage ferner zusammengestellt unter N. II,2b, zu § 615.

[2] Eckstein im Arch. bürg. Recht 37, S. 477ff., insbes. S. 479.

[3] Feig-Sitzler BRG. a. a. O. S. 15.

[4] RGZ. 106, 272ff.; in JW. 1923, 831; in NZfA. 1923, Sp. 322ff. Die Entscheidung betrifft einen Sonderfall des Betriebsrisikos, den Teilstreik; darüber unter III., S. 90ff.

[5] Über den sehr anfechtbaren Gedanken der Betriebsgemeinschaft i. S. des RG. Näheres im Abschnitt IV C III 2 u. 3, S. 99f.

verpflichtet erachtet werden, dann versucht das RG. auch am Schlusse das gewonnene Ergebnis in die Rechtsordnung des BGB. einzufügen, indem es schließlich zur Annahme des § 323 BGB. gelangt. Trotzdem hat man in der Entscheidung den Beginn einer Entwicklung erblickt, die man geradezu als die Überwindung des Zivilrechts bezeichnet hat[1]. Ja, man hat die Worte gebraucht, „das BGB. stirbt und das RG. ist sein Totengräber“[2]. Wenn diese Auffassung auch an einer starken Übertreibung leidet, so ist doch der Wert der RG.-Entscheidung vor allem in der Anerkennung arbeitsrechtlicher Grundgedanken zu suchen, die mit der bürgerlich-rechtlichen Dogmatik nichts zu tun haben. Man hat dann auch in Lehre und Rechtsprechung an diese sozialen Gedanken angeknüpft und ganz allgemein aus wirtschaftlichen und sozialen Erwägungen grundsätzlich die Gefahrtragung dem Betriebsherrn auferlegt[3]. Die Annahme einer Arbeits- und Betriebsgemeinschaft mit den für das Betriebsrisiko entstehenden Folgen, wie sie das RG. angenommen hat, ist zwar allgemein abgelehnt worden, trotzdem hat man die vom BGB. sich lossagende, vom RG. eingeschlagene Methode beibehalten. Die Vertreter der arbeitsrechtlichen Lehre[4] unterscheiden innerhalb des Betriebsrisikobegriffes ein generelles und ein spezielles oder individuelles Risiko, je nachdem, ob die durch natürliche, wirtschaftliche oder technische Gründe hervorgerufene Stillegung gleichzeitig viele Betriebe bestimmter Art oder nur einzelne ergriffen hat. Im letzteren Falle hat der Betriebsherr ohne weiteres die Gefahr zu tragen. Man ist aber davor zurückgeschreckt, auch in den Fällen, wo etwa durch Überschwemmungen ganze Landstriche verheert, oder wo wegen Rohstoffmangels Fabriken ganzer Berufszweige stillgelegt werden, die Gefahrtragung dem Arbeitgeber allein aufzubürden. Hier will man ihm immer die Pflicht zur Lohnzahlung abnehmen und damit die Betriebsgefahrtragung zum Teil dem Arbeitnehmer auferlegen[5].

Leider ist auch heute noch nicht die für das Arbeitsrecht so wichtige Frage einheitlich gelöst. Vor allem ist die Rechtsprechung[6] noch sehr schwankend. An sich ist auch das RAG. von der vom RG. am 6. Februar 1923 gegebenen Begründung aus dem Gedanken der Betriebs- und

[1] Potthoff, Einwirkung a. a. O. S. 8.

[2] Oppermann — angegeben bei Potthoff, Einwirkung a. a. O. N. 9 auf S. 8.

[3] Siehe Hueck, Arbeitsvertragsrecht a. a. O. S. 91 und bei Hueck-Nipperdey a. a. O. S. 198 und 199.

[4] Außer Hueck: Oertmann, Arbeitsvertragsrecht a. a. O. S. 169; Hedemann, Lohnzahlung a. a. O. S. 43ff.; Titze in JW. 1922, Sp. 548, insbes. 550 und 551; Adler im ArbR. 1922, Sp. 353ff.; Staub-Bondi 12./13. Aufl., N. 8 zu § 63.

[5] Titze und Oertmann siehe vorige N.

[6] Die Rechtsprechung ist zusammengestellt in einer von der Vereinigung der Deutschen Arbeitgeberverbände herausgegebenen Sammlung: Unmöglichkeit der Leistung und Annahmeverzug, 3 Hefte; vgl. neuere Entscheidungen in der Bensh. Samml., Bd. I LAG. Nr. 45, 47, 79, 127. — Bd. II RAG. Nr. 22, 41, 65; LAG. Nr. 23, 30, 37, 38. — Bd. III RAG. Nr. 35, 37; LAG. Nr. 38.

Arbeitsgemeinschaft nicht abgegangen. Doch hat man immer mehr den Gesichtspunkt des § 242 BGB. betont und ausgeführt, unter Berücksichtigung der für das Arbeitsrecht maßgebenden wirtschaftlichen und sozialen Grundsätze könnte man nur nach der Lage des einzelnen Falles entscheiden[1]. In einem anderen Urteile (vom 1. Februar 1928)[2] hat das RAG. von drei Lösungsmöglichkeiten gesprochen, von der der Betriebsgemeinschaft, der des § 615 BGB. und der der §§ 293, 294, 297, 323 BGB. Es ist auf die beiden letzten zivilrechtlichen Gesichtspunkte gar nicht eingegangen und hat es auch dahingestellt sein lassen, inwieweit dem Gedanken der Betriebs- und Arbeitsgemeinschaft beizutreten sei, denn auch das RG. lasse in seiner Entscheidung einen Ausweg im § 242. In vielen Urteilen, die sich mit der Lohnzahlung bei Betriebsstockung befassen, ist die Entscheidung auf Grund von tariflichen Bestimmungen oder Betriebsvereinbarungen getroffen worden, und so hat man es leider oft vermeiden können, von neuem die Frage grundsätzlich zu lösen. Eine grundlegende Stellungnahme ist durch das RAG. erst in einem Urteil vom 20. Juni 1928[3] erfolgt. Allerdings verbleibt auch in dieser Entscheidung das RAG. dabei, daß sich eine für alle in Betracht kommenden Fälle geltende Entscheidung nicht geben lasse, daß es vielmehr auf die Umstände des einzelnen Falles ankomme. In diesem Urteile sind vom RAG. zum ersten Male Richtlinien aufgestellt worden, die für die Beurteilung des einzelnen Falles entscheidend sein sollen. In erster Linie kommt es danach auf vertragliche Vereinbarungen an, deren möglichst ausgiebigen Gebrauch das RAG. empfiehlt. Im Falle eines Verschuldens auf seiten des Betriebsherrn müsse die Lohnzahlung stets erfolgen. Ermangelt es an einem solchen, dann ergebe sich die Lösung der Frage „nicht allein und auch nicht in erster Linie“ aus den §§ 323 und 615 BGB., sondern aus dem modernen Arbeitsrecht und den modernen Arbeitsverhältnissen. Der zur Zeit der Entstehung des BGB. für die Dienstverhältnisse maßgebend gewesene individualistische Standpunkt sei durch den auch in der Gesetzgebung anerkannten Gedanken der sozialen Arbeits- und Betriebsgemeinschaft verdrängt worden. Somit schließt sich das RAG. an die bekannte Entscheidung des RG. in RGZ. 106, 272 an und kommt schließlich zu dem Ergebnis, daß die Folgen der Betriebsstörung den treffen, der sie zu vertreten hat. Es folgt dann eine Aufstellung von Richtlinien über die Beurteilung der Frage, welche Ereignisse von dem Betriebsherrn und welche von der Belegschaft zu vertreten sind, für die wieder der § 242 BGB. die Grundlage bietet.

[1] RAG. 1, 331.

[2] Veröffentlicht in der Sammlung arbeitsrechtl. Entscheidungen des Verbandes Deutscher Arbeitgeber 1928, S. 166.

[3] Vgl. Bensh. Samml., Bd. III, S. 116ff.; vgl. auch daselbst S. 129ff. die Entscheidung des RAG. vom 4. Juli 1928.

b. Für uns liegt die Lösung der Streitfrage im Betriebe, d. h. in der betriebsrechtlichen Gestaltung, wie sie die Rechtsordnung heute bietet. Wenn wir wieder auf den Betrieb zurückkommen, so läßt er sich, wie bereits gezeigt wurde, nicht in lauter einzelne Schuldverhältnisse auflösen. Wir hatten ihn als Organismus, als einen Herrschaftsverband kennengelernt, in dem jeder darin tätigen Person eine bestimmte Aufgabe zukommt. Der Leiter und Herrscher dieses Verbandes war der Betriebsherr, der auf Grund seiner aus dem Eigentum hergeleiteten Gewalt auch nach geltendem Recht noch, wenn auch innerhalb bestimmter Grenzen, sein Herrschaftsrecht ausübt. Dem Betriebsherrn steht auch heute wie ehedem das Eigentum am Betriebsvermögen zu. Die nach dem BRG. der Belegschaft eingeräumten Mitwirkungsrechte beschränken sich ja einzig und allein auf Verwaltungsangelegenheiten und erstrecken sich keineswegs auf eine vermögensrechtliche Beteiligung etwa in dem Sinne, daß ein Teil des Reingewinns der Belegschaft zukommt. Es ist bedenklich, wenn HEDEMANN[1] ausführt, daß die Arbeitnehmer von dem im Betriebe Erarbeiteten ihren Lohn erhalten und daraus an anderer Stelle[2] für die Tragung des Betriebsrisikos seine Schlüsse zieht. Nach ihm ringen drei wirtschaftliche Großmächte um den Ertrag, den jährlichen Abwurf der industriellen Unternehmungen: das Kapital, die Arbeiterschaft und der Staat. HEDEMANN übersieht, daß es sich dabei gar nicht um den wirklichen Ertrag handelt, denn als solcher kann immer nur der Reingewinn angesehen werden, auch als Gegenwert zum Risiko, und dieser fällt heute allein dem Betriebsherrn zu. Es ist daher nicht mehr als recht und billig, daß er entsprechend seiner ausschließlichen Gewinnbeteiligung zu Zeiten schlechten Betriebsganges den Verlust zu tragen hat. Von diesen Gedanken ausgehend kommt man notwendig auch dazu, ihm auch den mittelbaren Schaden aufzubürden, der ihm durch Lohnzahlung an Arbeiter entsteht, die bei Betriebshemmungen nicht arbeiten können. Auch das fällt in den Kreis, für den der Betriebsherr einzustehen hat, weil es an ihm liegt, die Arbeitsunterlagen zu stellen, und wenn er das nicht vermag, ihn auch der daraus erwachsende Schaden trifft. Das entspricht ganz unseren eigentumsrechtlichen Betrachtungen über den Betrieb. Kraft seiner aus dem Eigentum hergeleiteten Verfügungsgewalt über die sächlichen Betriebsmittel hat er allein den Nutzen aus ihnen, steht ihm das Recht am Arbeitsergebnisse zu. Er muß nun aber auch dafür die durch den Untergang von sächlichen Betriebsmitteln entstehenden Verluste allein tragen. Die Ausführungen grenzen nahe an eine Theorie, die im gemeinen Rechte Bedeutung hatte, die sog. „Sphärentheorie“. Danach hatte jeder eine bestimmt abgegrenzte „Sphäre“, für diese mußte er

[1] HEDEMANN, Lohnzahlung a. a. O. S. 44.
[2] Derselbe im Sachenrecht a. a. O. S. 63/64, Ziff. 5.

eintreten und allen Schaden, der sich innerhalb seiner Sphäre ereignete, auch übernehmen[1]. Nach unseren Ausführungen, die aus der Rechtsgestaltung innerhalb des Betriebes nach geltendem Recht zu einer Gefahrtragung durch den Betriebsherrn gekommen sind, ist für eine Unterscheidung in ein generelles und individuelles Risiko, wie sie die soziale und wirtschaftliche Betrachtung kennt, kein Grund vorhanden. Es ist nicht ersichtlich, weshalb beim generellen Betriebsrisiko der Satz von der Gefahrtragung eine grundsätzliche Änderung erfahren sollte. Es mag zwar ganz besonders gelagerte außergewöhnliche Fälle geben, etwa bei Blockade oder in Kriegszeiten, wo es gegen Treu und Glauben verstoßen würde, vom Arbeitgeber die Lohnzahlung zu verlangen. Solche besonderen Ereignisse stellen aber immer nur seltene Ausnahmen von der Regel dar und schränken die oben getroffenen Feststellungen insofern nicht ein, als ja jede Leistung, auch die Lohnzahlung des Arbeitgebers, nur so zu bewirken ist, wie Treu und Glauben es erfordern.

III 1. Es hatte sich bisher bei der Behandlung des Betriebsrisikos immer nur um Fälle gehandelt, bei denen weder auf seiten des Arbeitgebers noch auf denen der Arbeitnehmer irgendein Verschulden vorlag, wo also die Betriebsstockung ihren Grund in bloßen Ereignissen der Außenwelt verschiedenster Art hatte, für die ein Verhalten der Arbeitnehmer in keiner Weise ursächlich war. Es soll nun im folgenden die Frage des Teilstreiks erörtert werden, der zwar nur ein Sonderfall des Betriebsrisikoproblems ist, aber gerade wegen seiner andersartigen rechtlichen Behandlung aus dem allgemeinen Zusammenhang der obigen Darlegungen herausfällt. Auch hier werden betriebsrechtliche Gesichtspunkte bei der Lösung der Frage eine gewichtige und entscheidende Rolle spielen. Vorerst eine kurze Klärung des Teilstreikbegriffes. Ein Teilstreik liegt immer dann vor, wenn innerhalb eines Betriebes nur ein Teil der Belegschaft die Arbeit niedergelegt hat, also wenn etwa in einer Glashütte die Glasbläser streiken und die Schleifer nicht arbeiten können, weil durch den Streik der Bläser eine Betriebshemmung eingetreten ist. Man unterscheidet nun einen echten und einen unechten Teilstreik. Bei dem echten Teilstreik sind die übrigen nicht streikenden Arbeiter tatsächlich arbeitswillig, während sie bei dem unechten Teilstreik mit den Streikenden im Einvernehmen stehen, also nur scheinbar arbeitswillig sind.

2. Im Falle des echten Teilstreiks liegt es so, daß durch den Streik einer Betriebsabteilung die anderen Arbeiter des Betriebes gezwungen

---

[1] Siehe darüber HEDEMANN, Lohnzahlung a. a. O. S. 20, N. 40; ein Überblick über die in Frage kommende Pandektenstelle mit den Bemerkungen der Glossatoren findet sich bei HEDEMANN a. a. O. S. 15—20, der auch die Stellung fremder Rechte zu diesem Punkte behandelt.

werden zu feiern. Sie sind arbeitsbereit, verfügen über ihre volle Arbeitskraft, bieten sie dem Arbeitgeber auch an, können aber nicht beschäftigt werden, weil der Betriebsherr ihnen wegen Arbeitsniederlegung eines Teiles der Belegschaft die erforderlichen Arbeitsunterlagen nicht zu stellen vermag. Nach den obigen Ausführungen scheint es zunächst, als ob auch hier der Betriebsherr in Annahmeverzug käme und zur Lohnzahlung verpflichtet sei. Bei näherer Betrachtung stellt sich aber die Sachlage anders dar. Wir hatten ja gesehen, daß innerhalb des Betriebes der Betriebsherr sowie die Betriebsangehörigen einen gewissen Kreis von Angelegenheiten zu vertreten hatten. Diese „Sphäre" war bei dem Betriebsherrn ungleich größer als bei den Betriebsangehörigen, den Arbeitern und Angestellten, weil er Eigentümer des gesamten Betriebsvermögens ist, während die zu der Belegschaft zusammengeschlossenen Arbeitnehmer nichts anderes als ihre Arbeitskraft ihr eigen nennen können. In dem oben behandelten Falle der durch Einwirkung äußerer Naturereignisse hervorgerufenen Betriebsstockungen hatte die Gefahr der Betriebsherr allein zu tragen, weil der Schaden mittelbar durch die Vernichtung der in seinem Eigentum stehenden sächlichen Betriebsmittel begründet wurde. Hatte er allein im Regelfalle die Vorteile aus dem Eigentum, so mußte er nunmehr auch die daraus erwachsenden Nachteile auf sich nehmen. Bei dem Teilstreik jedoch wird der Mangel an nötigen Arbeitsunterlagen durch das Versagen der Arbeitsleistung eines Teiles der Betriebsangehörigen verursacht. Hier hat also das Arbeitshindernis seinen Grund auf der Seite der Arbeitnehmer. Die Arbeitswilligen oder besser der Arbeitswillige als einzelner, als Individuum ist ja freilich nicht der Schuldige, aber schuldig sind seine Genossen, die Belegschaftsmitglieder, der streikende Teil der Betriebsangehörigen, die den Ausfall der Arbeit durch den Streik verursacht haben. Im Betriebe geht ja der einzelne unter, stellt nur ein kleines an sich unbedeutendes und leicht ersetzbares Rädchen dar. Das persönliche Dienstverhältnis zu dem Betriebsherrn ist in der Neuzeit auf das stärkste gelockert worden und hat mehr und mehr einem bloßen Einstellungsvertrage Platz gemacht. Im Zeitalter weitgehendster Arbeitsteilung steht nicht mehr der einzelne Arbeiter dem Betriebsherrn gegenüber, sondern ihm als Vertreter des Kapitals ist als Vertreterin der Arbeit die gesamte Belegschaft gleichgeordnet. Erst in der Gesamtheit sind die Arbeitnehmer eines Betriebes für den Betriebsherrn das, was im Zeitalter des Handwerks und gegenwärtig vielleicht noch zum Teil im Kleinbetriebe jeder Dienstverpflichtete ist. Die einzelne Arbeitsleistung im Betriebsorganismus ist heute derart abhängig von der der Mitarbeiter, daß man von ihr als Sonderleistung gar nicht mehr sprechen kann. Sie wird nur noch gewertet im Zusammenhang mit den Arbeitsverrichtungen der anderen Arbeiter, nur die Summe der einzelnen

Arbeitsleistungen hat für den Betrieb noch einen Wert[1]. Aus dieser Erkenntnis heraus, daß erst die Gesamtheit aller Arbeiter für den Betrieb Bedeutung hat, sind die Betriebsangehörigen nach dem BRG. zu einer Einheit, der Belegschaft, zusammengefaßt worden, und in dieser Verbundenheit haben sie ihre Vertretung in den Betriebsräten erhalten, die die Geschicke des Betriebes in gewissem Umfange mitbestimmen. Die Arbeitnehmer haben als Einheit ihre Rechte erlangt, sie müssen es sich nun auch gefallen lassen, wenn man ihnen als Gesamtheit die Verantwortung für das Tun einzelner ihrer Angehörigen aufbürdet. Man sagt mit Recht, man könne eine Einwirkung der Arbeitswilligen auf die Streikenden verlangen. Dazu besteht ja auch die Arbeitervertretung, die in den Betrieben sehr gut Meinungsverschiedenheiten innerhalb der Belegschaft schlichten kann, indem sie den Streiklustigen die Folgen ihres vertragswidrigen Verhaltens vor Augen stellt und sich bemüht, die Ruhe innerhalb des Betriebes aufrechtzuerhalten. Gehört es doch gemäß § 66 Ziff. 3 BRG. geradezu zu den Pflichten des BR., den Betrieb vor Erschütterungen zu bewahren. Man hat im Falle des Teilstreiks auch aus dem Grunde den Betriebsherrn von seiner Lohnzahlungspflicht entbunden, weil ja sonst immer nur ein kleiner Teil der Belegschaft zu streiken brauchte und der Betriebsherr durch Lohnzahlung an die Arbeitswilligen den Streik aus seiner Tasche bezahlen müßte. Auch im Falle des Teilstreiks sind die meisten Schriftsteller zu der gleichen Entscheidung gekommen wie die vorliegende Bearbeitung, aber auch hier wieder nicht aus rein betriebsrechtlichen Gesichtspunkten heraus, sondern aus allgemeinen wirtschaftlichen und sozialen Gründen.

Das hat im Falle des Teilstreiks noch eine besondere Bedeutung. Man hat nämlich bei der Rechtfertigung seiner Ausnahmestellung innerhalb der Betriebsrisikofrage ganz allgemein von der Solidarität der Arbeitnehmer gesprochen und diese Verbundenheit weit über die Grenzen des Betriebes ausgedehnt[2], indem man darauf hingewiesen hat, daß es Aufgabe der Gewerkschaften sei, auf die Streikenden einzuwirken. Selbst wenn die Streikenden einer anderen Gewerkschaft angehörten, so könne ja die Leitung der Gewerkschaft, der die Arbeitswilligen angehören, mit der anderen in Verhandlung treten[3]. Diese weite Ausdehnung des Solidaritätsgedankens über den Betrieb hinaus ist bedenklich und

---

[1] So Potthoff im ArbR. 1923, 677 und eine Entscheidung des LG. Stade vom 16. 12. 1920, in JW. 1921, S. 1336, mit zustimmender Bemerkung Potthoffs. Die Entscheidung sowie Potthoff verneinen aus denselben Gründen den Lohnanspruch der Arbeitnehmer.

[2] So die herrschende Ansicht in Schrifttum u. Rechtsprechung. Vgl. z. B. auch die Entscheidung des LAG. Elberfeld vom 4. April 1928 in Bensh. Samml., Bd. III, S. 127ff., insbes. S. 129.

[3] Insbes. Hueck Rspr., Bd. I, S. 345; im Arbeitsvertragsrecht a. a. O. S. 93; bei Hueck-Nipperdey a. a. O. S. 200. — Titze in JW. 1922, S. 550 und viele andere.

vor allem rechtlich keineswegs begründet. Im Leben würden hier erhebliche Schwierigkeiten entstehen, wenn man beachtet, daß die verschiedenen Gewerkschaften in den meisten Fällen sich feindselig gegenüberstehen. Eine solche Ausdehnung müßte notwendig dazu führen, auch in Fällen, in denen die Arbeitsunterbrechung durch Streik in einem anderen, nicht dem Betriebsherrn gehörigen, vielleicht weit entfernt liegenden Betrieb hervorgerufen wird, den Arbeitern des mittelbar betroffenen Betriebes keinen Lohn zu gewähren. Darauf weist HUECK[1] bei der Besprechung der bekannten RG.-Entscheidung über den Teilstreik (RGZ. 106, 272ff.) ausdrücklich hin. In den vom betriebsrechtlichen Gesichtspunkt sehr anfechtbaren Ausführungen[2] der Entscheidung wird ja bekanntlich von einer Betriebsgemeinschaft zwischen der Belegschaft und dem Betriebsherrn gesprochen, während die Solidarität der Arbeitnehmer untereinander wenig Berücksichtigung gefunden hat. HUECK meint nun, es wäre gerade für den oben erwähnten Fall von größter Bedeutung, ob man wie das RG. eine Betriebsgemeinschaft zwischen Belegschaft und Betriebsherrn annehme oder sich für die Solidarität der Arbeitnehmer untereinander ausspreche. Im ersteren Falle würden die Arbeitnehmer des durch den Streik eines anderen Betriebes mittelbar betroffenen Werkes ihren Lohn erhalten, da ja eine Arbeitsgemeinschaft zwischen den Arbeitern des lahmgelegten Betriebes und dem Betriebsherrn des die Stillegung verursachenden Werkes nicht bestehe. Im letzteren Falle würden sie keinen Lohn bekommen. Dieser Schluß ist nicht zwingend. Es kann sich bei der Solidarität der Arbeitnehmerschaft auch immer nur um die innerhalb eines Betriebes handeln. Nur im Betriebe sind die Arbeitnehmer durch das Gesetz zu einer Interessengemeinschaft zusammengefaßt. Dem steht auch nicht entgegen, daß der vor dem Erlaß des BRG. hartnäckig geführte Kampf um die Vorherrschaft zwischen Betriebsräten und Gewerkschaften im Gesetz zugunsten der letzteren entschieden worden ist. Damit sollte lediglich den außerbetrieblichen Arbeitnehmerorganisationen die bisherige Führerschaft der Arbeitermassen insbesondere im Lohnkampf nicht aus den Händen genommen und gleichzeitig die kommunistischen Keimzellenbildungen im Betriebe unterbunden werden. Es war damit aber keineswegs rechtlich die Gemeinschaftsverbundenheit der gesamten Arbeiterschaft ausgesprochen. Eine solche ist ausdrücklich nur für die kleinste Zelle des Wirtschaftslebens, für den Betrieb, rechtlich anerkannt worden. Die Ausdehnung des Solidaritätsgedankens über den Betrieb hinaus entbehrt heute noch einer durchgreifenden gesetzlichen Begründung.

3a. Nach den vorangegangenen Erörterungen ist es ohne weiteres klar, daß beim sog. unechten Teilstreik die Arbeitnehmer erst recht

[1] HUECK Rspr. a. a. O. S. 345.
[2] Darüber unter C III 2 u. 3 in diesem Abschnitt S. 99f.

keinen Lohnanspruch haben. Hier sind die übrigen Arbeiter nur scheinbar arbeitswillig, in Wirklichkeit ist ihre Arbeitsbereitschaft zu dem Zwecke geheuchelt, trotz des „versteckten Streikes“[1] den Lohn weiter zu erhalten. Das Gebaren der Arbeitnehmer, die nur scheinbar arbeitswillig sind und ihren Lohn verlangen, ist außerdem noch arglistig[2]. Wichtig ist, daß hier eine von der leistungspflichtigen Partei vorsätzlich herbeigeführte Unmöglichkeit vorliegt, so daß nach § 325 BGB. die „Arbeitswilligen“ dem Betriebsherrn schadenersatzpflichtig sind.

b. Letztlich seien noch zwei Sonderfälle behandelt, und zwar die Stellung derjenigen Arbeitnehmer, die der BV., in der der Beschluß des Teilstreiks gefaßt worden ist, ferngeblieben und derjenigen, die in ihr überstimmt worden sind. In letzterem Falle handelt es sich also um arbeitswillige Arbeitnehmer; sie fordern ihren Lohn mit der Begründung, sie seien gegen den Teilstreik gewesen. Ihre Forderung besteht nicht zu Recht. Auch sie müssen die Gemeinschaftsverbundenheit der Arbeitnehmer eines Betriebes gegen sich gelten lassen. Durch die Beteiligung an der Abstimmung haben sie zu erkennen gegeben, daß sie sich deren Ergebnis unterwerfen wollen, auch wenn sie überstimmt werden. Sie müssen deshalb die Ansicht der Mehrheit billigen[3]. Es ist eine Notwendigkeit jeder körperschaftlichen Willensbildung, daß sich eine Minderheit der Mehrheit fügen muß, da Einstimmigkeit nur selten erzielt wird[4]. Von den der BV. Ferngebliebenen kann man nun zwar nicht sagen, daß sie deren Beschlüsse gebilligt hätten. Sie sind aber ebenso zu behandeln wie die Arbeitswilligen, die die solidarische Verbundenheit der Belegschaft im Betriebe gegen sich gelten lassen müssen. Sie erhalten also auch keinen Lohn. Sollte sich aus irgendwelchen Umständen ergeben, daß sie mit den Streikenden im Einverständnis stehen, so würde auch sie gemäß § 325 BGB. eine Schadensersatzpflicht treffen.

C. Die Betriebsgemeinschaft als Rechtsproblem.

I. Über die Frage der Betriebsgemeinschaft oder der Werksgemeinschaft[5], wie man sie hier und da auch genannt hat, ist in den letzten Jahren viel gesprochen und noch mehr geschrieben worden. Der Gedanke der Gemeinschaft innerhalb des Betriebes spielt für das Arbeits-

---

[1] Titze in JW. 1922, S. 550.

[2] Georg Hoeniger in JW. 1922, S. 1705.

[3] Funke in JW. 1921, S. 324.

[4] Hier liegen die Verhältnisse genau wie im Staatsrecht bei der Willensbildung in den Parlamenten.

[5] In der Untersuchung ist kein Unterschied zwischen Betrieb und Werk gemacht worden, weil bei beiden die Zwecksetzung auf das technische, näherliegende Ziel im Gegensatz zum Unternehmen die gleiche ist. Es mag aber zugegeben werden, daß man unter einem Werk auch den übergeordneten Begriff verstehen kann insofern, als man einem Werke dann mehrere Betriebe zurechnet.

recht eine wichtige und in seiner Auswirkung noch nicht genügend gewürdigte Rolle, so daß die Darstellung an einem wesentlichen Mangel leiden dürfte, falls zu diesem Betriebsproblem nicht Stellung genommen würde. Dabei sei gleich hier erwähnt, daß wohl das meiste, was bisher über die Betriebs- oder Werksgemeinschaft an Schrifttum vorhanden ist, rechtspolitische Züge trägt. Leider ist nur wenig die Frage erwähnt worden, inwieweit nach geltendem Recht eine Betriebsgemeinschaft besteht, bzw. ob überhaupt von einer solchen schon jetzt die Rede sein kann. Es soll daher zunächst die Frage nach der gegenwärtigen Rechtsordnung und Rechtsprechung behandelt und erst an zweiter Stelle auf die zahlreichen Versuche eingegangen werden, wie man diese Gemeinschaft weiterhin rechtlich ausbauen könnte. Vorerst bedarf jedoch der Begriff der Betriebsgemeinschaft einer Klärung, denn er ist ebensowenig einheitlich wie der des Betriebes und gibt daher im Schrifttum vielfach zu Mißverständnissen Anlaß.

II 1 a. Der Begriff der Gemeinschaft ist dem geltenden Recht nicht fremd. Das BGB. hat sogar in seinem zweiten Buch einen eigenen Titel, der die Überschrift „Gemeinschaft" trägt. Aber darin sind Verhältnisse geordnet worden, die am allerwenigsten etwas mit einer personenrechtlichen Verbundenheit von Menschen untereinander zu tun haben. Die Regelungen, die sich dort befinden, sind rein vermögensrechtlicher oder besser güterrechtlicher Natur. Im Familienrecht, insbesondere im ehelichen Güterrecht, taucht noch einmal der Gemeinschaftsbegriff auf und hier hat er schon eher den Sinn des Verbundenseins, des Aufgehens der Beteiligten im Gemeinschaftswohl und Gemeinschaftswillen[1].

b. Wenn es auch in der Gesetzgebung mit der starken Ausprägung des Rechts der Einzelpersönlichkeit noch nicht zu einer rechtlichen Anerkennung der Gemeinschaft als eines in sich geschlossenen Organismus kommen konnte, so ist doch ganz abseits davon schon lange ein gewisser Lebenstatbestand darunter verstanden worden. Man[2] hat unter Gemeinschaft sich einen Kreis von Menschen vorgestellt, „die wesentlich miteinander verbunden und zu einer organischen Einheit" geworden sind, „etwas natürlich Erwachsenes und Erlebtes". Die einzelnen gehen in dieser Gemeinschaft auf und sind nur deren Teile, den Zellen des Körpers vergleichbar. Es finden in ihr Tätigkeiten statt, die auf diese Einheit zurückgehen und, wenn sie auch durch die Einzelpersonen geschehen, den Willen und Geist des einheitlichen lebendigen Gebildes ausdrücken. Als einigendes Band, als soziale Kraft, die die Menschen als Glieder eines Ganzen zusammenhält, ist „die gegenseitig-gemeinsame

[1] Vgl. HEDEMANN in SozProbl. a. a. O. S. 17f.

[2] Vor allem darüber TÖNNIES a. a. O. S. 7ff., insbes. S. 16, 18, 19, 33 und HEDEMANN in SozProbl., S. 17/18.

Gesinnung, der eigene Wille einer Gemeinschaft" Voraussetzung. TÖNNIES[1] hat dieses Band, das die Gemeinschaft erst zum Leben gestaltet, Verständnis genannt und dies als den einfachsten Ausdruck für das innere Wesen und die Wahrheit alles echten Zusammenlebens und Wirkens bezeichnet. In den Gegensatz zu dieser Gemeinschaft einer Lebensverbundenheit, die ihrem Wesen nach also eine dauernde ist, als „einen gegenseitigen Besitz und Genuß und Besitz und Genuß gemeinsamer Güter" hat man die Gesellschaft gesetzt. Sie ist mithin ein Zusammenwirken von Menschen, die nicht „wesentlich" miteinander verbunden, sondern getrennt sind, „wo jeder einzelne für sich allein und im Zustande der Spannung gegen alle übrigen ist", wo es also an einem gegenseitigen Ineinanderaufgehen und Füreinanderleben mangelt.

2a. Man hat nun diesen eben dargelegten soziologischen Gemeinschaftsbegriff häufig auf die Verhältnisse innerhalb des Betriebes übertragen und von einer Betriebs- und Werksgemeinschaft gesprochen[2]. An sich liegt es nicht so fern, im Betriebe eine Gemeinschaft zu vermuten, wie sie oben gekennzeichnet worden ist. Der Betrieb, vor allem der Großbetrieb, der ja die Grundlage unserer Betrachtung bietet, vereinigt Hunderte von Arbeitnehmern zu den gleichen Bedingungen und zumeist unter denselben wirtschaftlichen Voraussetzungen acht Stunden und länger am Tage. Die Gemeinschaft des Betriebes, des Ortes, die den größten Teil des Tages die Arbeiter miteinander und mit den sächlichen Betriebsmitteln verbindet, wird leicht zu der Gemeinschaft des Geistes, als einem Miteinanderwirken und -walten in der gleichen Richtung und in dem gleichen Sinne. Was also TÖNNIES[3] für die kleinste Zelle des Volkes, die Familie, dargelegt hat, die sich von einer Gemeinschaft des Blutes zur Gemeinschaft des Ortes entwickelt und besondert, schließlich zur Gemeinschaft des Geistes wird, gilt ganz entsprechend für die kleinste Zelle der Wirtschaft, den Betrieb. Nur ist hier der Ausgangspunkt der Entwicklung nicht die Gemeinschaft des Blutes, sondern die Gemeinschaft der Arbeit. Aber diese Gemeinschaft der Arbeit ist deswegen nicht etwa eine minder starke Verbundenheit der Beteiligten untereinander und füreinander. Es ist an anderer Stelle besonders darauf hingewiesen worden, daß die Arbeit des einzelnen Arbeitnehmers im Großbetrieb nur wenig bedeutet und leicht ersetzbar ist, daß erst die Arbeitsleistungen in ihrer Gesamtheit zu dem Arbeitsergebnis führen. Das ist eine Folgeerscheinung der Arbeitsteilung, zeigt jedoch in aller Deutlichkeit das

[1] a. a. O. S. 16.

[2] Nicht zu verwechseln ist dieser Begriff mit der sog. Heckmannschen Betriebsgemeinschaft, die eine verwaltungstechnische Zusammenfassung von sachlich gleichen Betriebsteilen verschiedener Unternehmungen unter neutraler Leitung bedeutet. — Die Heckmannsche Betriebsgemeinschaft als Kern neuer Unternehmungsformen von ROBERT HECKMANN. — München-Berlin 1919.

[3] TÖNNIES a. a. O. S. 12.

Aufgehen des einzelnen bezüglich seiner Arbeit in der Gesamtheit, zeigt die Gemeinschaft der Arbeit.

b α. Wenn auch der Gedanke der Gemeinschaft auf die tatsächlichen Verhältnisse innerhalb des Betriebes passen mag, so ist man sich doch vielfach nicht darüber einig, wo nun eigentlich der Schwerpunkt dieser Gemeinschaft zu suchen ist[1]. Nach den vorangegangenen Ausführungen ist es naheliegend, die *Arbeitnehmerschaft* in ihrer Gesamtheit als eine Gemeinschaft aufzufassen. So ist es auch verschiedentlich gehandhabt worden. Beispielsweise hat HERZFELD[2] die Belegschaft eines Betriebes für eine Betriebsgenossenschaft erklärt, die der Gemeinschaft der Kommanditisten in der Kommanditgesellschaft auf Aktien zwar nicht gleich, aber sehr ähnlich sei[3]. Von einer Gemeinschaft der Arbeitnehmer untereinander innerhalb eines Betriebes spricht auch SIMSON[4]. Nicht einheitlich stellt sich bei HEDEMANN der Begriff der Betriebsgemeinschaft dar. In seinem II. Abschnitt[5] scheint ihm die Gemeinschaft in dem gleichen Sinne wie HERZFELD und SIMSON vorzuschweben, also als eine Gemeinschaft der Arbeitnehmer untereinander. Er kommt nämlich von der Notwendigkeit irgendeiner Zusammenfassung, einer gruppen- oder massenweisen Organisation der Arbeitnehmerschaft, zur Erörterung der Frage, ob das Schwergewicht gerade dieser Zusammenfassung in die Gewerkschaften oder die Betriebe verlegt werden soll und entscheidet sich aus Gründen des Gemeinschaftsgedankens heraus für die letztere Lösung[6].

β. An anderer Stelle[7] vertritt HEDEMANN jedoch im Anschluß an die bekannte, bereits erwähnte RG.-Entscheidung über den Teilstreik die Auffassung, daß zu der Betriebsgemeinschaft auch der Arbeitgeber gehöre und gerade die Arbeitsgemeinschaft als eine Art von Genossenschaft im deutschrechtlichen Sinne von sämtlichen Angehörigen des Betriebes, Arbeitgebern, Angestellten und Arbeitern, gebildet werde. Diese Anschauung von der Gemeinschaft des Betriebes ist auch die überwiegend herrschende. Sie wird durch die Einbeziehung des Arbeitgebers in die Arbeits- und Betriebsgemeinschaft der Tatsache gerecht, daß ja der Wille, nach dem die Gemeinschaftsarbeit verrichtet wird, der Wille des Arbeitgebers, des Betriebsherrn, ist. So wird auch in den

---

[1] VOLLBRECHT im ArbR. 1926, Sp. 769.
[2] HERZFELD im ArbR. 1921, S. 139ff.
[3] Darüber unter C IV 1a dieses Abschnittes S. 100ff.
[4] SIMSON im ArbR. 1925, Sp. 417ff.
[5] HEDEMANN in SozProbl. a. a. O. S. 19.
[6] Auch POTTHOFF verwendet ähnlich wie HEDEMANN den Begriff der Betriebsgemeinschaft in verschiedener Bedeutung. An manchen Stellen versteht auch er unter Betriebsgemeinschaft eine Belegschaftsgemeinschaft. Darauf weist VOLLBRECHT im ArbR. 1926, Sp. 776 hin. So von einer Belegschaftsgemeinschaft POTTHOFF im ArbR. 1926, Sp. 109.
[7] HEDEMANN a. a. O. S. 18 und 27/29.

meisten Abhandlungen über die Betriebs- oder die Werksgemeinschaft unter dieser die Verbundenheit der Arbeitnehmer unter sich und mit dem Arbeitgeber, also zwischen Belegschaft und Betriebsherrn, verstanden[1].

γ. Von diesem Gedanken der Verbundenheit der Arbeitgeber und Arbeitnehmer innerhalb des Betriebes aus kommt dann HEDEMANN und zum Teil auch POTTHOFF[2] zu einer Gleichsetzung der Betriebsgemeinschaft mit dem Betriebe.

III 1. Die geltende Rechtsordnung kennt zwar, wie dargetan wurde, einen Gemeinschaftsbegriff; dieser kann jedoch für die rechtliche Ausgestaltung der Betriebsgemeinschaft nicht in Frage kommen, da er auf ganz andere Verhältnisse zugeschnitten ist. Dennoch entbehrt auch sie nicht völlig einer gesetzlichen Grundlage. Wenn auch die Betriebsgemeinschaft in dem angedeuteten Sinne nicht begrifflich in das BRG. aufgenommen worden ist, so haben doch ihre Gedanken zum Teil in diesem Gesetz Eingang gefunden. Dort ist ja festgelegt worden, daß Rechte, die früher allein dem Arbeitgeber, dem Betriebsherrn, zustanden, und die auf sein Eigentum an den sächlichen Betriebsmitteln zurückgingen, nunmehr nur durch diesen und die Belegschaft bzw. ihre Vertreter zusammen ausgeübt werden können. Gerade in dieser durch das BRG. herbeigeführten Umgestaltung der bisherigen Rechtsverhältnisse innerhalb des Betriebes liegt die Anerkennung des Gemeinschaftsgedankens. Es ist dadurch im Betriebe eine Gemeinschaft zwischen Arbeit und Eigentum geschaffen worden[3]. Ob diese Gemeinschaft bereits durch den bekannten Art. 165 Abs. 1 RV. ins Leben gerufen worden ist, wie es von SINZHEIMER[4] behauptet wird, oder ob nicht darin vielmehr nur eine programmatische Erklärung liegt, kann dahingestellt bleiben. Tatsächlich hat der Gemeinschaftsgedanke im BRG. dann seine Verwirklichung gefunden. Denn in den §§ 66 und 78 BRG. ist genau festgestellt worden, inwieweit von der bisherigen alleinigen Verfügungsmacht über das Eigentum ein bestimmter Kreis von Befugnissen

---

[1] Als Beispiele für die Auffassung der Betriebsgemeinschaft in diesem Sinne, sowie gleichzeitig als Literaturangaben für die Behandlung des Problems im allgemeinen seien genannt: HUECK bei MOLITOR-HUECK-RIEZLER a. a. O. S. 213; BANG a. a. O. S. 158ff., insbes. S. 165, 170; OERTMANN im ArbR. 1921, Sp. 11ff.; NÖRPEL im ArbR. 1924, Sp. 917ff.; POTTHOFF daselbst, Sp. 713ff.; KIESEL daselbst, Sp. 763ff.; PROEBSTING im ArbR. 1925, Sp. 1015ff.; VOLLBRECHT im ArbR. 1926, Sp. 767 und in den interessanten Auseinandersetzungen von SILBERSCHMIDT-GÖPPERT-POTTHOFF und VOLLBRECHT im RABlnaT. 1925, S. 84, 165, 289, 662. Als neuere Werke: MÜLLER, Die Werksgemeinschaft, 1928; VORWERCK-DUNKMANN, Die Werksgemeinschaft, 1928; KUPSCH, Der Kampf um die Werksgemeinschaft, 1928.

[2] HEDEMANN a. a. O. S. 27. — POTTHOFF z. B. in SozProbl. S. 336ff.; RABlnaT. 1925, S. 289/90.

[3] SINZHEIMER a. a. O. S. 208ff.

[4] a. a. O. S. 209.

vergemeinschaftet, d. h. der gemeinschaftlichen Ausübung durch die Träger des Eigentums und der Arbeit zugesprochen worden ist. Insofern deckt sich der Gemeinschaftsbegriff des BRG. mit dem von TÖNNIES aufgestellten. Auch er fordert von der Gemeinschaft, daß sie Besitz und Genuß gemeinsamer Güter ist[1]. Daß der Gemeinschaftsgedanke auch im Sinne der deutschrechtlichen Genossenschaft[2] im BRG. verwandt worden ist, und zwar in dem Zusammenschluß der Belegschaft unter sich, dürfte wohl im Schrifttum als herrschende Lehre anzusehen sein[3].

2. Eine weitere und ungleich in ihrer Bedeutung wichtigere, wenn auch rechtlich äußerst bedenkliche Anerkennung hat der Gemeinschaftsgedanke durch die höchstrichterliche Rechtsprechung erfahren. Auch sie hat den aus wirtschaftlichen Notwendigkeiten heraus geborenen Gemeinschaftsgedanken aufgenommen, erweitert und zu einem wesentlichen Bestandteile der Rechtsordnung gestaltet[4]. Das RG. hat den Begriff der Betriebsgemeinschaft im weitesten Umfange verstanden und ihn auf das Vermögensrecht übertragen. Es hat nämlich aus der von ihm bejahten Arbeits- und Betriebsgemeinschaft zwischen dem Betriebsherrn und der Arbeitnehmerschaft eines Betriebes den Schluß gezogen, daß bei einem Versagen dieser Arbeitsgemeinschaft, bei vorliegender Betriebsstörung die Folgen nicht nur den Unternehmer, den Betriebsherrn, sondern eben auch die Belegschaft treffen müßten. Das RG. hat damit den Gemeinschaftsgedanken im Betriebe bereits in vollendeter Form anerkannt und eine soziale Tatsache als Grundlage für eine Entscheidung verwertet.

3. Es hat jedoch nicht geprüft, inwieweit dieser Gedanke bereits gesetzgeberisch anerkannt worden ist. In den Gründen ist zwar angedeutet worden, daß die neueren Gesetze auf dem Gebiete des Arbeitsrechts, insbesondere das BRG., auf dem Gedanken der gemeinschaftlichen Arbeit beruhten, aber bei dieser allgemeinen Feststellung ist es geblieben. Der Hauptmangel liegt darin, daß man bei der Annahme der Betriebs- und Arbeitsgemeinschaft aller Betriebsbeteiligten sich nicht genau an die durch die Gesetze, vor allem das BRG. festgelegten Grenzen für eine solche Gemeinschaft gehalten hat. Man durfte nicht einfach den soziologischen Betriebsgemeinschaftsbegriff ohne Prüfung übernehmen und auf ihn die Entscheidung aufbauen. Es war bereits oben ausgeführt worden, daß man von dem soziologischen Begriff der

[1] TÖNNIES a. a. O. S. 19. — Ferner bei HERZFELD im ArbR. 1921, Sp. 139ff.

[2] Dazu HUECK in MOLITOR-HUECK-RIEZLER a. a. O. S. 213.

[3] Dazu: KIESEL im ArbR. 1924, Sp. 764; SIMSON im ArbR. 1925, Sp. 421; VOLLBRECHT im ArbR. 1926, Sp. 773; BODMANN im ArbR. 1927, Sp. 901; POTTHOFF im ArbR. 1928, Sp. 70. — Vgl. auch dazu Abschnitt II unter B AA II 1a S. 17ff. und b S. 20ff. der Bearbeitung.

[4] RGZ. Bd. 106, S. 272ff. = JW. 1923, S. 831 = NZfA. 1923, S. 322ff. = RABlaT. 1923, S. 337.

Gemeinschaft bzw. der Betriebsgemeinschaft den rechtlichen trennen muß, der durch die Bestimmungen der §§ 66 und 78ff. BRG. festgelegt worden ist. Insoweit ist also im Betriebe tatsächlich eine Betriebsgemeinschaft im Sinne des RG. vorhanden, aber auch nur insoweit. Die Gemeinschaft besteht nur in dem durch das BRG. gegebenen Umfange[1]. Danach steht aber fest, daß sie nicht das Ergebnis der Arbeitsleistung erfaßt, nicht das Vermögen des Betriebsinhabers ergreift, sondern lediglich sich in gewissen Beziehungen auf die Verwaltung im Betriebe und auch da nur in engsten Grenzen erstreckt. Die Betriebsgemeinschaft ist nach dem geltenden Recht keinesfalls eine Vermögensgemeinschaft. Das Eigentum an den sächlichen Betriebsmitteln sowie am Arbeitsergebnisse steht heute noch allein dem Betriebsherrn zu[2]. Weder die Produktionsmittel, d. h. die sächlichen Betriebsmittel, noch die Arbeitsergebnisse stehen in irgendeiner Beziehung der Belegschaft und dem Betriebsherrn gemeinschaftlich zu. Da die Arbeitnehmer nicht am Gewinn des Betriebes beteiligt sind, kann auch keine Rede davon sein, daß sie die Betriebsgefahr mit dem Betriebsherrn tragen müssen. Die Gemeinschaft, die zwischen der Belegschaft und dem Betriebsherrn innerhalb des Betriebes rechtlich vorhanden ist, ist eine sehr beschränkte.

IV 1 a. Sie ist daher noch im weitesten Umfange entwicklungsfähig. Man hat vielfach versucht, Wege zu zeigen, wie dieser nun einmal bereits im Gesetz verankerte Gedanke weiter ausgebaut werden kann. Da im Schrifttum häufig rechtliche, rechts- und sozialpolitische Begriffe durcheinander gehen, so sei in aller Kürze zu ihrer Klärung auch auf diese Versuche eingegangen. Es handelt sich bei den zuerst erwähnten Behandlungen um reine rechtspolitische Ausführungen. Erwähnenswert in dieser Hinsicht ist vor allem der bereits an anderer Stelle angeführte Aufsatz von Herzfeld[3], der eine Eingliederung der Bestimmungen des BRG. in das Gesamtrecht anstrebt. Er versucht das Zusammenwirken aller Betriebsangehörigen innerhalb des Betriebes zu der Rechtsform der sog. „Kommanditgesellschaft auf Arbeit“ hinzuführen, die sonst in allem der Kommanditgesellschaft auf Aktien entspreche, nur mit dem Unterschied, daß die Kommanditisten ihre Einlagen nicht in Geld bewirkten, sondern dafür Arbeit leisteten. Herzfeld vergleicht also die Einheit der im Betrieb und durch den Betrieb vereinigten Arbeitnehmer, die „Betriebs- oder Arbeitsgenossenschaft“, wie er sie nennt[4], mit der Kommanditistengemeinschaft, den BR. mit dem AuR. und führt die Gegenüberstellung durch Heranziehung der entsprechenden Gesetzes-

---

[1] Sinzheimer in JW. 1923, S. 832. — Ferner Vollbrecht im ArbR. 1926, Sp. 773.

[2] Hueck in Rspr. S. 343; darüber auch in der eigentumsrechtlichen Behandlung.

[3] Herzfeld im ArbR. 1921, S. 139ff., 174ff.

[4] a. a. O. S. 139; s. darüber auch oben S. 97.

bestimmungen im einzelnen durch. Immerhin bleibt seine Vorstellung von der „Kommanditgesellschaft auf Arbeit" nur ein rechtspolitischer Versuch, einen Ausgleich zwischen Kapital und Arbeit innerhalb der kleinsten Wirtschaftseinheit, des Betriebes, und damit vielleicht der ganzen Wirtschaft zu finden, wenn sie auch nach seiner Ansicht vielleicht schon für augenblickliche Verhältnisse zugestutzt zu sein scheint[1]. Die rechtliche Ausgestaltung des Betriebsgemeinschaftsgedankens in der Form einer Kommanditgesellschaft auf Arbeit mag rechtspolitisch schon deshalb erstrebenswert sein, weil dadurch tatsächlich eine starke Angleichung arbeitsrechtlicher Gesetzesbestimmungen an solche des allgemeinen Gesellschaftsrechts und in Sonderheit des den Verhältnissen des Kapitalismus angepaßten Handelsrechts erreicht würde. Es bedurfte nur weniger Bestimmungen, um diese Angleichung tatsächlich in vollem Umfange herbeizuführen, was vom Standpunkt einer Gesetzesökonomie, zumal bei der Hochflut der Gesetzgebung, die nach dem Kriege und der Revolution einsetzte, nur zu begrüßen ist. Nach der heutigen Rechtsgestaltung ist dieser Gedanke jedoch, wie bereits erwähnt, noch nicht reif. Der Arbeitnehmer ist eben nicht am Gewinn und Verlust des Betriebes beteiligt, d. h. vermögensrechtlich in die Betriebsgemeinschaft eingegliedert. Er erhält seinen Lohnanspruch, ganz gleich, ob der Betrieb bzw. das den Betrieb in sich schließende Unternehmen mit Gewinn oder Verlust arbeitet. Es ist unzutreffend, wenn Herzfeld ausführt[2], daß das BRG. den Arbeitnehmer zum „Mitproduzenten", zum „Mitverdiener", zum „Teilhaber" der durch seine Arbeit mitgeschaffenen, im Betriebe steckenden Werte erhebe. Eines solchen vermögensrechtlichen Einschlages entbehren die Mitwirkungsrechte vollkommen. Es entspricht auch nicht den Tatsachen, daß sich die Mitberechtigung der Arbeitnehmer „vermöge der weitgehenden Auskunftspflicht" des Betriebsherrn bei der Lohnzumessung verwirkliche, indem sie somit zur Lohnregulierung beitrage und dadurch gleichzeitig einen angemessenen Gewinnanteil mitberechne[3]. Dem muß vor allem entgegengehalten werden, daß die Bestimmung der Höhe des Lohnes nur in den seltensten Fällen innerhalb des Betriebes durch Zusammenwirken des Betriebsherrn und der Arbeitnehmer geschieht, sondern daß gerade die Vereinbarungen darüber von überbetrieblichen Organisationen, vor allem den Gewerkschaften, getroffen werden[4]. Völlig unhaltbar

---

[1] a. a. O. S. 143, Überschrift zu II. „Der Kapitalanteil des Arbeiteinlegers bei der Kommanditgesellschaft auf Arbeit in seiner jetzigen Form".

[2] a. a. O. S. 143.

[3] Auch hier erkennt man wieder das Übergreifen betriebsrechtlicher Probleme auf solche des Unternehmens.

[4] Über die Aufgaben der Gewerkschaften und der Räte, insbes. auch bezüglich der Lohnfrage, Seidel a. a. O., vor allem S. 45, 46 unten, allerdings vom parteipolitischen Gesichtspunkte.

ist es ferner, nach geltendem Recht die Entschädigung, die der Arbeitgeber dem Arbeitnehmer im Falle des unfreiwilligen und grundlosen Ausscheidens aus dem Betriebe bezahlen muß, als eine Auszahlung des dem Arbeitnehmer durch seine Mitwirkung im Betriebsorganismus erwachsenen Kapitalanteils zu deuten. Nicht verständlich ist weiter, inwiefern der Arbeitnehmer bei fristloser Kündigung aus wichtigem Grunde seinerseits den ihm zustehenden Schadenersatz in Höhe des Kapitalanteiles zu fordern berechtigt sein soll[1]. Ein solcher Kapitalanteil besteht gar nicht und ist nirgends im Gesetz anerkannt, sondern kann auch von HERZFELD bei seiner zweifellos recht konstruktiven Auslegung der betreffenden BRG.-Bestimmungen nur im Falle einer Kündigung seitens des Betriebsherrn ohne triftigen Grund angenommen und nicht auf andere Fälle ausgedehnt werden. Dazu fehlt es an jeder gesetzlichen Grundlage. Eben dadurch wird aber die Deutung, die HERZFELD dem Entschädigungsanspruch gibt, ad absurdum geführt. Es wäre auch völlig unverständlich, warum, falls der Gesetzgeber tatsächlich stillschweigend einen Kapitalanteil des Arbeiteinlegers und damit eine gewisse Gewinnbeteiligung anerkannt hätte, nicht der Kapitalanteil immer bei dem Ausscheiden aus dem Betriebe zur Auszahlung käme. Erst dann könnte man von einer wirklichen Beteiligung am Betriebsvermögen sprechen. De lege lata kann man also den Gedanken der Kommanditgesellschaft auf Arbeit noch nicht verwerten, wohl stellt er aber de lege ferenda einen nicht zu unterschätzenden Rechtsgedanken dar, der manches für sich hat, wie anfangs erwähnt wurde.

b. Es sind noch mehrere Versuche gemacht worden, „eine Versöhnung zwischen den vermutlich oder vermeintlich entgegengesetzten Interessen des Kapitals und der Arbeit herbeizuführen“[2], und zwar auf der Grundlage der sog. Arbeitsgesellschaften. Bei diesen Versuchen handelt es sich im Gegensatz zu den Darlegungen HERZFELDS um bewußte rechtspolitische Ausführungen. Es sind also alles nur Vorschläge, wie man auf dem besten Wege rechtlich solche Arbeitsgesellschaften normieren könnte. Vor allem hat sich damit MÜHLPFORDT in einigen Aufsätzen befaßt[3]. Er wollte diese Gesellschaften auf der Grundlage der Gesellschaft des BGB. errichten, indem er die gesellschaftsrechtlichen Bestimmungen des BGB. ergänzte und weiter ausbaute. Also auch hier wieder der Versuch, an bereits vorhandene Normen anzuknüpfen und das neuzeitliche Arbeitsrecht in das System des geltenden Zivilrechts einzuspannen.

---

[1] HERZFELD a. a. O. S. 145.

[2] OERTMANN im ArbR. 1921, S. 11ff.

[3] MÜHLPFORDT im „Regulator“ vom 11. 6. 1920, Nr. 24, S. 84, vom 6. 8. 1920, Nr. 32; sowie im GDA. 1920, Nr. 2, S. 19.

Der Versuch MÜHLPFORDTS ist ebenso wie ein von der SPD. auf Grund dieser Gedanken ausgearbeiteter Gesetzentwurf von OERTMANN[1] kritisch behandelt worden. OERTMANN hält die Bestimmungen des BGB. über die Gesellschaft und die des HGB. über die oHG. für das Arbeitsverhältnis unanwendbar; vor allem stünde der § 716 BGB. der Annahme einer Arbeitsgesellschaft entgegen. Ebenso bereiteten die Vorschriften über die Haftung jedes Gesellschafters für die Gesellschaftsschulden, die gleiche anteilsmäßige Beteiligung an Gewinn und Verlust, die Auflösung der Gesellschaft im Falle des Ausscheidens eines Gesellschafters und schließlich die Unmöglichkeit des Ausschlusses eines Gesellschafters unter gleichzeitiger Fortführung der Gesellschaft in diesem Zusammenhange Schwierigkeiten. Diese Einwände mögen gegen MÜHLPFORDT berechtigt sein, der die einzelnen Arbeitnehmer als Gesellschafter der Arbeitsgesellschaft auffaßt (§ 740a seines Entwurfs zu einer BGB.-Novelle). Denkbar wäre aber sehr wohl eine Betriebsgemeinschaft in der Rechtsform einer weiter ausgebauten Gesellschaft des BGB., in der als Gesellschafter auf der Arbeitnehmerseite die gesamte Belegschaft erschiene und demnach auch nur ihr bzw. ihren Organen das Kontrollrecht des § 716 BGB. zustände, was auch dem an anderer Stelle bereits des längeren dargelegten rechtlichen Aufbau des Betriebes mehr entsprechen dürfte[2].

c. Die Kapitalsgesellschaft als Rechtsform der Betriebsgemeinschaft ist von anderer Seite wieder abgelehnt worden, da sie am Ausbeutungsverhältnis nichts ändere. POTTHOFF, der sich dagegen besonders gewandt hat[3], hat zwar keine bessere Form zum Vorschlag gebracht, denn wenn er auch als Muster die Zeiß-Werke in Jena nennt, so kann diese Lösung nur als Einzellösung angesehen werden und somit kaum geeignet sein, als Grundlage einer rechtlichen Umgestaltung innerhalb des Betriebes zu dienen. Wohl aber hat SILBERSCHMIDT[4] empfohlen, auf die Betriebsgemeinschaft die Grundsätze der Hausgemeinschaft nach den §§ 3—9 des Reichsmietengesetzes anzuwenden, da ja auch der Betriebsherr der Belegschaft gegenüber in gewisser Beziehung gebunden sei. Demnach ließen sich eine ganze Reihe von Parallelen zwischen dem Hauseigentümer und dem Betriebsherrn einerseits sowie der Belegschaft und der Mieterschaft andererseits ziehen. Es kann im einzelnen an dieser Stelle auf die näheren Ausführungen SILBERSCHMIDTS nicht eingegangen werden. Sein Vorschlag ist von GÖPPERT[5] kritisiert worden, der die der Hausgemeinschaft entsprechende rechtliche Ausgestaltung der Betriebsgemeinschaft aus rein praktischen Erwägungen heraus

[1] OERTMANN im ArbR. 1921, S. 11ff.
[2] Vgl. dazu Abschnitt II unter B AA II 1 b β, insbes. S. 21/22 der Bearbeitung.
[3] Im ArbR. 1924, Sp. 714ff.
[4] Im RABlnaT. 1925, S. 84ff.
[5] Im RABlnaT. 1925, S. 165ff.

nicht für empfehlenswert hält. Es ist überhaupt sehr fraglich, ob eine allgemein gültige und überall durchführbare Lösung durch gesetzliche Regelung möglich ist. Vielleicht würde es der Vielgestaltigkeit der Betriebe eher entsprechen, wenn ähnlich wie im Handelsrecht für die Unternehmungen eine Reihe gesetzlicher Formen der Arbeitsgesellschaft zur Verfügung ständen[1].

2 a α. Ungleich mehr als über ihre rechtliche Form ist sozialpolitisch über die Betriebsgemeinschaft geschrieben worden. Es können an dieser Stelle aus der übergroßen Fülle des darüber bestehenden Schrifttums nur die allerwesentlichsten Gesichtspunkte erörtert werden und auch nur insoweit, als sie mit dem eigentlichen Betriebsproblem Berührung haben. Mit der Gemeinschaft innerhalb des Betriebes oder des Werkes hat man sich deshalb so eingehend befaßt, weil man sich daraus die Lösung der sozialen Frage oder zum mindesten eine starke Entspannung der sozialen Gegensätze erhoffte. Man hat nun mit der Betriebs- oder Werksgemeinschaft häufig die entgegengesetzten Gedanken verbunden. Vor allem hat die Frage der Gewinnbeteiligung eine gewichtige Rolle gespielt. Man sieht gerade an dieser Stelle sehr gut, wie sich die Problemkreise des Betriebes und die des Unternehmens häufig überschneiden und ineinander übergehen. Unter denen, die den Gemeinschaftsgedanken unter Ausschluß jeder Gewinnbeteiligung seitens der Belegschaft verstanden wissen wollen, ist vor allem BANG[2] zu nennen. Die Idee BANGS ist von MÜLLER weitergeführt und ausgebaut worden[3]. Die Werksgemeinschaft in diesem Sinne hat „mit Besitz- und Eigentumsbeteiligungen am Unternehmervermögen nicht das allergeringste zu tun“[4]. Nach BANG soll die Erfüllung des Gemeinschaftsgedankens das Sichwiederfinden des Betriebsinhabers und der Arbeiter im Einzelbetrieb sowie die Ermöglichung individuellbetrieblicher Abreden bedeuten[5]. Vor allem will er durch diese Gemeinschaft alle außerbetrieblichen Einwirkungen, insbesondere die gewerkschaftliche Beeinflussung der Arbeitnehmer, unterbinden. Der Betriebsherr soll wieder Führer seines Betriebes und der Führer seiner Arbeiter werden, und zwar sogar über den Betrieb hinaus. Die Betriebsgemeinschaft stellt sich somit als eine Gemeinschaft zwischen Führern und Geführten

[1] Mit Recht weist SINZHEIMER (a. a. O. S. 216, N. 1) darauf hin, daß die Auseinandersetzung SILBERSCHMIDTS, GÖPPERTS und VOLLBRECHTS im RABlnaT. 1925, S. 84, 165, 289, 290, 662 über eine Form der Rechtsgrundlage ergebnislos verlaufen ist, auch ein Beweis dafür, daß es schwierig ist, eine allgemein gültige Rechtsform zu finden.

[2] BANG a. a. O. S. 158ff.

[3] Beide Schriftsteller haben ihre Schriften in der Schriftenreihe der Gesellschaft „Deutscher Staat“ veröffentlicht.

[4] a. a. O. S. 181.

[5] Ähnlich, wenn auch nicht mit den Folgerungen wie BANG, versteht auch SCHLENKER a. a. O. unter Betriebsgemeinschaft eine Gesinnungsgemeinschaft (vgl. z. B. S. 17).

dar, sie ist nach ihm der organische Zusammenschluß aller in einem Werke tätigen lebendigen Kräfte zur Erreichung eines betrieblichen Gemeinschaftszweckes. Die innere Verbundenheit der Arbeitnehmer und Arbeitgeber soll befestigt und gestärkt, der Arbeiter als gleichwertiger Volksgenosse behandelt werden. Zu diesem Zwecke sollen Einrichtungen innerhalb des Betriebes für die Belegschaft getroffen werden, die den Betrieb zur Heimat machen. Eine Gemeinschaft auch hinsichtlich des Betriebsvermögens lehnt BANG deshalb ab, weil eine solche Beteiligung immer nur wieder die rein materiellen Belange in den Vordergrund rücke. Der ganz- oder halbkommunistische Gedanke einer Eigentumsbeteiligung, wie er ihn nennt[1], komme vielmehr auf eine Erschwerung des Werksgemeinschaftsgedankens hinaus, denn dadurch würde der von sozialistischer Seite gepflegte Kampf gegen die Unternehmer weiterhin geschürt. Dieser bezweckt in seiner letzten Folgerung die völlige Enteignung des Unternehmers oder besser die Übertragung des Eigentums an die Belegschaft[2]. Deshalb sei Marxismus durch und durch Kapitalismus. Auf die Bekämpfung dieser marxistischen Weltanschauung, die er als Ursache aller wirtschaftlichen Verelendung ansieht, gehe auch die Ablehnung der Gewerkschaften, die Verneinung des Gewerkschaftsprinzips zurück, da diese als Träger sozialistischer Ideen und damit als Befürworter des Klassenkampfes von vornherein sich gegen das Unternehmertum einstellten und deshalb eine Gemeinschaft in dem von ihm befürworteten Sinne nicht aufkommen ließen. Wohl will er ein Sondervermögen der Betriebsgemeinschaft zulassen, die auch nur als Beteiligte am Gewinn neben dem Betriebsherrn in Frage käme. Die vermögensrechtliche Grundlegung der Werksgemeinschaft ist jedoch streng vom Betriebsvermögen zu trennen. So stellt er damit die Betriebsgemeinschaft zwar nicht neben den Betrieb, sondern neben den Träger des Kapitals[3].

Der sittliche und wirtschaftliche Werksgemeinschaftsgedanke im Sinne BANGS ist praktisch überhaupt nicht durchführbar. BANG versucht, längst vergangene Zeiten mit der Idee seiner Gemeinschaft zwischen Führern und Geführten wieder erstehen zu lassen, bedenkt jedoch nicht, daß das infolge der Entwicklung, die das Wirtschaftsleben durchgemacht hat, nicht mehr möglich ist. Der patriarchalische Gedanke der alten Treupflicht zwischen Dienstherrn und Dienstverpflichteten ist heute im Zeitalter eines fortgeschrittenen Industrialismus so gut wie unmöglich, zum mindesten im Großbetriebe. Eine

---

[1] BANG a. a. O. S. 181.

[2] Hier ist BANG entgangen, daß die Gewerkschaften eine Sozialisierung in dem Sinne einer Eigentumsübertragung an die Belegschaft keineswegs erstreben. Darüber oben S. 15 der Bearbeitung und unten S. 108/109.

[3] So auch im Anschluß an BRAUWEILER, VORWERCK in VORWERCK-DUNKMANN a. a. O. S. 37; s. auch KUPSCH a. a. O. S. 18.

Heimat, also etwas, woran man sich gern erinnert, worin man gern verweilt, wird der Betrieb im 20. Jahrhundert mit seiner weitgehenden Arbeitsteilung wohl kaum mehr für den größten Teil der Belegschaft sein können, der Betrieb, der für den einzelnen Arbeiter, wie HEDEMANN bezeichnend ihn genannt hat, „der Dämon ist, der ihn acht, neun oder gar zehn Stunden am Tage festhält“[1]. Mit Recht hat auch BANG angeführt, daß die Schuld an der geringen Anteilnahme der Arbeitnehmer am Betrieb in der Arbeitsteilung liegt. Diese Arbeitsteilung ist jedoch die notwendige Folge eines gesteigerten Kapitalismus, und es muß daher mit der Arbeitsteilung auch in Zukunft gerechnet werden. Der Arbeiter, der in einem Großbetrieb Tag für Tag immer nur einen und den gleichen Handgriff verrichtet, nur zum Rädchen einer Maschine geworden ist, hat und kann keine Freude mehr an seiner Arbeit haben, und damit entfällt auch jede Freude am Betriebe, am Unternehmen, am Gemeinschaftswerk. Wie soll es da wieder zu einer Verknüpfung mit der Arbeit, mit dem Betriebe kommen! Nur die völlige Umwandlung und Umstellung der gesamten Weltwirtschaft könnte hier eine Änderung bewirken. Das bedeutete aber auch eine starke Abwendung vom Kapitalismus und seinen Arbeitsmethoden. Nicht anders verhält es sich mit dem Sichwiederfinden von Arbeitgeber und Arbeitnehmer im Betrieb. Wie soll das im Großbetriebe geschehen, der in der weitaus überwiegenden Mehrzahl der Fälle zu einem Unternehmen gehört, dessen Inhaber eine Kapitalsgesellschaft ist? Es könnte sich also immer nur um ein Näherkommen von Arbeitnehmern verschiedener Stellungen handeln, denn was verbindet den einzelnen Arbeitnehmer mit den unbekannten, vielleicht gar nicht einmal im Inlande wohnenden Inhabern der Aktien bzw. Geschäftsanteile oder mit den Generaldirektoren eines Unternehmens? Der Gemeinschaftsgedanke BANGS erfordert gerade im stärksten Maße eine Verbindung zwischen Betriebsherrn und Belegschaft, Führer und Geführten. „Wir stehen aber längst jenseits der individuellen Wirtschaftsfreiheit“, wo jeder Arbeitnehmer persönlich mit dem Arbeitgeber den Arbeitsvertrag abschloß. Diese Tatsache wirkt sich vor allem auch in den mannigfachen außerbetrieblichen Bindungen nicht nur der Arbeitnehmer, sondern auch der Arbeitgeber aus. Man denke dabei nur an Kartelle, Trusts usw.[2]. Und noch eine andere sehr wichtige Seite! Was bietet diese Werksgemeinschaft den Arbeitnehmern selbst? Man kann doch die Beseitigung des sozialen, durch die Übersteigerung des Kapitalismus verstärkten Gegensatzes zwischen Arbeitern und Unternehmern nicht durch eine innere seelische Umstellung der Arbeitnehmer herbeiführen! Eine solche innere Wandlung, eine Wiederverknüpfung mit dem Betrieb und der in ihm geleisteten Arbeit ge-

[1] HEDEMANN in SozProbl. a. a. O. S. 22.
[2] Dazu der Aufsatz BODMANNS im ArbR. 1927, Sp. 905.

schieht nicht ohne Anlaß, ohne daß den Betriebsangehörigen dafür gewisse materielle Rechte eingeräumt werden, zum mindesten nicht in einer an sozialen Gegensätzen so reichen Zeit wie der heutigen. Was wäre dann die Folge, falls die Betriebsgemeinschaft, wie sie BANG sieht, verwirklicht würde! Nach seiner Ansicht eine Wiederbelebung der gesamten Wirtschaft. Das mag in gewisser Hinsicht richtig sein, wiewohl ja für eine aufblühende und gedeihende Wirtschaft noch andere Voraussetzungen erfüllt sein müssen. Die Früchte dieser gesteigerten Wirtschaft würden jedoch den Arbeitgebern, den Trägern des Kapitals, in ungleich höherem Maße zukommen als den Arbeitnehmern, deren Anteil bestenfalls in einer bescheidenen Erhöhung ihrer Lohnquote bestehen dürfte. Eine Gemeinschaft, innerhalb der jedoch nur der eine Teil, im vorliegenden Falle die Arbeitgeber, den materiellen Vorteil allein haben, ist überhaupt keine echte Gemeinschaft und am allerwenigsten eine sittliche, wie sie BANG[1] bezeichnet. Gemeinschaft ist nicht nur gegenseitiger Besitz und Genuß, sondern auch Besitz und Genuß gemeinsamer Güter[2]. Man darf doch nicht verkennen, daß die stärkere Bindung und Verflechtung des Arbeitnehmers in das Arbeitsgefüge des Betriebes unter der alleinigen Führerschaft des Betriebsherrn eine Einschränkung der ihm innerhalb des Betriebes bisher zuerkannten Rechte bedeuten würde. Der Gedanke des sog. Fabrikkonstitutionalismus, wie er in bestimmtem Umfange im BRG. seine gesetzliche Grundlage gefunden hat, wird ja von BANG ebenso abgelehnt wie der einer Gewinnbeteiligung der Arbeiter und Angestellten[3]. Es ist daher nicht richtig, wenn VORWERCK[4] meint, das BRG. würde als Grundlage der Werksgemeinschaft anerkannt. Für BANG trifft das bestimmt nicht zu. Daß die Arbeitnehmer eine solche Beschneidung ihrer bisherigen Rechtsstellung auf sich nehmen werden, zumal sie nicht das geringste dafür eintauschen, ist auch sehr unwahrscheinlich. Die Betriebsgemeinschaft BANGS kommt also für einen rechtlichen Ausbau der im BRG. gegebenen Grundgedanken überhaupt nicht in Frage, weil sie dazu eine ganz andere, geradezu entgegengesetzte Einstellung einnimmt.

β. Man hat sich daher in weit höherem Maße mit Versuchen befaßt, den Betriebsgemeinschaftsgedanken als den Gedanken einer wirklichen, auch das Eigentum innerhalb des Betriebes in bestimmtem Umfange berührenden Gemeinschaft weiter auszubilden, also den vom Gesetz (BRG.) schon begonnenen Weg fortzusetzen. Die Vorschläge, die in dieser Hinsicht gemacht wurden, sind zahlreich. Jedoch lohnt es sich nicht, im einzelnen darauf einzugehen. Sie alle haben gemeinsam die Beteiligung der Betriebsangehörigen an der Führung und Leitung des Betriebes, damit eine gewisse Berechtigung am Betriebseigentum und

[1] a. a. O. S. 169. [2] TÖNNIES a. a. O. S. 19. [3] BANG a. a. O. S. 178f.
[4] VORWERCK in VORWERCK-DUNKMANN a. a. O. S. 45.

weiterhin einen Anteil an den Erträgnissen der Betriebsleistungen. Nur der Grad dieser Mitberechtigung ist ein verschiedener und hinsichtlich der Beteiligung am Arbeitsergebnisse auch die Art ihrer Durchführung. In dieser Richtung wird auch nur eine Weiterentwicklung des heute noch in den ersten Anfängen verwirklichten Betriebsgemeinschaftsgedankens möglich sein, für beide Teile, Arbeitgeber und Arbeitnehmer, Vorteile haben und somit für einen sozialen Ausgleich einen nicht ganz unbeachtlichen Weg darstellen. Von einzelnen Unternehmern ist schon lange vor dem Kriege dieser Gedanke in ihren Betrieben in weitgehenderem Umfange, als er im BRG. seinen Niederschlag gefunden hat, vor allem bezüglich einer Gewinnbeteiligung, praktisch durchgeführt worden und hat für die Entwicklung der Betriebe die allerbesten Erfolge gezeitigt[1].

bα. Im Schrifttum sind aber auch vielfach Stimmen laut geworden, die den Betriebsgemeinschaftsgedanken in jeder Form verwerfen. Und zwar hat man sich nicht nur auf Arbeitgeberseite gegen diese Gemeinschaftsidee innerhalb des Betriebes gewandt. Auch die Arbeitnehmer haben sie nicht überall gutgeheißen. Dabei mag vielfach die Erinnerung an die von Unternehmerseite unterstützten sog. „gelben Werkvereine" der Vorkriegszeit eine nicht unbedeutende Rolle gespielt haben, da diese letzten Endes ja ebenfalls den Zweck hatten, jeden außerbetrieblichen Zusammenschluß der Arbeitnehmer zu Organisationen zu unterbinden, die eine gefährliche Macht für die Unternehmen zu werden drohten. Man hat somit zum Teil von Anfang an jedwede Form einer Gemeinschaft im Betriebe geleugnet und behauptet, eine Betriebsverbundenheit, wenn man überhaupt von einer solchen sprechen wolle, könne nicht unter den Gesichtspunkten der Gemeinschaftssphäre, sondern nur auf gesellschaftlicher Grundlage gedacht werden[2]. In Anbetracht der Tatsache, daß die Belegschaft eines Werkes vielfach aus ganz verschiedenartigen Elementen besteht und ein Außenseiter sich bisweilen in Widerspruch zu allen übrigen Arbeitern stellen kann, ferner bei der schon allein wirtschaftlich bedingten großen Gegensätzlichkeit zwischen Arbeitnehmern und dem Betriebsherrn, könne von einer Gemeinschaft in dem Sinne Tönnies' überhaupt nicht die Rede sein. Eine solche setze vor allem Gemeinschaftsgeist oder Verständnis[3] für die Gemeinschaft voraus, d. h. eine gegenseitig-gemeinsame verbindende Gesinnung. Davon sei aber in einem Betriebe nichts vorhanden, wo die Gegensätze nicht nur zwischen den Trägern des Kapitals und denen der Arbeit, sondern auch zwischen der Belegschaft

---

[1] Vgl. dazu Freese, Das konstitutionelle System a. a. O.; Freese, Die konstitutionelle Fabrik a. a. O.; Roesler, Arbeiterbeteiligung; — siehe auch dazu unter IV dieses Abschnittes.

[2] Vor allem die Ausführungen Vollbrechts im ArbR. 1926, Sp. 779 u. RABlnaT. 1925, S. 662ff. u. Nörpel im ArbR. 1924, Sp. 917ff.

[3] Tönnies a. a. O. S. 16.

untereinander häufig hart aufeinanderprallten. Man denke nur an den Zwiespalt zwischen den verschiedenen Gewerkschaftsangehörigen oder an die häufigen Spannungen zwischen gelernten und ungelernten Arbeitern, Arbeitern und Angestellten oder Beamten. Die in einem Betriebe verbundenen menschlichen Kräfte seien keineswegs wesentlich verbunden, seien keine organische Einheit, sondern getrennte einzelne, die nicht in und durch den Betrieb zusammengehalten würden, vielmehr durch außer- und überbetriebliche Organisationen. „Immer sei der Betrieb nur gesellschaftlicher Art und in dem ausschlaggebenden Typ nur als Gesellschaft anzusprechen“[1]. Deshalb könne die soziale Frage auch nicht durch den Gemeinschaftsgedanken gelöst werden, vor allem nicht durch den Gemeinschaftsgedanken innerhalb der kleinsten Einheit des Wirtschaftskörpers, der Zelle der Wirtschaft, des Betriebes, sondern müßte auf einer viel breiteren Grundlage in Angriff genommen werden, nämlich auf der gesellschaftlichen. Es gehe eben um gesellschaftliche, d. h. Klassengegensätze, die überwunden werden müßten, um die Gegensätze zwischen Arbeitgebern und Arbeitnehmern, zwischen Kapital und Arbeit, die weit über den Betrieb hinausreichten. Eine solche Regelung könnte jedoch nur durch Umgestaltung der wirtschaftlichen Verhältnisse von oben her geschehen (Sozialismus von oben!). Damit bei der kleinsten Zelle, dem Betriebe, zu beginnen, wäre unzweckmäßig, vor allem sei die Ausgestaltung des Werksgemeinschaftsgedankens in diesem Zusammenhange bedenklich. Denn die Betriebs- oder Werksgemeinschaft bedeute keine Lösung der sozialen Frage, sondern ginge an ihr vorbei. „Die Werksgemeinschaft würde nur kleinere oder größere egoistische Inseln im Staate bilden“, in denen auch der einzelne Arbeitnehmer einige Vorteile genießen dürfte, was jedoch auch noch nicht ganz ohne Zweifel wäre. Im übrigen bleibe aber „die vollkommen anorganische kapitalistische Wirtschaft bestehen und würde sogar durch das gewaltsame Hineinziehen der Arbeiter noch gefestigt“[2].

β. Das Problem läuft schließlich, wie bereits ersichtlich, auf die Frage hinaus, ob das Schwergewicht der Zusammenfassung der Arbeitnehmer zur Durchführung ihrer wirtschaftlichen Belange in die Betriebe oder in die außerbetrieblichen Organisationen, also die Gewerkschaften, gelegt werden, ob der Betriebs- oder der Berufsorganisation der Vorrang eingeräumt werden soll. Ist die soziale Frage als Betriebsproblem anzusehen und eine Lösung in der Betriebsgemeinschaft als mehr gefühlsmäßig betonten Einrichtung zu finden, in dem gemeinschaftlichen Zusammenschluß des Arbeitgebers und der Arbeitnehmer zu einer organischen Einheit und Ganzheit, oder soll sie in bewußter Erkenntnis als Aufgabe der Gesellschaft betrachtet werden, und als Kämpfer für

[1] VOLLBRECHT im RABlnaT. 1925, S. 663f.
[2] NÖRPEL im ArbR. 1924, Sp. 920.

den sozialen Ausgleich auf seiten der Arbeitnehmer die Gewerkschaften in Frage kommen? Darum ist namentlich kurz vor dem Erlaß des BRG. viel gestritten worden. Die Gewerkschaften sahen sich durch das Aufgreifen des russischen Rätegedankens bedroht und wehrten sich gegen seine gesetzliche Verankerung. Damals richtete sich der Kampf allerdings mehr gegen die von den Spartakus-Kommunisten und der unabhängigen Sozialdemokratie geforderten Räte, denen sämtliche Macht im Betriebe zufallen, und die mehr politisch als wirtschaftlich orientiert sein sollten. Durch eine solche Bildung wäre zum mindesten eine Zeitlang den Gewerkschaften alle Macht entglitten, und bis zur völligen Umordnung der politischen Verhältnisse hätten die Räte der Betriebe sogar die Gewalt des Staates verkörpert. In Deutschland ist die Entwicklung nun aber anders verlaufen. Von den Räten nach russischem Muster ist nur der Name übernommen worden; die Betriebsräte selbst aber sind eine gesetzliche Weiterbildung der schon in manchen Betrieben vorhanden gewesenen Fabrikausschüsse geworden. Damit war die Gefahr einer Herrschaft oder besser einer Diktatur des Proletariats beseitigt und innerhalb des Betriebes eine konstitutionelle Monarchie geschaffen. Es lag aber auch in der Einrichtung der Betriebsräte, wie sie nunmehr bestehen, eine Gefahr für die Gewerkschaften. Die Arbeiterinteressen hätten ja gegebenenfalls allein oder überwiegend von den Betriebsräten wahrgenommen werden können, und damit wäre die Machtstellung der gesamten Arbeiterschaft geschwächt worden, weil sie in die einzelnen Belegschaften der Betriebe aufgeteilt würde, in denen doch der Betriebsherr der wirtschaftlich Stärkere wäre. Somit entstünde die gleiche Gefahr, wie sie vor dem Kriege die gelben Werkvereine für die Arbeiterschaft als gesellschaftliche Klasse dargestellt hätten. Man hat deshalb von Anfang an auf seiten der Gewerkschaften eine enge Verknüpfung von Betriebsräten und Gewerkschaften gefordert, weil eben dadurch die Gewähr dafür gegeben sei, daß die Forderungen der Betriebsräte in den Betrieben nicht willkürlich nur nach rein betriebsegoistischen Gesichtspunkten, sondern nach allgemeinen berufs- und volkswirtschaftlichen unter verantwortlicher Mitwirkung der Berufsorganisation gestellt würden[1]. Man hat gesagt, daß die Gewerkschaften unumgänglich notwendig seien für die Hebung der Klassenlage der Arbeiter innerhalb der bürgerlichen Gesellschaft und deshalb eine gegenseitige Verständigung und ein Zusammenwirken zwischen der Berufs- und Betriebsorganisation befürwortet, also wiederum den gesellschaftlichen Gesichtspunkt hervorgehoben. Das starke Bemühen der Gewerkschaften, ihre bisherige Stellung zu erhalten, ist dann auch mit Erfolg gekrönt worden. Sie sind durch das BRG. nicht etwa zugunsten

[1] Dr. Michels, Gewerkschaften und arbeitsrechtliche Fragen in der „Frankf. Ztg." vom 18. November 1922.

der Betriebs- und Arbeiterräte ausgeschaltet worden, sondern haben im Gegenteil im § 8 BRG. die besondere gesetzliche Anerkennung ihrer bisherigen Befugnisse erlangt. Es ist dort ausdrücklich festgelegt, daß die Bestimmungen über die Betriebsräte die Befugnisse der Vereinigungen von Arbeitern und Angestellten nicht berühren. Es ist noch weiterhin den Gewerkschaften sogar ein gewisser Einfluß auf die Räteorganisation zugestanden worden, so daß sie eine ständige Fühlungnahme mit den Betriebsvertretungen haben. So können sie Beauftragte zu den Sitzungen des BR. und den Betriebsversammlungen entsenden (§§ 31, 47 BRG.). Dem BR. liegt es als Pflicht ob, die Durchführung der von den Organisationen abgeschlossenen Tarifverträge zu überwachen (§ 78 Nr. 1 BRG.), und, falls keine tarifvertragliche Regelung besteht, im Benehmen mit den beteiligten Gewerkschaften für die Regelung der Löhne und sonstigen Arbeitsverhältnisse Sorge zu tragen (§ 78 Nr. 2 BRG.). — Aus diesen Bestimmungen geht geradezu eine gewisse ergänzende und untergeordnete Stellung der Betriebsräte gegenüber den Gewerkschaften hervor. Ausschlaggebend sind und bleiben die großen Berufsorganisationen, die Gewerkschaften. Die Wichtigkeit einer Vertretung und Auseinandersetzung der besonderen Belange im Betriebe wird zwar darüber nicht verkannt, aber solche Vertretungen sind nur als dienende Glieder in den allgemeinen Vertretungsbau einzufügen und haben sich folgerichtig im wesentlichen den Erwägungen und Entscheidungen der größeren einheitlichen Berufsorganisationen, vor allem den Gewerkschaften, anzuschließen[1]. Mit Recht führt daher FLATOW[2] als Ergebnis der Auseinandersetzung zwischen Betriebsräten und Gewerkschaften an: „Der Kampf zwischen Betriebsräten und Gewerkschaften ist damit arbeitsrechtlich in der gleichen Weise entschieden worden, wie ihn die Arbeiterbewegung selbst in den Jahren 1918 bis 1920 entschieden hat, indem sie die Betriebsrätebewegung zu einem Gliede der Gewerkschaftsbewegung gemacht und damit verhindert hat, daß die im BRG. schlummernde Tendenz des Betriebegoismus, des Syndikalismus und seines Widerparts, des gelben Werkvereins, über den gewerkschaftlichen Gedanken einer beruflichen Arbeiterpolitik siegte.“ Es ist daher nunmehr, nachdem sich seit dem Erlaß des BRG. eine neue Erörterung der Betriebsprobleme und insbesondere des Werksgemeinschaftsgedankens entsponnen hat, durchaus verständlich, daß man von der Seite der Berufsorganisationen aus sich dagegen mit allen zur Verfügung stehenden Mitteln wendet. Man hat versucht, einer Weiterbildung des im BRG. zum mindesten in gewissem, wenn auch nicht großem Umfange verwirklichten Ge-

[1] SCHIPPEL a. a. O. S. 7/8.
[2] FLATOW in NZfA. 1924, Sp. 388 oben; auch zitiert bei SINZHEIMER a. a. O. S. 222.

meinschaftsgedankens entgegenzuarbeiten, da eine solche die Gefahren eines Betriebsegoismus, eines gewaltsamen Hineinziehens der Belegschaft in das kapitalistische System und einer Ausschaltung außerbetrieblicher Arbeiterorganisationen im weitesten Maße in sich trägt.

V. Im BRG. ist also in gewissem Umfange der Gemeinschaftsgedanke sowohl innerhalb der Belegschaft als auch zwischen Belegschaft und Betriebsherrn verwirklicht worden. Ob jedoch diese Gemeinschaft in absehbarer Zeit weiter ausgebildet werden kann, ist sehr zweifelhaft; vor allem, weil ihr, wie dargelegt, auf beiden Seiten Gegner gegenüberstehen. HEDEMANN[1] hat sich bei der Gegenüberstellung, die er zwischen gefühlsmäßigem Gemeinschaftsgeist und verstandesmäßigem Gesellschaftsgeist — Betrieb oder Gewerkschaft[2] — vorgenommen hat, für den ersteren entschieden, zum mindesten eine künftig stärkere Betonung der Betriebsgemeinschaft als Denkgröße und Rechtserscheinung auf das wärmste empfohlen[3]. Es ist aber auch von ihm hervorgehoben worden, daß es sich bei dem Gegensatz Betrieb oder Gewerkschaft, Gemeinschaft oder Gesellschaft um reine Wertungsfragen handelt. Letzten Endes wird hierbei auch der Gedanke den Sieg davontragen, der sich als der lebensfähigere erweist. Meiner Ansicht nach wird die Gemeinschaft innerhalb des Betriebes sich nur bis zu einem gewissen Grade durchsetzen können, weil die beiden Komponenten Belegschaft und Betriebsinhaber zu starken außerbetrieblichen Bindungen in den Arbeitnehmer- und Arbeitgeberorganisationen unterliegen. Eine völlige Ausschaltung dieser Organisationen ist in dem gegenwärtigen Stadium des Wirtschaftslebens unmöglich. Man könnte sich wohl vorstellen, daß durch Verwirklichung des Rätegedankens der RV. mit ihrem Stufensystem die für die Gesamtwirtschaft notwendigen überbetrieblichen Organe geschaffen würden und damit für die Interessenverbände ein Ersatz gegeben sei. Dagegen muß jedoch angeführt werden, daß erstlich die überbetrieblichen Berufsorganisationen zu stark geworden sind, als daß sie ohne weiteres beseitigt werden könnten, wie es die Anhänger der Werksgemeinschaft verlangen, und daß ferner auch eine öffentlichrechtliche Organisation in Bezirks- und Reichsarbeiterräten niemals geeignet wäre, die Gewerkschaften zu ersetzen. Denn diese überbetrieblichen Räte würden als Organe des Staates in ihrer Tätigkeit nicht die gleiche Freiheit und Elastizität aufweisen wie die Gewerkschaften, die sich immer nach rechts und links Ellenbogenraum zu verschaffen wissen. Selbst in einem rein sozialistischen Staatswesen werden die Gewerkschaften ebenso notwendig sein wie vorher, und es ist nicht unwahrscheinlich, daß starke Gewerkschaften gegenüber dem sozialistischen Staate und der sozialistischen Gemeinde, wo diese als monopolistische Arbeitgeber auftreten, noch sehr schwere Kämpfe im Interesse der

[1] In SozProbl. S. 17ff. [2] a. a. O. S. 20. [3] a. a. O. S. 36.

Arbeiter zu führen haben. Ein lehrreiches Beispiel in dieser Hinsicht hat Sowjet-Rußland gegeben. Dort vereinigten zu Beginn der Revolution die Betriebsräte alle betriebliche und politische Macht in sich, aber nur deshalb, weil es in Rußland an Gewerkschaften mangelte, die die Belange des Proletariats hätten vertreten können. Nach einer Festigung der russischen Verhältnisse sind in den vereinigten sozialistischen Sowjet-Republiken Gewerkschaften ins Leben gerufen worden, denen nach dem Gesetz vom 15. November 1922 die Betriebsräte ganz unterstellt sind. Die Betriebsräte sind somit auch in Rußland fast völlig in den Hintergrund getreten[1]. Damit sollte nur bewiesen werden, daß die gewerkschaftliche und gesellschaftliche Regelung der Arbeitsverhältnisse ein starkes Hemmungsmoment sowohl für die Selbständigkeit der Betriebe als auch insbesondere für die weitere Ausbildung des Betriebsgemeinschaftsgedankens auf gesetzlicher Grundlage bedeutet[2] und das *völlige* Aufgehen der Arbeitgeber und Arbeitnehmer in einer Einheit unmöglich macht, da dieses eine Ungebundenheit der Arbeitnehmer voraussetzt, eine gewerkschaftliche Zugehörigkeit ausschließt. Wie vor Erlaß des BRG. die Gewerkschaften eine selbständige BR.-Bewegung niederhielten, so wenden sie sich nunmehr aus dem gleichen Grunde gegen den Betriebs- oder Werksgemeinschaftsgedanken[3]. Es kann sich nach der gegenwärtigen Entwicklung immer nur bei der Gemeinschaft zwischen den Trägern des Kapitals und der Arbeit innerhalb der Betriebe um eine mehr oder minder weitgehende Verselbständigung der Belegschaft für ein Zusammengehen mit dem Betriebsinhaber handeln.

V. Personenrechtliche und staatsrechtliche Betriebsfragen.

A. Der Betrieb als Erscheinung des Personenrechts.

I. Im engsten Zusammenhange mit dem Gedanken der Betriebsgemeinschaft steht die Frage der Rechtspersönlichkeit des Betriebes. Eine in weiterem Umfange ausgebaute Gemeinschaft zwischen Arbeitnehmerschaft und Arbeitgeber, zwischen Belegschaft und Betriebsleiter innerhalb des Betriebes erfordert eine Rechtsträgerschaft dieser Gemeinschaft, eine rechtliche Selbständigkeit des Betriebes. Dem Gedanken der Werksgemeinschaft entspricht es nun, nur der Werks- oder Betriebsgemeinschaft als solcher Rechtspersönlichkeit zu gewähren. Neben ihr würde dann immer noch der Träger des Kapitals als

[1] Flatow, BRG. 1927 a. a. O. S. 14.
[2] Dazu bereits Boos a. a. O. S. 172.
[3] Vgl. Gossmann im „Arbeitgeber" 1925, S. 35; auch Nörpel in „Die Arbeit" 1925, S. 221ff.

eigentlicher Vertreter des Betriebes in Frage kommen, weil ihm ja noch grundsätzlich das Eigentum und die aus ihm sich ergebenden Befugnisse seiner Verwertung zustünden. Das geht aus dem Schrifttum, insbesondere bei POTTHOFF, nicht immer eindeutig hervor[1]. Davon zu trennen ist eine Rechtspersönlichkeit des Betriebes, die in *alle* Rechte eintreten würde, welche nach der gegenwärtigen Rechtsordnung dem Betriebsinhaber allein zustehen. Im letzteren Falle ist dann der Betriebsleiter nicht mehr alleiniger Herrscher und Träger aller Rechte, die den Betrieb berühren, sondern an seine Stelle tritt voll und ganz das gemeinschaftliche Zusammenwirken sämtlicher Betriebsangehörigen. Es ist daher nicht immer richtig, wenn man Betriebs- oder Werksgemeinschaft mit dem Betriebe gleichsetzt, wie es häufig geschieht[2].

Nach dem gegenwärtigen Gesetzesstand ist die Entwicklung allerdings noch nicht so weit gediehen, daß der Betriebsgemeinschaft oder dem Betriebe Rechtspersönlichkeit zukäme. Trotz aller gesetzlichen Beschränkungen der Herrschaftsgewalt des Betriebsherrn und des Beginns einer rechtlichen Gemeinschaft ist er alleiniger Träger aller den Betrieb betreffenden Rechte und Pflichten geblieben. Nirgends ist nach herrschender Ansicht[3] die Betriebsverbundenheit, der Betrieb, als Rechtspersönlichkeit anerkannt worden. „Rechtlich kommt der Betrieb allein in der Person des Betriebsherrn zur Erscheinung und führt kein von dieser Person getrenntes Rechts- und auch kein tatsächliches Eigenleben"[4].

II. Der Betrieb ist heute noch ebenso bloßes Objekt der in überwiegendem Maße von dem Betriebsinhaber allein ausgeübten rechtlichen Herrschaft wie ehedem. Die durch das BRG. verwirklichte Gemeinschaftssphäre ist eine zu geringe, als daß sie Anlaß gäbe, dem Betrieb in seiner Gesamtheit Rechtspersönlichkeit zuzusprechen. Sie umfaßt lediglich in gewissen Grenzen ein Recht auf Mitbestimmung in den den Betrieb betreffenden Angelegenheiten und erstreckt sich vor allem nicht auf vermögensrechtliche Beziehungen. Der Betrieb ist daher heute, wo die Vergemeinschaftung der den Betrieb noch als Objekt

---

[1] Deutlich VORWERCK bei VORWERCK-DUNKMANN a. a. O. S. 37, der neben der Werksgemeinschaft noch den selbständigen Unternehmer kennt.

[2] Siehe darüber S. 98 unter γ.

[3] Vgl. dazu u. a.: HUECK-NIPPERDEY a. a. O. S. 72; KASKEL 1925 a. a. O. S. 241; KASKEL 1928 a. a. O. S. 287/288; SINZHEIMER a. a. O. S. 215/216; JACOBI, Gundl. a. a. O. S. 348 unten und N. 14; JACOBI, Betrieb a. a. O. S. 15f.; RIEZLER in MOLITOR-HUECK-RIEZLER a. a. O. S. 235, N. 8; FREISLER a. a. O. S. 39; KASKEL in NZFA. 1921, Sp. 12; VOLLBRECHT im ArbR. 1926, Sp. 772/773; KÖNIGSBERGER in NZfA. 1923, Sp. 299; POTTHOFF in SozProbl. a. a. O. S. 12; ders. in RABlnaT. 1925, S. 289; ders. im ArbR. 1923, Sp. 109; ders. im ArbR. 1924, Sp. 638/639; ders. in GDA. 1924, S. 220, 234; BUDDEBERG im ArbR. 1926, Sp. 119.

[4] VOLLBRECHT im ArbR. 1926, Sp. 773.

betreffenden Rechte sich in den allerersten Anfängen befindet, rechtlich nach wie vor ein von dem Betriebsinhaber als Betriebsherrn geführter Herrschaftsverband[1], der allerdings durch das BRG. im Umfange der Mitbestimmungsrechte eingeschränkt worden ist. Es ist nicht haltbar, wenn ROSENSTOCK[2] das personenrechtliche Wesen des Betriebes als Herrschaftsbereich ablehnt und ihn rein als Kräfteordnung bezeichnet. Das von ihm gebrauchte Bild des Kräftegefüges ist technisch gesehen durchaus zutreffend, rechtlich betrachtet aber unzureichend. Er übersieht, daß eben gerade die Einfügung der Arbeitskraft in den Betrieb naturnotwendig eine Unterstellung der Person unter die Gewalt des Betriebsherrn zur Folge hat, und zwar, soweit es sich mittelbar oder unmittelbar um den Arbeitsgang im Betriebe handelt. Wenn auch für den Betrieb nur die Arbeitskraft des Arbeitnehmers in Frage kommt, so ist doch Träger dieser Arbeitskraft der Mensch, die Person. Die Auswirkung der Betriebsgewalt über die Arbeitskräfte auf die Personen und Menschen als deren Träger ist leicht ersichtlich. Damit ist gleichzeitig dem Einwand ROSENSTOCKS begegnet, daß es bei der Annahme eines Herrschaftsverbandes an einem Kennzeichen fehle, nämlich, wie weit der Arbeitgeber die Persönlichkeitssphäre des einzelnen beherrschen darf. Die klare und eindeutige Antwort darauf lautet: Soweit es der Betrieb als Organismus erfordert, wobei durchaus nicht verkannt werden soll, daß den Abgrenzungen im Leben im einzelnen Schwierigkeiten begegnen mögen, wie aus dem von ROSENSTOCK selbst angezogenen Beispiel der Türkontrolle und der Leibesvisitation ersichtlich ist.

III. Wenn auch heute noch niemand[3] von der Rechtspersönlichkeit des Betriebes spricht, so hat man sich um so mehr de lege ferenda mit dieser Frage beschäftigt. Vor allem ist es POTTHOFF[4] gewesen, der immer und immer wieder von neuem die Forderung erhoben hat, dem Betrieb,

[1] SINZHEIMER a. a. O. S. 216; vgl. auch GIERKE, Wurzeln des Dienstvertrages a. a. O. S. 49, N. 4; POTTHOFF in GDA. 1924, S. 272.

[2] ROSENSTOCK a. a. O. S. 21/22.

[3] Nicht von einer Rechtspersönlichkeit, wohl aber von einer rechtlichen Einheit, zu der der Betrieb zusammengeschlossen ist, spricht NUSSBAUM I a. a. O. S. 65; NUSSBAUM II, S. 46. — Auch HEDEMANN in SozProbl. S. 27ff. nähert sich sehr stark der Annahme einer Rechtspersönlichkeit des Betriebes; ebenso, wenn auch nicht ausdrücklich, betont sie HERZFELD im ArbR. 1921, S. 139ff. mit der Annahme seiner „Kommanditgesellschaft auf Arbeit". — Im Anschluß an HEDEMANN von dem Betrieb als Träger des ganzen Rechtszustandes ZIMMERMANN im ArbR. 1925, Sp. 218, anläßlich der Besprechung der RG.-Entsch. über das Teerverwertungssyndikat (RGZ. 108, S. 20ff.). — HEDEMANN in MdJIfWR. Heft 8, S. 23.

[4] POTTHOFF in SozProbl. S. 12 und S. 339; ders. im RABlnaT. 1925, S. 289; im ArbR. 1923, Sp. 109; im ArbR. 1924, Sp. 639, 718; im ArbR. 1925, Sp. 855; im ArbR. 1926, Sp. 569; im ArbR. 1928, Sp. 67; in GDA. 1924, S. 234. Vor allem ist das Sammelwerk „Die sozialen Probleme des Betriebes" diesem Gedanken gewidmet. Darin insbes. HEDEMANN a. a. O. S. 27ff.; vgl. auch die Denkschrift POTTHOFFS zum Entw. eines Allg. AVG., 28. Sonderheft zum RABl. S. 26; vgl. auch WEHRLE a. a. O. S. 9.

der nach seiner Auffassung „Nutznießer gemeinsamer erhöhter Anstrengungen aller in ihm Tätigen“ sein soll, die Rechtspersönlichkeit zu geben. Schon die gegenwärtigen Rechtsverhältnisse innerhalb der Betriebe drängten in verschiedener Hinsicht zur Anerkennung seiner Rechtspersönlichkeit. POTTHOFF weist darauf hin, daß die Verknüpfung der Belegschaft mit dem Betriebe über das Arbeitsverhältnis im engeren Sinne hinausgehe. So z. B. gehörten zum Betriebe Wohlfahrtseinrichtungen, Werkwohnungen u. a., die nicht Eigentum des Betriebes, sondern des Betriebsherrn seien, in dem sich vielleicht ein großes Unternehmen oder gar ein Konzern repräsentiert. Daß da bei der Mitverwaltung des BR., der es nur mit der Leitung eines Betriebes zu tun hat, sehr leicht Schwierigkeiten auftreten können, namentlich wenn dieser oder jener Betrieb des Unternehmens hintangesetzt wird, ist verständlich. Vor allem erhofft sich aber POTTHOFF durch die Verselbständigung des Betriebes eine Steigerung des Wohlbefindens sowie der Arbeitsfreude der Arbeitnehmer und damit der Gesamtleistung. Durch sie könne der Unternehmer, der bisherige unbeschränkte Herrscher, über den Erfolg der Anstrengungen „seiner Arbeitnehmer“, über das Arbeitsergebnis nicht mehr frei verfügen und sei behindert, Leistungen für den Betrieb diesem zu entziehen und für seinen persönlichen Nutzen, womöglich gar zum Schaden des Betriebes, zu verwenden[1]. Der Betrieb als selbständige Größe im Rechts- und Wirtschaftsleben soll ihn also zu Höchstleistungen bringen. Die Einschränkungen, an die der Arbeitnehmer rechtlich im Wirtschaftsleben gebunden ist, könnten viel leichter ertragen werden, wenn sie dem Betriebe als solchem zugute kämen, als wenn sie zugunsten des Arbeitgebers, vielleicht dem Betriebe Fernstehender, geschehen.

Die Verselbständigung des Betriebes mag in verschiedener Hinsicht für die gesamte Entwicklung der Wirtschaft zum Vorteil sein. Ob sie jedoch in der künftigen Rechtsentwicklung sich durchzusetzen vermag, ist eine große Frage. Sowohl der Entwicklung der Rechtspersönlichkeit der Betriebsgemeinschaft im Sinne der Vertreter des Werksgemeinschaftsgedankens als auch der zur vollständigen Ersetzung des Betriebsherrn durch den Betrieb stellen sich von Arbeitgeber- und auch von Arbeitnehmerseite starke Hindernisse entgegen, wie bereits an anderer Stelle dargelegt wurde. Die völlige Vergemeinschaftung der Rechte des Betriebsherrn, ihr gänzlicher Übergang auf den Betrieb würde zu einer Anteilnahme der Arbeitnehmerschaft an Kapital und Gewinn führen. Da es sich bei einer Beteiligung an Kapital und Gewinn jedoch nicht mehr nur um den unmittelbaren technischen Zweck handelt, sondern um den entfernteren, einen Bedarf zu decken, ist damit das Problem der Rechtspersönlichkeit von dem Betriebe auf das Unternehmen über-

[1] POTTHOFF im RABlnaT. 1925, S. 289.

gegangen. Es würde in diesem Falle daher vorzuziehen sein, das Unternehmen, das aus mehreren Betrieben bestehen kann, zur Trägerin eigener Vermögensrechte zu machen[1]. Das hat auch den Vorteil, daß bei den sog. „gemischten Werken", besser Unternehmen (z. B. in der Eisenindustrie: Erzbergwerk — Kohlenbergwerk — Hochofen — Bessemer- oder Siemens-Martin-Werk — Walzwerk) sich keine Schwierigkeiten in der anteilsmäßigen Beteiligung der einzelnen Betriebe ergeben, da ja dort keine Betriebseinnahmen bzw. Ausgaben zu gemeinschaftlichen Betriebszwecken bestehen[2]. Es gibt nur einen Gewinn des Unternehmens, jedoch keine Einnahmen oder Gewinne der Betriebe[3]. Unter Unternehmen oder Unternehmung ist in dieser Beziehung natürlich die gleiche organische Verbundenheit von Trägern des Kapitals und der Arbeit zu verstehen, wie bei dem Betriebe nur mit dem entfernteren wirtschaftlichen Zweck einer Bedarfsdeckung. Nicht darf darunter nur die Kapitalsorganisation verstanden werden, wie sie im Handelsrecht erscheint[4], denn dort stellen die Unternehmungen in Form der handelsrechtlichen Gesellschaften lediglich die Belange des Kapitals dar[5], entsprechen mithin bei dem Betriebe der Betriebskapitalsorganisation.

B. Der Betrieb als Erscheinung des Staatsrechts.

Es liegt nahe, von der personenrechtlichen Betrachtung des Betriebes aus zu einer staatsrechtlichen zu gelangen. Hat sich erst einmal die Vorstellung des Betriebes als einer rechtlichen Einheit gebildet, der bei einer weiteren Ausgestaltung der bereits im Keim vorhandenen rechtlichen Umstellung vom Individual- zum Kollektivrecht Rechtspersönlichkeit zukommen dürfte, dann ist der Vergleich mit dem Staate gegeben. Vor allem hat die Ähnlichkeit der Beziehungen des Betriebes zum Betriebsinhaber, zur Belegschaft und zur sog. Betriebsvertretung mit dem Staate in dessen Verhältnissen zu Herrscher, Volk und Parlament dazu beigetragen, im Staat ein Vorbild des Betriebes zu sehen, ja, man ist sogar weiter gegangen und hat bereits jetzt schon daraus Schlüsse für den Rechtscharakter der Betriebsorganisation, insbesondere auch bezüglich ihrer Zugehörigkeit zum privaten und öffentlichen Recht hergeleitet[6]. Man ist vom Begriff des konstitutionellen Staates zum Be-

[1] Die Frage ist aufgeworfen von Potthoff in SozProbl. S. 339.

[2] Solche Betriebseinnahmen bzw. Ausgaben nimmt Silberschmidt im RABlnaT. 1925, S. 85 an.

[3] So gegen Silberschmidt, Göppert im RABlnaT. 1925, S. 165.

[4] So bei dem Vergleich der rechtlichen Entwicklung des Betriebes und des Unternehmens bei Hedemann in SozProbl. S. 29.

[5] Freisler a. a. O. S. 40.

[6] So vor allem Flatow BRG. 1927 a. a. O. S. 15ff.; dazu der Abschnitt über Betriebsorganisation.

griff der „konstitutionellen Fabrik“[1] oder des Betriebes gelangt und hat von der Gleichheit der Entwicklungsgeschichte vom Absolutismus zum Konstitutionalismus sowohl beim Staat wie beim Betrieb gesprochen. Wie der absolute Herrscher eines Staates das Land als sein dominium, seine Domäne, sein alleiniges, unbeschränktes Eigentum betrachtete, so war es auch vor der Durchsetzung des Gedankens der Betriebsausschüsse[2] im Betriebe. Allmählich wurden die Rechte der absoluten Herren eingeschränkt durch landständische Körperschaften, wie sie namentlich die Entwicklung in den deutschen Ländern aufweist[3]. Der absolute Herrscher wurde zum ersten Diener des Staates. Neben der Person des Fürsten bildete sich der Fiskus als selbständiger Rechtsträger aus. Damit war der Staat als Rechtsperson geschaffen[4]. Es ist nicht daran zu zweifeln, daß mit der Anerkennung der Mitwirkungsrechte der Belegschaft im BRG. eine ähnliche Beschränkung des Betriebsherrn hinsichtlich der ihm zustehenden Betriebsherrschaft eingetreten ist wie die des ehemals absoluten Herrn durch das Parlament. Der Aufbau des Staates und der des Betriebes hat sich also gleich entwickelt. Hier wie dort war die Verfassung durch die Verkörperung in der Person des Herrschers eine absolutistische. Durch die Eingliederung der Untertanen in den Herrschaftsbereich unter gleichzeitiger Abgrenzung der beiderseitigen Zuständigkeit ist sie hier wie dort zu einer konstitutionellen geworden[5]. Man kann die Gleichstellung des Betriebes mit dem Staate noch weiterführen und die Arbeitsordnung und jede Betriebsvereinbarung als ein durch übereinstimmende Willenserklärung von Arbeitgeber und Arbeitnehmern zustandegekommene Rechtsnorm, Spezialgesetz für den Betrieb ansehen (Erlaßtheorie)[6]. Mit Recht warnt jedoch KASKEL (a. a. O.) vor einer zu starken Anwendung staatsrechtlicher Grundsätze auf den Betrieb, wie es etwa bei FLATOW geschieht. Der große Unterschied zwischen Betrieb und Staat liegt eben heute noch darin, daß nach geltendem Recht dem Betriebe im Gegensatz zum Staate bisher noch keine Rechtspersönlichkeit zukommt, und daß deshalb vor allem BR. und Betriebsinhaber nicht als Organe des Betriebes angesprochen werden können[7], wie doch Monarch und Parlament nun einmal solche der konstitutionellen Monarchie sind. Eine Rechtspersönlichkeit des Betriebes in seiner Gesamtheit setzt, wie wir gesehen haben, eine Vergemeinschaftung der dem Betriebsinhaber zustehenden

---

[1] Vgl. dazu bereits FREESE a. a. O. und die schon 1884 erfolgte Einführung des konstitutionellen Systems in seine Fabrik.

[2] Die heutigen Betriebsräte sind ja eine Verwirklichung des Gedankens der Betriebsausschüsse; vgl. dazu die Geschichte der Betriebsorganisation S. 13ff.

[3] Dazu BUDDEBERG im ArbR. 1926, Sp. 117ff.

[4] Dazu POTTHOFF im ArbR. 1925, Sp. 856; 1928, Sp. 67.

[5] KASKEL 1925 a. a. O. S. 241; KASKEL 1928 a. a. O. S. 288.

[6] Dazu KASKEL a. a. O.

[7] So FLATOW hinsichtlich der Betriebsräte.

Rechte voraus. Diese Vergemeinschaftung bedeutet aber nichts anderes als eine Sozialisierung, deren Träger der Betrieb ist. Es liegt nahe, daß dann die Gleichheit der wirtschaftlichen Einheit des Betriebes mit der des Staates eine vollkommene ist. Berücksichtigt man dann ferner, daß im sozialistischen Idealstaat Staat und Wirtschaft identisch sind, so stellt sich der Betrieb als ein Staat im Staate dar, und der Gesamtstaat als Gesamtwirtschaft könnte mit einem Bundesstaate verglichen werden, dessen einzelne Gliedstaaten die Einzelwirtschaften, die Betriebe bzw. die Unternehmungen, sind.

Schluß.

Bei der Betrachtung über die Rechtsfragen des Betriebes in all ihrer Mannigfaltigkeit und Vielgestaltigkeit, wie sie einem entgegentreten, darf wohl das eine Ergebnis allgemein Anerkennung finden. Im Betriebe sind durch die rechtliche Entwicklung der letzten Jahre zweifellos Kräfte zur Auswirkung gelangt, die früher jeder Rechtsbedeutung ermangelten. Das moderne Arbeitsrecht hat notwendigerweise in starkem Maße die Rechtssphäre des Betriebes verändert. Dabei sind Rechtsverhältnisse geschaffen worden, die nicht ohne weiteres sich in das bisherige, vielleicht schon zu erstarrte Rechtssystem einfügen lassen. Jahrhunderte alte Rechtsinstitute wie z. B. das Eigentum erscheinen im Betriebsrecht in einem neuartigen Lichte; auch zeigt sich überall eine ungleich stärkere Betonung des Kollektivrechts gegenüber dem Individualrecht. Zum Teil sind damit Keime zu einer Rechtsentwicklung geschaffen worden, die sich von der bisherigen abwendet und in anderer Richtung verläuft. Ob jedoch diese Ansätze einer neuen Rechtsgestaltung entwicklungsfähig sein werden und damit die betriebsrechtliche Gesetzgebung rechtsgeschichtlich eine neue Ära eröffnet, das wird erst die Zukunft lehren. Jedoch darf heute diese Entwicklungsfähigkeit in ihrer Bedeutung für das gesamte Recht nicht verkannt werden. Aus diesem Grunde sollte den betriebsrechtlichen Fragen im allgemeinen mehr Beachtung zukommen, gleichviel, wie man sich politisch zu den Fragen stellt.

Literatur.

I. Systematische Werke — Monographien — Kommentare.

ANSCHÜTZ, G.: Die Verfassung des Deutschen Reiches vom 11. August 1919. (Ein Kommentar für Wissenschaft und Praxis.) Berlin 1926.

BANG: Deutsche Wirtschaftsziele. Schriften zur politischen Bildung. Herausgegeben von der Gesellschaft „Deutscher Staat". III. Reihe. Wirtschaft. H. 3. Langensalza 1926. — BRANDT, H.: Betriebsrätegesetz nebst Betriebsbilanzgesetz. 5. Aufl. Berlin 1921. — BERGER, E.: Betriebsrätegesetz. (Das Arbeitsrecht im neuen Deutschland. Herausgeber Dr. GEORG BAUM. H. 4.) Stuttgart 1920. — BÖSCHE, W.: Ratgeber für Betriebsräte. Gesetz vom 4. Februar 1920. 2. Aufl. 1920. — BOOS, R.: Der Gesamtarbeitsvertrag nach schweizerischem Recht. München-Leipzig 1926. — BOTT, K. u. KÄPPEL, K.: Betriebsratsmitglieder im Aufsichtsrat. Hamburg 1922.

CROME, K.: Die partiarischen Rechtsgeschäfte. Freiburg 1897. — Ders.: System des deutschen bürgerlichen Rechts. 2. Bd. Tübingen 1902.

DERNBURG, H.: Die Schuldverhältnisse nach dem Rechte des Deutschen Reichs und Preußens. 4. Aufl. I. Abt. Halle 1909. — DERSCH, H.: Aufsichtsrats-Gesetz (Betriebsräte im Aufsichtsrat). Mannheim-Berlin-Leipzig 1922. — Ders.: Die neue Schlichtungsverordnung nebst arbeitsrechtlichem Verfahren. Mannheim-Berlin-Leipzig 1924. — Ders.: Kommentar zum Betriebsrätegesetz vom 4. Februar 1920. 5. Aufl. Mannheim-Berlin-Leipzig 1922. — DERSCH-FLATOW-HUECK-NIPPERDEY: Die Rechtsprechung des Reichsgerichts zum Arbeitsrecht Bd 1 (1919/1926). Mannheim 1926. — DERSCH, H. u. VOLKMAR, E.: Arbeitsgerichtsgesetz. Kommentar. Mannheim-Berlin-Leipzig 1927. — DOCHOW, F.: Gewerbebetriebsrecht. Berlin 1923.

EHRENBERG, V.: Handbuch des gesamten Handelsrechts. 2. Bd. Leipzig 1918. — ENDEMANN, F.: Lehrbuch des bürgerlichen Rechts. 1. Bd. 8. Aufl. 1903. — ENGLÄNDER, K.: Die Angestelltenerfindung nach geltendem Recht. (Vortrag vom 24. Februar 1925; Schriften des Instituts für Arbeitsrecht an der Universität Leipzig.) Leipzig 1925. — ENNECCERUS, L.: Lehrbuch des bürgerlichen Rechts. 6./8. Aufl. Marburg 1912. — ENTWURF eines allgemeinen Arbeitsvertragsgesetzes nebst Denkschrift. 28. Sonderheft zum Reichsarbeitsblatt, 2. Stück (herausgegeben von der Reichsarbeitsverwaltung). Berlin 1923.

FEIG, J.: Gesetz über die Entsendung von Betriebsratsmitgliedern in den Aufsichtsrat. Berlin 1922. — FEIG, J. u. SITZLER, F.: Betriebsrätegesetz. 7./8. Aufl. Berlin 1921. — FISCHER, L.: Betriebserfindungen. 2. Aufl. Berlin 1921. — FLATOW, G.: Kommentar zum Betriebsrätegesetz vom 4. Februar 1920. 1. Aufl. 1920, 9. Aufl. 1921, 10. Aufl. 1922, 12. Aufl. 1927. Berlin. — FLATOW, G. u. JOACHIM, R.: Die Schlichtungsverordnung vom 30. Oktober 1923 nebst den Ausführungsverordnungen vom 10. und 29. Dezember 1923 und einer Übersicht über die Schlichter- und Schlichtungsausschußbezirke. Berlin 1924. — FREESE, H.: Das konstitutionelle System im Fabrikbetriebe. Eisenach 1900. — Ders.: Die konstitutionelle Fabrik. 3. Aufl. Jena 1919. — FREISLER, R.: Grundsätzliches über die Betriebsorganisation. (Schriften des Instituts für Wirtschaftsrecht an der Universität Jena. H. 3.) Jena 1922. — FRIEDLÄNDER, H.: Gesetz über die Entsendung von Betriebsratsmitgliedern in den Aufsichtsrat vom 1. Februar 1922. Berlin 1922.

GERBER, H.: Gutachten über die Frage der gewollten Tarifunfähigkeit von Arbeitgeberorganisationen. Hamburg 1926. — v. GIERKE, O.: Die Wurzeln des

Dienstvertrages, in: Festschrift für H. BRUNNER 1914. — GÖPPERT, H.: Das Gesetz über die Entsendung von Betriebsratsmitgliedern in den Aufsichtsrat. Berlin 1922. — GOLDSCHMIT, F.: Das Recht des Aufsichtsrats. Berlin 1922. — GROH, W.: Koalitionsrecht. (Abhandlungen zum Arbeitsrecht. Herausgegeben von KASKEL-SITZLER. H. 3.) Mannheim 1923.

HECHT, H.: Die Prinzipien des Arbeitsrechts der Gegenwart. Wien 1921. — HECKMANN, R.: Die Heckmannsche Betriebsgemeinschaft als Kern neuer Unternehmungsformen. München-Berlin 1919. — HEDEMANN, J. W.: Lohnzahlung bei Arbeitsverhinderung. Sonderdruck aus der Festschrift für ROSENTHAL. Jena 1923. — Ders.: Sachenrecht des BGB., in: Grundrisse der Rechtswissenschaft. 3. Bd. Berlin-Leipzig 1924. — HERZ, E.: Der Rechtsgrund für den Eigentumserwerb, in: IheringsJ. Bd 74. — HEYMANN, E.: Die Rechtsformen der militärischen Kriegswirtschaft. Marburg 1921. — HOENIGER-WEHRLE: Arbeitsrecht. Sammlung der reichsgesetzlichen Vorschriften zum Arbeitsvertrage. 7. Aufl. Mannheim 1926. — HUECK, A.: Handbuch des Arbeitsrechts. II. Buch: Das Arbeitsvertragsrecht. Stuttgart 1922. — HUECK-NIPPERDEY: Lehrbuch des Arbeitsrechts. 1. Bd: Allgemeine Lehren und Individuelles Arbeitsrecht von A. HUECK. Mannheim 1928.

ISAY, R.: Das Recht am Unternehmen. Berlin 1910.

JACOBI, E.: Betrieb und Unternehmen als Rechtsbegriffe. (Sonderabdruck aus der Festschrift der Leipziger Juristenfakultät für VICTOR EHRENBERG; Leipziger rechtswissenschaftliche Studien. H. 21.) Leipzig 1926. — Ders.: Grundlehren des Arbeitsrechts. Leipzig 1927.

KANDELER, H.: Die Stellung der Berufsverbände im öffentlichen Recht. Berlin 1927. — KASKEL, W.: Das neue Arbeitsrecht. Berlin 1920. — Ders.: Arbeitsrecht. 1. Aufl. Berlin 1925. 3. Aufl. Berlin 1928. KELSEN, H.: Allgemeine Staatslehre. Berlin 1925. — KIESCHKE, W. u. SYRUP, F.: Betriebsrätegesetz vom 4. Februar 1920 nebst Wahlordnung vom 5. Februar 1920. Berlin 1920. — KIESCHKE-SYRUP-BILLERBECK: Betriebsrätegesetz vom 4. Februar 1920. 5. Aufl. Berlin 1923. — KISCH, W.: Die Wirkungen der nachträglich eintretenden Unmöglichkeit bei gegenseitigen Verträgen nach dem BGB. Jena 1900. — KOCH, F. E.: Betriebsrätegesetz vom 4. Februar 1920. München 1920. — KUPSCH, W.: Der Kampf um die Werksgemeinschaft. Eine Auseinandersetzung. Berlin 1928.

LEHMANN, K.: Lehrbuch des Handelsrechts. Leipzig 1908. — LENIN, N.: Staat und Revolution. Berlin 1918. — LOTMAR, PH.: Der Arbeitsvertrag. 2. Bd. Leipzig 1908.

MOLITOR, E.: Das Wesen des Arbeitsvertrages. (Schriften des Instituts für Arbeitsrecht an der Universität Leipzig. H. 7.) Berlin 1925. — MOLITOR, HUECK u. RIEZLER: Der Arbeitsvertrag und der Entwurf eines allgemeinen Arbeitsvertrags-Gesetzes. Mannheim 1925. — MÜLLER, A.: Die Werksgemeinschaft und ihre rechtlichen Grundlagen. Langensalza 1928. — MÜLLER-ERZBACH, R.: Deutsches Handelsrecht. 1. Bd. 1. Aufl. 1921, 2. Aufl. 1927. Tübingen.

NIKISCH, A.: Die Grundformen des Arbeitsvertrages und des Anstellungsvertrages. (Schriften des Instituts für Arbeitsrecht an der Universität Leipzig. H. 11.) Berlin 1926. — NUSSBAUM, A.: Das neue deutsche Wirtschaftsrecht. 1. Aufl. 1920 (zitiert: I), 2. Aufl. 1922 (zitiert: II). Berlin.

OERTMANN, P.: Kommentar zum BGB. 2. Recht der Schuldverhältnisse. 3./4. Aufl. Berlin 1910. — Ders.: Deutsches Arbeitsvertragsrecht mit Einschluß der Arbeitskämpfe. Berlin 1923.

PASSOW, R.: Betrieb, Unternehmung, Konzern. Beiträge zur Lehre von den Unternehmungen. Herausgegeben von PASSOW. H. 11.) Jena 1925. — PLANCKS Kommentar zum BGB. 2. Bd, 2. H. §§ 433—756. 4. Aufl. 1923/25. — POTTHOFF, H.: Unternehmer und Betriebsräte. Berlin 1920. — Ders.: Die Einwirkung der Reichsverfassung auf das Arbeitsrecht. (Schriften des Instituts für Arbeitsrecht an der Universität Leipzig. H. 5.) Leipzig 1925. — Ders.: Die sozialen Probleme des Betriebes (Sammelwerk). Berlin 1925.

ROESLER, M.: Arbeiterbeteiligung an Führung, Ertrag und Besitz von Gewerbebetrieben. Dresden 1914. — ROHRBECK-SCHÖNFELD-GOLM: Textausgabe des Betriebsrätegesetzes vom 4. Februar 1920 nebst Erläuterungen. 2. Aufl. Erlangen-Leipzig 1922. — ROSENSTOCK, E.: Vom Industrierecht. Rechtssystematische Fragen. Festgabe für XAVER GRETNER. Berlin-Breslau 1926. — RUCK, E.: Das Eigentum im schweizerischen Verwaltungsrecht. (In der Festgabe der Juristischen Fakultät der Universität Basel für PAUL SPEISER.) 1926. — RÜMELIN, G.: Dienstvertrag und Werkvertrag. Tübingen 1905.

SAMSON, B.: Kommentar zum Gesetz über die Entsendung von Betriebsratsmitgliedern in den Aufsichtsrat. 2. Aufl. Leipzig 1922. — SCHIPPEL, M.: Arbeitsgemeinschaften, Betriebsräte und Gewerkschaften in England. (Übersetzung der Whitley Reports.) Dresden 1920. — SCHLENKER, M.: Gedanken zur Frage der Betriebsgemeinschaft. Leipzig 1927. — SCHNEIDER-SACHSEN, G.: Betriebsrätegesetz nebst Wahlordnung. Berlin 1920. — SCHULDT, H.: Die Betriebsvereinbarung im Verhältnis zum Einzelarbeitsvertrag und zum Tarifvertrag. Berlin 1925. — SCHULZ, H.: Wahl und Aufgaben der Betriebsräte, der Arbeiterräte und der Angestelltenräte sowie Betriebsobleute. Gemeinverständliche Erläuterung des BRG. und seiner Wahlordnung. Berlin 1920. — SEIDEL, R.: Die Gewerkschaftsbewegung und das Rätesystem. Berlin 1919. — SIGEL, W.: Der gewerbliche Arbeitsvertrag nach dem BGB. Diss. iur. Tübingen 1903. — SIMMEL, G.: Philosophie des Geldes. 4. Aufl. München 1922. — SIMSON, G.: Der Teilstreik und die Lohnansprüche der Arbeitswilligen. Saalfeld 1925. — SINZHEIMER, H.: Grundzüge des Arbeitsrechts. 2. Aufl. Jena 1927 (zitiert: II). — SITZLER, F. u. GASSNER, G.: Die Schlichtungsverordnung vom 30. Oktober 1923. Berlin 1924. — SOMBART, W.: Der moderne Kapitalismus. 3. Bd: Das Wirtschaftsleben im Zeitalter des Hochkapitalismus. 1. u. 2. Halbbd (zitiert: III, 1 u. III, 2). München-Leipzig 1927. 3. Aufl. — SPENGLER, O.: Der Untergang des Abendlandes. 2. Bd: Welthistorische Perspektiven. 31.—42. Aufl. München 1922. — STAUBS Kommentar zum Handelsgesetzbuch. (Herausgegeben von KOENIGE-PINNER-BONDI.) 12./13. Aufl. 2. Bd. Berlin-Leipzig 1926. — STAUB-HACHENBURG: Kommentar zum Gesetz betreffend die Gesellschaften mit beschränkter Haftung. 2. Bd. 5. Aufl. Berlin 1927. — STAUDINGERS Kommentar zum BGB. 2. Bd: Recht der Schuldverhältnisse. I. Teil. 5./6. Aufl. 1910, 7./8. Aufl. 1912. München. — STIER-SOMLO, F.: Kommentar zum Betriebsrätegesetz vom 4. Februar 1920 nebst Wahlordnung und Ausführungsbestimmungen. Berlin 1921.

TITZE, H.: Die Unmöglichkeit der Leistung nach dem deutschen bürgerlichen Recht. Leipzig 1900. — TÖNNIES, F.: Gemeinschaft und Gesellschaft. Grundbegriffe der reinen Soziologie. 3. Aufl. Berlin 1920.

VERHANDLUNGEN der verfassunggebenden Deutschen Nationalversammlung. Anlagen zu den stenographischen Berichten. Berlin. — VORWERCK-DUNKMANN: Die Werksgemeinschaft in historischer und soziologischer Beleuchtung. Berlin 1928.

WAGNER, A.: Grundlegung der politischen Ökonomie. II. Teil: Volkswirtschaft und Recht, bes. Vermögensrecht oder Freiheit und Eigentum in volkswirtschaftlicher Betrachtung. 3. Aufl. Leipzig 1894. — WEHRLE, E.: Betriebsreform, ein Weg zur Reform des Arbeitsverhältnisses. Nürnberg 1927. — WIETHAUS, K. W. u. KANTOROWICZ, H.: Das Betriebsrätegestz. 2. Aufl. Berlin 1920. — WOLFF, M.: Das Sachenrecht. 22.—26. Aufl. Marburg 1927.

II. Zeitschriften.

Arbeitgeber. Zeitschrift der Vereinigung der Deutschen Arbeitgeberverbände Berlin. — *Arbeitsrecht.* Zeitschrift für das gesamte Dienstrecht der Arbeiter, Angestellten und Beamten. Herausgegeben von HEINZ POTTHOFF, München. — *Archiv des öffentlichen Rechts.* Herausgegeben von LABAND-MAYER-PILOTY, Tübingen. — *Archiv für Bürgerliches Recht.* Herausgegeben von KOHLER-RING-OERTMANN. Berlin. — *Archiv für die Zivilistische Praxis.* Herausgegeben von FRANKLIN-MANDRY-RÜMELIN-WENDT-KOHLHAAS, Tübingen.

Betriebsrätezeitung des Allgemeinen Deutschen Gewerkschaftsbundes und des allgemeinen freien Angestelltenbundes. — *Blätter für Arbeitsrecht.* Ständige Beilage zur Deutschen Arbeitgeber-Zeitung. Herausgegeben von v. KARGER.

Das Schlichtungswesen. Mitteilungsblatt der Schlichtungsausschüsse im Deutschen Reiche. Herausgegeben von der Vereinigung der Deutschen Schlichtungsausschüsse. Stuttgart. — *Der Regulator.* Wochenschrift des Gewerkvereins Deutscher Metallarbeiter. Berlin. — *Deutsche Allgemeine Zeitung.* Berlin. — *Deutsche Juristen-Zeitung.* Begründet von LABAND-STENGLEIN-STAUB. — *Die Arbeit.* Zeitschrift für Gewerkschaftspolitik und Wirtschaftskunde. Verlagsgesellschaft des Allgemeinen Deutschen Gewerkschaftsbundes Berlin.

Gewerkschaftsbund der Angestellten. (Zeitschrift.) Berlin. — *Gewerkschafts-Zeitung.* Organ des Allgemeinen Deutschen Gewerkschaftsbundes Berlin. — *Gruchot,* J. A.: Beitäge zur Erläuterung des Deutschen Rechts.

Jahrbuch des Deutschen Rechts. Herausgegeben von HUGO NEUMANN. I. Bd. Berlin 1904. — *Jherings Jahrbücher für die Dogmatik des bürgerlichen Rechts.* Herausgegeben von F. REGELSBERGER - V. EHRENBERG. — *Juristische Wochenschrift.* Organ des deutschen Anwaltvereins.

Mitteilungen des Jenaer Instituts für Wirtschaftsrecht. Herausgegeben von J. W. HEDEMANN, Jena.

Neue Zeitschrift für Arbeitsrecht. Herausgegeben von DERSCH-KASKEL-SITZLER-SYRUP.

Recht und Wirtschaft. Monatsschrift des Vereins zur Förderung zeitgemäßer Rechtspflege und Verwaltung. Berlin. — *Reichsarbeitsblatt,* amtlicher und nichtamtlicher Teil; Amtsblatt des Reichsarbeitsministeriums. Herausgegeben von der Reichsarbeitsverwaltung Berlin.

Soziale Praxis und Archiv für Volkswohlfahrt. Herausgegeben von LUDWIG HEYDE.

Zeitschrift für Gesellschaftswesen. (Gesellschafts-Archiv.) Monatsschrift für das gesamte Gesellschafts- und Kartellwesen.

III. Entscheidungssammlungen.

Entscheidungen des Reichsarbeitsgerichts. Herausgegeben von den Mitgliedern des Gerichtshofes. — *Entscheidungen des Reichsarbeitsgerichts und der Landesarbeitsgerichte.* Herausgegeben von FLATOW, GERSTEL, HUECK, NIPPERDEY unter Mitwirkung der Rechtsanwälte beim Reichsgericht; erschienen bei Bensheimer-Mannheim (zitiert: Bensh. Samml.) .— *Entscheidungen des Reichsgerichts in Zivilsachen.*

Sammlung arbeitsrechtlicher Entscheidungen. Herausgegeben von der Vereinigung Deutscher Arbeitgeberverbände Berlin.

Sachverzeichnis.

Buchdruckerei Otto Regel G.m.b.H., Leipzig.

GPSR Compliance

The European Union's (EU) General Product Safety Regulation (GPSR) is a set of rules that requires consumer products to be safe and our obligations to ensure this.

If you have any concerns about our products, you can contact us on ProductSafety@springernature.com

In case Publisher is established outside the EU, the EU authorized representative is:

Springer Nature Customer Service Center GmbH
Europaplatz 3
69115 Heidelberg, Germany

Batch number: 10844655

Printed by Printforce, the Netherlands